Implantación de aplicaciones web en entornos internet, intranet y extranet

Antonio Luís Cardador Cabello

ic editorial

Implantación de aplicaciones web en entornos internet, intranet y extranet
© Antonio Luís Cardador Cabello

1ª Edición

© IC Editorial, 2024

Editado por: IC Editorial
c/ Cueva de Viera, 2, Local 3
Centro Negocios CADI
29200 Antequera (Málaga)
Teléfono: 952 70 60 04
Fax: 952 84 55 03
Correo electrónico: iceditorial@iceditorial.com
Internet: www.iceditorial.com

ISBN: 978-84-1184-337-9
Depósito Legal: MA 2026-2024

Impresión: PODiPrint
Impreso en Andalucía – España

Nota de la editorial: IC Editorial pertenece a Innovación y Cualificación S. L.

Presentación del manual

El **Certificado de Profesionalidad** es el instrumento de acreditación, en el ámbito de la Administración laboral, de las cualificaciones profesionales del Catálogo Nacional de Cualificaciones Profesionales adquiridas a través de procesos formativos o del proceso de reconocimiento de la experiencia laboral y de vías no formales de formación.

El elemento mínimo acreditable es la **Unidad de Competencia.** La suma de las acreditaciones de las unidades de competencia conforma la acreditación de la competencia general.

Una **Unidad de Competencia** se define como una agrupación de tareas productivas específica que realiza el profesional. Las diferentes unidades de competencia de un certificado de profesionalidad conforman la **Competencia General,** definiendo el conjunto de conocimientos y capacidades que permiten el ejercicio de una actividad profesional determinada.

Cada **Unidad de Competencia** lleva asociado un **Módulo Formativo,** donde se describe la formación necesaria para adquirir esa **Unidad de Competencia,** pudiendo dividirse en **Unidades Formativas.**

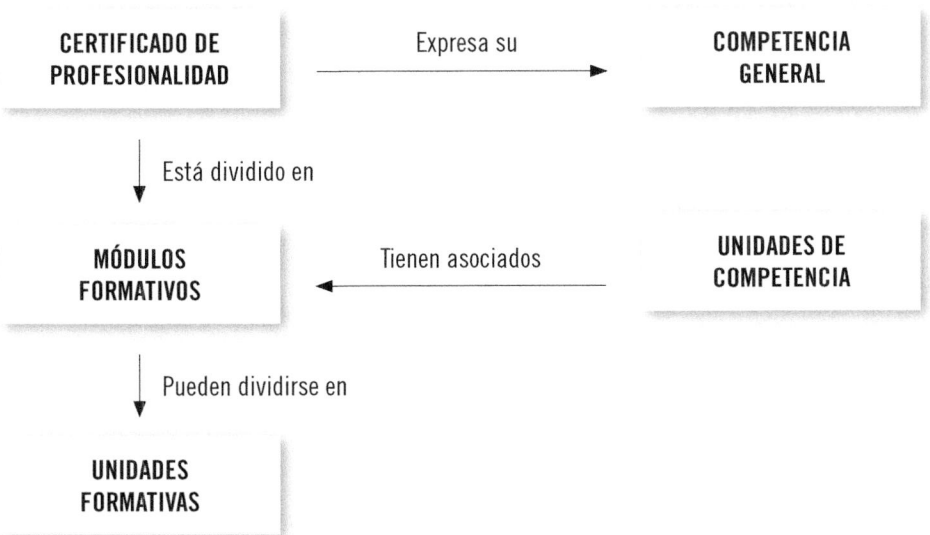

El presente manual desarrolla el Módulo Formativo **MF0493_3: Implantación de aplicaciones web en entornos internet, intranet y extranet,**

asociado a la unidad de competencia **UC0493_3: Implementar, verificar y documentar aplicaciones web en entornos internet, intranet y extranet,**

del Certificado de Profesionalidad **Desarrollo de aplicaciones con tecnologías web.**

MF0493_3	Tiene	UNIDAD DE COMPETENCIA
Implantación de aplicaciones web en entorno internet, intranet y extranet	asociado el ◄———	UC0493_3
		Implementar, verificar y documentar aplicaciones web en entornos internet, intranet y extranet

FICHA DE CERTIFICADO DE PROFESIONALIDAD

(IFCD0210) DESARROLLO DE APLICACIONES CON TECNOLOGÍAS WEB (R. D. 1531/2011, de 31 de octubre modificado por el R. D. 628/2013, de 2 de agosto)

COMPETENCIA GENERAL: Desarrollar documentos y componentes software que constituyan aplicaciones informáticas en entornos distribuidos utilizando tecnologías web, partiendo de un diseño técnico ya elaborado, realizando, además, la verificación, documentación e implantación de los mismos.

Cualificación profesional de referencia	Unidades de competencia	Ocupaciones o puestos de trabajo relacionados:
IFC154_3 DESARROLLO DE APLICACIONES CON TECNOLOGÍAS WEB (R. D. 1087/2005, de 16 de septiembre)	UC0491_3 Desarrollar elementos de software en el entorno cliente.	• 3820.1017 Programadores de aplicaciones informáticas. • 3814.1010 Técnicos de la web. • Programador web. • Programador multimedia.
	UC0492_3 Desarrollar elementos de software en el entorno servidor.	
	UC0493_3 Implementar, verificar y documentar aplicaciones web en entornos internet, intranet y extranet.	

Correspondencia con el Catálogo Modular de Formación Profesional

Módulos certificado	Unidades formativas	Horas
MF0491_3: Programación web en el entorno cliente	UF1841: Elaboración de documentos web mediante lenguajes de marcas	60
	UF1842: Desarrollo y reutilización de componentes software y multimedia mediante lenguajes de guión	90
	UF1843: Aplicación de técnicas de usabilidad y accesibilidad en el entorno cliente	30
MF0492_3: Programación web en el entorno servidor	UF1844: Desarrollo de aplicaciones web en el entorno servidor	90
	UF1845: Acceso a datos en aplicaciones web del entorno servidor	90
	UF1846: Desarrollo de aplicaciones web distribuidas	60
MF0493_3: Implantación de aplicaciones web en entornos internet, intranet y extranet		90
MP0391: Módulo de prácticas profesionales no laborales		80

Índice

Capítulo 1
Internet

Contenido

1. Introducción

Fue en la década de los 60 cuando comenzó el desarrollo y expansión de lo que hoy en día se denomina Internet. Cierto es que no brindaba la mayoría de los servicios y recursos que están disponibles a día de hoy, pero sí una serie de servicios básicos como navegar por páginas, consultar correo electrónico, mantener conversaciones, etc.

Ya en la década de los 90, la aparición del ordenador personal supuso todo un *boom* en la sociedad y cambió la forma en que se realizaban ciertas tareas diarias.

El desarrollo de Internet está íntimamente ligado al desarrollo de los ordenadores, dado que, mientras más potentes han sido estos, más mejoras se han podido obtener en Internet (actualmente se dispone de la opción de tener un sistema operativo en la nube o Internet y trabajar desde allí simplemente con una conexión a Internet).

2. Breve historia y origen de Internet

Todo comienza cuando en 1962 las Fuerzas Aéreas de los Estados Unidos de América piden a un reducido grupo de investigadores idear una posible red de comunicaciones militares con unas ciertas características peculiares de la época. Entre estas características, estaba la de que esta red debería ser descentralizada para que, si uno o varios nodos red dejaran de funcionar por x causas, la red pudiera seguir funcionando.

Fue Paul Baran en 1964 el que dio con dicha red en forma de telaraña, dado que un modelo centralizado era demasiado vulnerable (si alguien accede al núcleo y lo anula quedaría anulada la red por completo). Fue este investigador el que utilizó una topología de estrella y de malla en la que los datos viajaban buscando la ruta. Este concepto adquiere el nombre de conmutación de paquetes.

Junto a todo esto, en 1969 aparece ARPA (Agencia de Proyectos de Investigación Avanzados), la cual creó a Arpanet con el fin de conectar entre sí a tres universidades y un instituto de los Estados Unidos de América:

- Instituto de Investigación, Stanford.
- Universidad de California, Los Ángeles.
- Universidad de California, Santa Bárbara.
- Universidad de Utah.

 Sabía que...

Paul Baran fue el fundador de Metricom, la primera empresa de Internet sin cables, desplegando para ello un sistema de red inalámbrico.

Actualmente, se considera que Arpanet fue la antecesora de lo que hoy en día se conoce como Internet. Algunas de las características de Arpanet eran:

- Posibilidad de que uno o más nodos de los que componen la red dejen de funcionar sin que afecte a la red en sí.
- Los equipos se comunicaban sin que hubiera un mediador central.
- Escasa utilización de protocolos.

En 1971, gracias a Ray Tomlinson, surgió el concepto de Correo Electrónico, el cual era bastante básico y fue derivando hasta lo que hoy en día es. En torno a 1972, se hizo pública a nivel mundial la red Arpanet en la Conferencia Internacional de Comunicaciones por Ordenador.

Fue en el año 1972 cuando en ARPA se comenzó a investigar sobre un nuevo protocolo que pudiera enrutar los datos de la red y fragmentarlos en paquetes más pequeños. Posteriormente, se acuñó el nombre de TCP para dicho protocolo y en 1976 fue considerado como estándar.

En 1978, TCP dio lugar a una revisión, apareciendo el protocolo TCP/IP. Pero, sin lugar a dudas, lo que más impulso dio a la Red de redes (término con el que se conoce Internet) fue la aparición en 1980 gracias al investigador Tim Berners-Lee del primer *software* de navegación de hipertexto. A finales de 1990, aparecieron el protocolo HTTP (Protocolo de Transferencia de Hipertexto) y el protocolo HTML (Lenguaje de Marcado de Hipertexto) para poder navegar por una red que está compuesta de hipervínculos. Así comenzó el nacimiento de lo que hoy se conoce por Internet.

 Sabía que...

Tim Bernes-Lee desarrolló también el sistema de localización de objetos en la web denominado URL *(Uniform Resource Locator)*.

3. Principales servicios de Internet

Aunque internet cada día ofrece servicios nuevos, aquí se van a tratar fundamentalmente los siguientes:

- *World Wide Web.*
- Correo electrónico.
- Transferencia de ficheros.
- Mensajería instantánea.
- Chats.
- Videoconferencias.
- Comercio electrónico.
- Bajar programas.
- Consultar noticias.
- Acceso a la educación.
- Descarga de programas y aplicaciones.

3.1. World Wide Web

La *Word Wide Web* (mundialmente conocida como www o w3) es un desarrollo europeo llevado a cabo en el año 1990, dentro del CERN, en el laboratorio europeo de física de partículas de Suiza. Su traducción al español sería "Tela de Araña Mundial".

La WWW se basa en la hipermedia y esta a su vez en el hipertexto. Un hipertexto se define como un conjunto de información que no está estructurada ni tiene por qué ser secuencial, sino que es posible acceder a una parte determinada de la información desde otro sitio que está relacionado con dicha información.

En las páginas que componen la WWW, se verán una serie de palabras subrayadas, una serie de enlaces o hipervínculos que serán los que permitan ir a otra parte del documento, a otro documento o a otro servidor que contenga esa información que se busca. El crecimiento de la WWW desde finales de 1990 ha sido totalmente exponencial, siendo esta una herramienta usada hoy en día por millones de personas y empresas. En la WWW, intervienen dos elementos:

- **Cliente:** equipo o persona encargada de localizar información en los servidores.
- **Servidor:** encargado de alojar documentos o páginas con hipertexto para que sean consultadas por los clientes.

 Sabía que...

De entre los fundadores de la WWW, cabe destacar a Tim-Berners Lee , que participó en la ceremonia de apertura de los Juegos Olímpicos celebrados en Londres en 2012.

El protocolo que usa la WWW para conectar al cliente con el servidor es el protocolo HTTP *(Hypertext Transfer Protocol)* y el lenguaje que se usa para poder escribir los documentos o páginas web es el HTML *(Hypertext Mark-up*

Language). Las páginas web o documentos escritos en HTML serán interpretadas por los navegadores web *(Microsoft Edge, Brave, Safari, Mozilla, Chrome, etc.).* Junto con la WWW, aparece el concepto de URL *(Universal Resource Locator);* una URL permite identificar de forma única cualquier recurso que forme parte de Internet (un servidor, una página web, una base de datos, etc.).

En cualquier dirección URL se va a encontrar primero el protocolo que se va a usar para acceder al recurso (https, ftp, sftp, etc.) y en segundo lugar un separador (:) seguido de dos barras laterales (//) y a continuación la dirección en Internet de dicho recurso, por ejemplo:

- ftp://ftp.rediris.es.
- https://google.es.
- telnet://info.cern.ch.

Si se observa el último punto de una dirección URL, se sabrá el dominio al que pertenece esa dirección URL. Los dominios más importantes que se encuentran en internet son:

- com: entidades u organizaciones comerciales.
- edu: educación.
- gov: organizaciones gubernamentales.
- int: instituciones internacionales.
- net: recursos de la red.
- org: otro tipo de organizaciones.
- es, ar, fr, us, uk, etc.: representan países mundiales.

 Recuerde

El protocolo HTTP fue desarrollado por el *Word Wide Web Consortium* en unión con el *Internet Engineering Task Force.*

3.2. Correo electrónico

El correo electrónico, más conocido bajo el término *e-mail,* es un servicio que ofrece Internet para que los usuarios de la red puedan enviar y recibir mensajes y archivos de forma rápida mediante el uso de sistemas de comunicación electrónicos. A estos mensajes o archivos es a lo que se denomina correo electrónico. Hay que anotar que Internet brinda este servicio de correo electrónico mediante los protocolos POP e IMAP (para poder recibir correos electrónicos) y el protocolo SMTP (para poder enviar correo a otros destinatarios).

Para que una persona pueda enviar un correo electrónico a otra usando este servicio que brinda Internet, ambas deberán tener creada y una dirección o cuenta de correo electrónico. ¿Quién puede dar una dirección de correo electrónico? Un proveedor de correo electrónico, que es al fin y al cabo la última entidad que va a ofrecer enviar y recibir *e-mails.* Proveedores gratuitos de correo electrónico son:

- Gmail.
- Yahoo Mail.
- Protonmail
- AOL Mail.
- Mail.com
- GMX Mail.
- Tutanota.

Una dirección de correo se va a componer de un conjunto de palabras que van a identificar a una persona para que pueda enviar y recibir correos en ese proveedor de servicios de correo electrónico (por ejemplo, si se usa *Protonmail,* será xxx@protonmail.com, o si se usa *Gmail,* será xxx@gmail.com, donde xxx corresponde al nombre del usuario en dicho proveedor de correo). Cada dirección de correo es única no pudiendo crear dos cuentas de correo con el mismo nombre de usuario en el mismo proveedor.

La dirección de correo se va a identificar de forma rápida y concisa porque siempre tiene el símbolo "@" (arroba). Este símbolo se traduce como "pertenece a" además de dividir la dirección de correo electrónico en dos partes:

- La primera parte corresponde al nombre de usuario (identificador) que se escoge en el proveedor de servicios de correo electrónico.
- La segunda parte corresponde con el dominio asociado al proveedor de servicios de correo electrónico (en el caso de *Gmail,* es gmail.com).

Consejo

Dado que actualmente se consulta el correo electrónico de forma asidua, es aconsejable que, cuando se cree uno, se escoja una identificación lo más fácil posible.

Como ya se sabe, para poder enviar y recibir mensajes de correo electrónico se necesita un proveedor de correo, en el cual hay que estar registrado para poder usar sus servicios. Actualmente, hay dos tipos de proveedores de correo:

- **Los de pago:** normalmente, cuando un usuario compra un dominio, se le permiten crear una serie de cuentas de correo para usarlas junto con ese dominio. Es la opción por la que optan las empresas y organizaciones.
- **Los gratuitos:** aunque son los más usados, tienen la desventaja de que muestran el nombre del proveedor, lo que puede dar una imagen poco profesional en el caso de que sea una empresa o una organización.

Una vez registrado en un servidor de correo gratuito, se puede proceder al uso del correo web. Este servicio lo que va a permitir es enviar y recibir correos a través de un determinado sitio web diseñado para tal fin. A este sitio web se accede a través del navegador.

Como alternativa al uso del navegador para usar el correo web del proveedor, nace lo que se conoce con el nombre de "cliente de correo". Los clientes de correo son programas informáticos que permiten gestionar los mensajes recibidos, así como escribir y enviar nuevos mensajes a los contactos. Aparte de esta característica fundamental, suelen brindar otras muchas, como filtro de correo, correo no deseado, etc. Quizás uno de los clientes de correo más conocidos a nivel mundial es *Microsoft Outlook*.

Consejo

Conviene cambiar asiduamente la contraseña de correo electrónico, sobre todo si se consulta fuera de la red habitual de trabajo.

Cuando un usuario decide escribir un correo electrónico, necesitará como mínimo los campos:

- **Destinatario:** una o varias direcciones de correo electrónico a quien o quienes se quiere hacer llegar el correo o mensaje.
- **Asunto:** una descripción breve que verá la persona a la que va dirigido el mensaje antes de que abra el contenido del mismo.
- **Mensaje:** el mensaje en sí que se quiere hacer llegar al o a los destinatarios.

Además, en los correos electrónicos se van a poder adjuntar archivos al mensaje. Adjuntar archivos va a facilitar el intercambio de información de archivos (un documento de *Excel,* una imagen, un programa para instalar, etc.).

Para especificar el destinatario del mensaje, se debe colocar su dirección de correo electrónico dentro del campo Para. Aunque es posible incorporar varios destinatarios, separando sus direcciones de correo electrónico mediante el uso del símbolo ";", no se recomienda puesto que en el que caso de que en el correo se indique que se debe llevar a cabo una determinada acción ¿quién es la persona responsable de llevarla a cabo? Para eso se tienen otros campos que se estudiarán más adelante.

- **Carbon Copy – CC:** las direcciones de correo electrónico que se introduzcan en este campo recibirán una copia del mensaje, pero observarán que el mensaje no va dirigido a ellos, sino a las direcciones de correo que están en el campo Para. Este campo es visible por todos los que reciben copia del mensaje y suele usarse de manera informativa.

- **Carbon Copy Oculta – CCO:** es igual a CC, pero hace que los destinatarios reciban el mensaje no podrán conocer a los destinatarios a los que se les ha enviado dicho mensaje. Dentro de este campo se deben incorporar los destinatarios del mensaje si entre ellos no se conocen para evitar incumplir el Reglamento General de Protección de Datos (RGPD) de la Unión Europea y la Ley Orgánica de Protección de Datos Personales y garantía de los derechos digitales.

 Consejo

Hay que evitar, abrir abrir correos de personas desconocidas ya que es una forma fácil de que el equipo se infecte con un virus o un troyano.

Una vez listo el mensaje, se procede a enviarlo mediante los siguientes pasos para que sea recibido por la persona a la que se quiere comunicar:

- Redactar el mensaje mediante un cliente de correo electrónico.
- Al darle a enviar, el programa o proveedor contacta con el servidor de correo (para esto usa el protocolo SMTP), le transfiere el correo y le da la orden de que lo envíe.
- El servidor SMTP tiene que hacer entrega de un correo a un dominio X que no conoce. Por eso es por lo que consulta su servidor DNS, para conocer dónde está el dominio X.
- Una vez realizada la consulta y conocido el dominio X, se procede a transferir el mensaje usando el protocolo SMTP.
- El mensaje queda almacenado en el servidor del proveedor pendiente para que el otro usuario lo abra y lo lea.

Sabía que...

Los campos CC se han usado porque coinciden en diferentes idiomas con el mismo significado; Copia Carbón en español, *Carbon Copy* en inglés, *Copie Carbone* en francés o *Copia Conoscenza* en italiano.

Una vez recibido y leído un mensaje de correo electrónico, es posible llevar a cabo una serie de operaciones sobre él como las siguientes:

- **Responder:** contestar a la persona que ha enviado el correo.
- **Reenviar:** enviar el correo recibido a una tercera persona.
- **Archivar:** guardar el mensaje bien en el sitio web indicado por el proveedor de correo o en el cliente de correo.
- **Borrar:** eliminar el mensaje, enviándose este a la carpeta de elementos eliminados que es posible vaciar posteriormente como si de la papelera del sistema operativo se tratara.
- **Mover a carpeta:** organizar los correos en función del remitente. Por ejemplo, los correos del trabajo a una carpeta de trabajo, los correos de la familia a una carpeta de la familia, etc.

Recuerde

Siempre que sea posible, se debe hacer una limpieza y eliminar los correos electrónicos no deseados.

3.3. Transferencia de ficheros (FTP - SFTP)

Las siglas FTP *(File Transfer Protocol* - Protocolo de Transferencia de Archivos) o SFTP *(Secure File Transfer Protocol* – Protocolo de transferencia segura de archivos) es un protocolo de red que permite transferir archivos entre los sistemas que estén conectados a una red TCP. Está basado en la arquitectura cliente/servidor.

La idea fundamental de este protocolo es la de que un cliente desde un equipo cualquiera pueda conectarse a un servidor para descargarse archivos desde él o bien para enviarle archivos (con independencia del sistema operativo que estén usando ambos). Luego ya se sabe que en los protocolos FTP/SFTP hay dos entidades claves:

- **Servidor FTP/SFTP:** programa instalado en un equipo servidor conectado a Internet. Su función es permitir el intercambio de datos entre diferentes usuarios. Normalmente, los servidores FTP/SFTP están compuestos por un servidor de directorios común (una raíz de la cual cuelgan carpetas, que pueden contender datos o más carpetas).
- **Cliente FTP/SFTP:** tecleará en el navegador la dirección del servidor FTP/SFTP del cual quiere o enviar o recibir archivos.

Siempre que un cliente quiera acceder a un servidor FTP/SFTP, lo podrá hacer de dos formas posibles:

- **Acceso anónimo:** cuando se realiza este acceso es porque el servidor de FTP/SFTP ofrece su información a todos los usuarios sin restricción alguna.
- **Acceso de usuario:** el acceso de usuario implica usar un nombre de usuario y una contraseña de acceso; si ambas son correctas da acceso al servidor FTP/SFTP, con lo cual la información no está disponible para los usuarios autorizados.

La forma de acceder a un sitio web es mediante su dirección, que normalmente comienza con http://... o https://. La forma de acceder a un servidor FTP/SFTP es mediante su dirección FTP/SFTP, que comienza con ftp::///nombredelservidor o sftp::///nombre del servidor.

3.4. Otros servicios

Aparte de navegar por internet, enviar correos electrónicos y usar un FTP/SFTP, se dispone en Internet de otros servicios, tales como:

- **Transferencia de ficheros:** enviar y recibir cualquier tipo de fichero con cualquier persona con la que quiera comunicarse.
- **Mensajería instantánea:** hablar usando el *software* correspondiente y estar en contacto con familiares o amigos que no residen cerca.
- **Chats:** de la misma forma que la mensajería, se dispone de salas en las que se pueden entablar conversaciones con otros usuarios, por ejemplo para resolver un determinado problema que se presenta.
- **Videoconferencias:** realizar videoconferencias con una o varias personas, usando para ello las webcams y programas apropiados.
- **Comercio electrónico:** visitar las empresas con más relevancia en Internet y hacer uso de los servicios *online* (compras, reservas, obtener entradas o tiques, etc.).
- **Descarga de programas y aplicaciones:** cualquier aplicación está disponible en Internet en el propio servidor de la aplicación o mediante otros portales.
- **Consultar noticias:** acceso a cualquier noticia que se produzca en el mundo. Se consultan mediante portales o servidores dedicados a ello.
- **Acceso a la educación:** consultar cualquier duda o temática sobre la que se desee aprender de una manera sencilla, simplemente abriendo un navegador, accediendo a un buscador y realizando la consulta deseada.
- **Redes sociales:** actualmente muy de moda, permiten estar en comunicación con otras personas y saber de su día a día, bien lo que escriben en dichas redes sociales o fotos que muestran, eventos a los que acuden, etc.

Actividades

1. Intente montar un servidor FTP/SFTP en su sistema *Windows* usando el programa *FileZilla Server.*
2. Localice en Internet algún *software* gratuito que sea FTP/SFTP. Puede visitar la web de código libre www.cdlibre.org.

4. La tecnología de Internet

Con el nacimiento de Internet surgió el concepto de estandarizar. Dado que Internet es un conjunto de redes (miles de miles de redes), lo más lógico es que una red no tenga la misma tecnología ni topología que otra que forme parte de Internet. Por esto se hace necesario el concepto de estándares y de protocolos. Es importante respetar estos estándares y protocolos para que las redes puedan intercambiar datos e información aunque sean de tecnología y topología distintas.

4.1. Arquitectura TCP/IP. Comparación con OSI

A continuación, se van a ver las dos arquitecturas básicas de Internet, la TCP/IP y la OSI. Se puede decir a modo de curiosidad que OSI ha quedado relevada por la cantidad de conceptos que implementa, frente a TCP/IP que simplifica enormemente dichos conceptos.

Sabía que...

El modelo TCP/IP ha tenido más éxito en el mundo de Internet debido a que implementa menos exigencias que OSI.

OSI

Desarrollado en 1980 por la Organización Internacional de Estándares (ISO). En concreto, OSI es un modelo compuesto por 7 capas que definen las diferentes fases por las que deben pasar los datos para poder recorrer una red de comunicaciones y ser entregados al dispositivo de destino. Estas capas son las siguientes:

- **Capa física:** encargada de la topología de la red y de las conexiones de la máquina hacia la red. Tiene como función: definir el medio físico por el que va a viajar la comunicación (pares trenzados, coaxial, fibra óptica, guías de onda, aire, etc.), definir las características materiales y eléctricas que se van a usar en la transmisión, definir una interfaz (establecer, mantener y liberar el enlace), transmitir el flujo de datos a través del medio o enlace y garantizar la conexión (que no la fiabilidad).
- **Capa de enlace de datos:** encargada de proporcionar un servicio de transferencia de datos seguro a través del medio o enlace físico; además, tiene que enviar bloques de datos (conocidos con el nombre de **tramas),** llevando a cabo las tareas de sincronización, control de errores y flujo necesario.
- **Capa de red:** encargada de proporcionar la conectividad y seleccionar la ruta entre dos equipos *(host).*
- **Capa de transporte:** esta capa tiene la misión de proporcionar una comunicación libre de errores entre emisor y receptor, asi como de mantener el flujo de datos en la red.
- **Capa de sesión:** encargada de proporcionar el control de la comunicación entre las aplicaciones. Va a establecer, gestionar y cerrar las sesiones entre las aplicaciones que intervienen en la comunicación.
- **Capa de presentación:** encargada de proporcionar a los procesos de aplicación independencia respecto de la representación de los datos.
- **Capa de aplicación:** encargada de proporcionar acceso al entorno OSI al usuario.

Modelo OSI frente a modelo TCP/IP

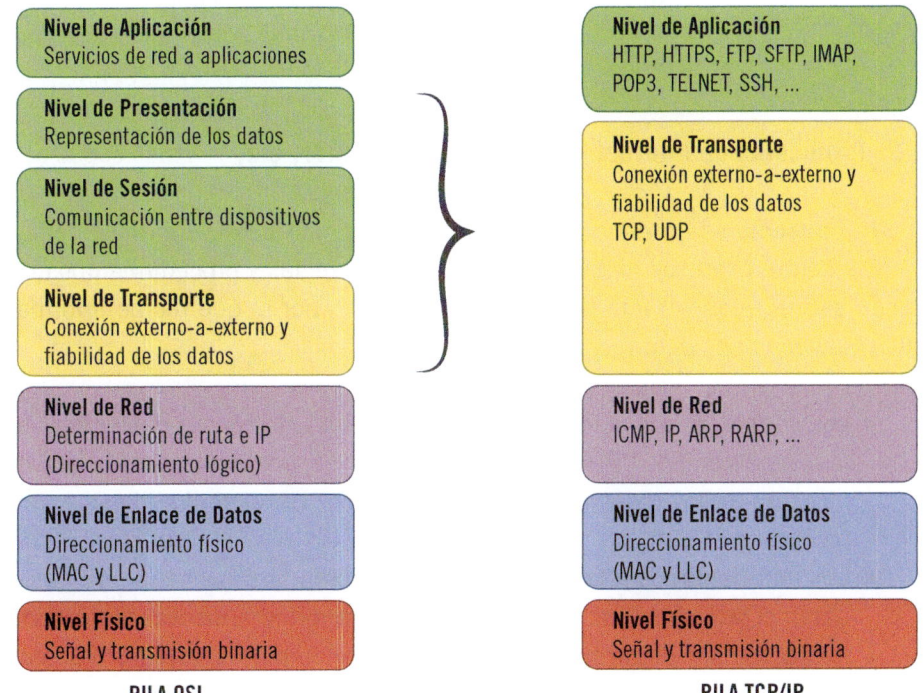

PILA OSI

PILA TCP/IP

TCP/IP

El modelo TPC/IP es un modelo de descripción de protocolos de red desarrollado en la década de los 70 e implementado en la red Arpanet. Este modelo estandariza un conjunto de reglas generales para el diseño e implementación de protocolos de red y para ello ofrece cuatro capas de abstracción (a diferencia de las 7 presentadas por el modelo OSI). Estas capas están totalmente jerarquizadas y son las siguientes:

- **Capa 1:** Acceso al medio. Se puede equiparar con las capas 1 y 2 del modelo OSI.
- **Capa 2:** Internet. Se puede equiparar con la capa 3 del modelo OSI.
- **Capa 3:** Transporte. Equiparable a la capa 4 del modelo OSI.
- **Capa 4:** Aplicación. Equiparable a las capas 5, 6 y 7 del modelo OSI.

Obviamente, al implementar menos capas el modelo TCP/IP y facilitar su implementación respecto de OSI, se convirtió en el protocolo estándar de Internet.

4.2. Protocolos de Internet: TCP, UDP, SMNP, SMTP, etc.

Un protocolo es un método estándar y predefinido para permitir la comunicación entre procesos mediante un conjunto de reglas y procedimientos que deben ser respetados tanto por el que envía como por el que recibe información. Hay dos tipos de protocolos:

- **Los orientados a la conexión:** controlan la transmisión de datos durante la comunicación. Para esto, se van acusando recibos durante la comunicación de los datos que se van recibiendo. Un ejemplo de estos protocolos es el TCP.
- **Los no orientados a la conexión:** no controlan la transmisión de datos durante la comunicación; un emisor envía datos a un receptor y este los recibe sin confirmar los mismos. Un ejemplo de estos protocolos es el UDP.

HTTP – HTTPS

El Protocolo de Transferencia de Hipertexto es el protocolo estándar usado por cada operación que se realiza en la WWW *(World Wide Web)*. Este protocolo surgió de la colaboración entre la WWW-Consortium y la IETF *(Internet Engineering Task Force)*, que finalizó en 1999 con la publicación del RFC-2616, dando lugar a la especificación de la versión 1.1 de HTTP. HTTP es un protocolo orientado a transacciones y se adapta al modelo petición-respuesta entre cliente y servidor. El protocolo https se encarga de cifrar los datos que se envía y reciben en la transacción para protegerlos y evitar que puedan ser interceptados por terceras partes que puedan hacer un uso indebido de los datos.

? **Sabía que...**

El protocolo https es de implantación obligatoria si se trabaja con el intercambio de datos personales entre servidores. En su afán por asegurar Internet, Google quiere que todas las páginas de su servidor implementen el certificado https, premiando a las páginas que lo tienen y penalizando a las que no, por lo que aquellas que carezcan del certificado de seguridad se mostrarán en una posición inferior en los resultados de búsqueda frente a las que sí lo tienen.

FTP – SFTP y contraseña

Protocolo de transferencia de archivos. Se va a usar fundamentalmente para el intercambio de archivos y puede ser de acceso anónimo o bien de acceso mediante usuario (dependiendo de si la información que va a contener puede ser accedida sin problema alguno por los usuarios o bien solamente ciertos usuarios pueden tener acceso a dicha información). Este protocolo también dispone del protocolo SFTP que codifica los datos que se transmiten entre equipos y servidores para tratar de impedir el acceso a los datos en caso de que fuesen interceptados por terceros.

ARP

Este protocolo es fundamental para TCP/IP y para el resto de protocolos que intervienen en la capa de Internet, dado que va a permitir conocer la dirección física de una tarjeta de red que tiene un determinado equipo (dirección IP). Es conocido como el Protocolo de Resolución de Dirección.

Cada vez que un equipo se conecta a una red (no se entra en qué tipo de red), se le asigna un identificador con 48 bits. Además, cada vez que un fabricante realiza un *hardware* de comunicación (tarjeta de red, módem, *router,* etc.), dicho *hardware* lleva unido un número de identificación (dirección MAC). A pesar de ello, en Internet se usan las direcciones IP (que son direcciones lógicas asignadas por un dispositivo de la red). El protocolo ARP preguntará a los equipos conectados a una red cuál es su dirección física y, una vez que las tenga todas, las almacenará en una tabla con el objetivo de que cuando alguien quiera comunicarse con alguien primero se mira en la tabla ARP su correspondiente dirección lógica, pero ¿y si no está presente esta dirección en la tabla? El protocolo ARP enviará una solicitud a toda la red para que los *hosts* comparen su dirección con la que envía ARP y a continuación poder realizar la comunicación.

 Nota

El protocolo ARP suele estar presente en la capa de enlace de datos y es el responsable de dar con la dirección *hardware* que se corresponde a la IP.

ICMP

El Protocolo de Mensajes de Control de Internet se usa generalmente para el tratamiento de mensajes de error, para indicar por ejemplo que un determinado servicio que se está solicitando no está disponible, o bien que una determinada dirección no puede ser accedida, etc. Luego su fin será el de controlar y dar respuesta a los errores en operaciones IP.

TCP

El *Transmission Control Protocol* es uno de los más importantes protocolos de Internet, dado que va a garantizar que los datos son entregados en su destino correspondiente sin ningún tipo de error y en el mismo orden en que fueron saliendo del equipo emisor. Este protocolo es base de muchas aplicaciones de Internet.

IP

El *Internet Protocol* (Protocolo de Internet) tiene como objetivo principal transmitir datos de forma bidireccional entre un origen y un destino y para ello se basa en el uso de un protocolo no orientado a conexión que divide la información en paquetes que son enviados a través de la red.

UDP

El *User Datagram Protocol* es un protocolo correspondiente a la capa de transporte y se fundamenta en el uso de datagramas enviados a través de la red sin que se haya establecido una conexión previa. Esto sucede así porque cada datagrama que se envía por la red tiene la suficiente información en su contenido para que la red tenga constancia del equipo al que debe entregárselo.

SMTP

El *Simple Mail Transfer Protocol* (Protocolo para la Transferencia Simple de Correo Electrónico) es un protocolo correspondiente a la capa de aplicación y se utiliza para el intercambio de información entre dispositivos informáticos.

Este protocolo es un estándar de Internet (dado que, como servicio, Internet brinda el correo electrónico). Este protocolo tiene algunas limitaciones importantes, con lo cual para suplir dicho problema surgieron los protocolos POP o IMAP.

 Sabía que...

Actualmente, hay miles de programas en la red que usan gráficos e implementan los protocolos vistos anteriormente. Un ejemplo es *TeamViewer.*

Telnet

Telecomunication Network es el nombre del protocolo de red que permite manejar remotamente máquinas como si se estuviera delante de ellas. Con este programa, solamente es posible acceder en modo terminal al ordenador que se quiere controlar (no hay interfaz gráfica).

NNTP

El *Network News Transport Protocol* fue un protocolo ideado para poder leer y publicar artículos de noticias.

Su funcionamiento es muy simple: consta de un servidor donde están almacenadas las noticias y los clientes se conectan a la red para consumirlas a través de dicho servidor.

 Recuerde

NNTP es fundamentalmente usado para la lectura y publicación de artículos bajo Usenet (sistema global de discusión en Internet).

4.3. El protocolo HTTP

Como se ha estudiado anteriormente el Protocolo de Transferencia de Hipertexto *(Hypertext Transfer Protocol)* es el protocolo usado para el intercambio de información entre los clientes web y los servidores. Este protocolo fue planteado por Tim Berners-Lee, pensando en establecer un sistema global de información usando el *World Wide Web* (www).

HTTP y HTTPS son protocolos orientados a transacciones y se adaptan al modelo petición-respuesta entre cliente y servidor. Las características principales de estos protocolos son:

- Se basan en el uso de URI *(Uniform Resource Identifier,* Identificador Uniforme de Recursos) para localizar los sitios o nombres.
- Se basan en el uso del protocolo TCP/IP y de la arquitectura Cliente/Servidor.
- Funcionan de forma muy básica: una vez que han respondido una petición del cliente, cierran la conexión entre ambos y no almacena nada.
- Usan tipos MIME para determinados datos en el transporte de los mismos.

Se describe ahora el funcionamiento de estos protocolos:

- El usuario accede a una URL (bien mediante hipervínculo o introducién-dola manualmente en un navegador web).
- El cliente coge esa URL y la divide en varias partes identificativas: iden-tifica el protocolo de acceso, la DNS o IP del servidor, el puerto (por defecto es el 80), la ruta y el objeto requerido del servidor en sí.
- Se establece una conexión TCP/IP con el servidor.
- Se realiza la petición del objeto requerido, para lo que se hace uso de una serie de comandos.
- El servidor devuelve la respuesta al cliente.
- Se cierra la conexión TCP.
- El cliente descodifica la respuesta y la muestra al usuario.

 Recuerde

El protocolo HTTPS es usado principalmente por las entidades bancarias, tiendas *online* y cualquier tipo de servicio que utilice el intercambio de datos personales o contraseñas.

Sus comandos son:

- GET: sirve para recuperar la información de la URL.
- POST: sirve para hacer que el servidor acepte la información que es enviada en la solicitud.
- HEAD: pide una respuesta idéntica a la que correspondería una petición GET, pero sin el cuerpo de la respuesta.
- PUT: es parecida a POST, se utiliza para actualizar la información aso-ciada a un objeto del servidor.
- DELETE: sirve para eliminar el documento especificado del servidor.
- LINK: sirve para crear una relación o vínculo entre documentos.
- UNLINK: sirve para eliminar una relación o vínculo entre documentos.

5. Redes TCP/IP

Dado que TCP/IP es más fácil a la hora de implementarlo que OSI (las 4 capas de uno frente a las 7 capas de otro) y sobre todo a que TCP/IP ofrece un correcto funcionamiento con unos mínimos prerrequisitos, hizo que el protocolo estándar de Internet fuera TPC/IP. A la hora de ir organizando redes mediante el protocolo TCP/IP, se deberán tener presentes una serie de conocimientos que se van a ir desarrollando en los siguientes puntos.

5.1. El direccionamiento IP. Evolución

En Internet, los equipos se van a comunicar a través del uso del Protocolo IP *(Internet Protocol)*. Este protocolo se va a basar en el uso de direcciones IP, que están compuestas por 4 números enteros comprendidos cada uno entre el 0 y el 255. El formato de una dirección IP sería:

XXX . XXX . XXX . XXX

1º Octeto   2º Octeto   3º Octeto   4º Octeto

Un posible ejemplo de dirección IP puede ser la 192.156.5.8. Cada equipo que se conecta a una red tiene una dirección IP única y exclusiva para él. Pero ¿quién se encarga de dar las direcciones IP? Para ello, existe un organismo denominado ICANN *(Internet Corporation for Assigned Names and Numbers)* encargado de dar direcciones IP en Internet. La dirección IP se compone de 32 bits agrupados en 4 octetos de 8 bits y separado cada octeto de bits por un punto. En todas las direcciones IP, se pueden diferenciar dos partes:

- Octetos de la dirección IP, sirven como identificador del tipo de red.
- Octetos de identificador del *host.*

Hay que tener en cuenta que dependiendo del tipo de red los octetos de la identificación cambian, lo que reduce o aumenta el número de equipos que se pueden conectar en dicha red. En las redes de clase A se usa un octeto para definir el tipo de red y los tres siguientes la cantidad de equipos, en las de clase B los dos primeros octetos identifican la red y en la de clase C son los tres primeros octetos los que definen el tipo de red. Cuantos más octetos ocupe el tipo de red, menor es la cantidad de equipos que se pueden incorporar en la red y viceversa.

Siempre que se haga referencia al direccionamiento IP, hay que tener presente una serie de conceptos clave:

- **Dirección de red:** cualquier dirección IP que en su parte derecha contenga un 0 (por ejemplo: 124.98.0.0, 10.98.8.0, etc.) es considerada una dirección de red y abarca los rangos desde 0 a 255. Por ejemplo:

Dirección de red		Rango
192.180.1.0	⟶	192.168.1.0 - 192.168.1.255
146.3.0.0	⟶	146.3.0.0 - 146.3.255.255

- **Dirección de *broadcast*:** así se llama a cualquier dirección IP que finalice en 255. Por ejemplo: 102.56.0.255 y 123.8.9.255 corresponden a direcciones de *broadcast*. La dirección de *broadcast* va a permitir enviar mensajes a todos los equipos de la red (que vienen especificados por el Identificador de red).

Nota

Actualmente, en el direccionamiento IP se está pasando de la norma IPv4 (números binarios de 32 bits) a IPv6 (números binarios de 128 bits).

A continuación, se va a ver la clasificación de las direcciones IP en base a las clases de redes que es posible formar.

Redes de clase A

En este tipo de redes, el primer octeto que compone una dirección IP está reservado únicamente para el identificador de red, el resto de bits indican la cantidad de ordenadores que se pueden asignar a la red.

Como el primer octeto (2^7, 2^6, 2^5, 2^4, 2^3, 2^2, 2^1, 2^0) se reserva para la identificación de red, se tiene la cantidad de $2^7 = 128$ redes posibles (de estas posibilidades hay que descartar la red 0.0.0.0, que no existe, y la red 127.255.255.255, que es una red reservada). Luego el rango en el que se mueven las redes de clase A es: 1.0.0.0 hasta 126.0.0.0.

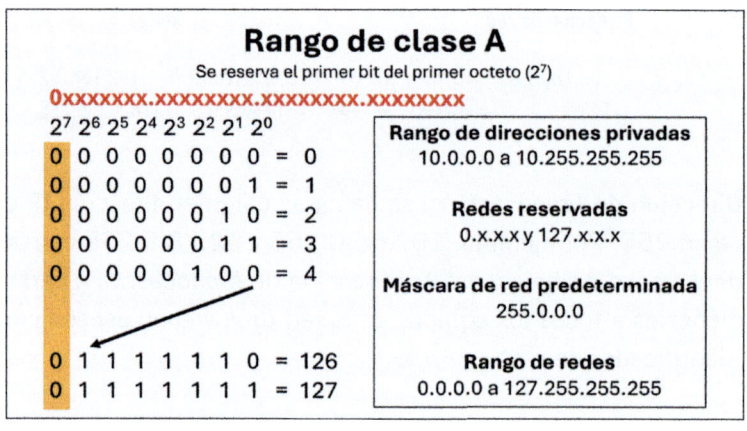

Cálculo de redes disponibles en las redes de clase A

Como hay tres octetos de 8 bits disponibles para los *hosts,* esto implica $2^{24} = 16.777.214$ equipos para una red cualquiera. Hay que anotar que las redes de clase A son las que más equipos pueden soportar en una red. Estas redes llevan una submáscara de red, que es la 255.0.0.0. Por ejemplo: en la dirección de red de clase A 100.10.56.84, los 3 últimos octetos (10.56.84) corresponden a la dirección del *host* (equipo conectado a la red).

Redes de clase B

En este tipo de redes, se usan los dos primeros octetos de bits para formar el identificador de red, pero dejando fijos los 2 primeros bits del primer octeto.

La cantidad de redes que se pueden manejar con la clase B es (8 bits + 8 bits = 16 bits − 2 bits-fijos = 14 bits): 2^{14} = 16.384 redes. Luego el rango en la clase B: 128.0.0.0 hasta 191.255.255.255. La cantidad de ordenadores o equipos que puede contener una red de clase B es: 2^{16} = 65.536 (como puede observarse, se definen menos ordenadores por red en clase B que en clase A). Estas redes llevan una máscara de red, que es la 255.255.0.0. Por ejemplo: en la dirección de red de clase B 167.10.56.84, los 2 últimos octetos (56.84) corresponden a la dirección del *host* (equipo conectado a la red).

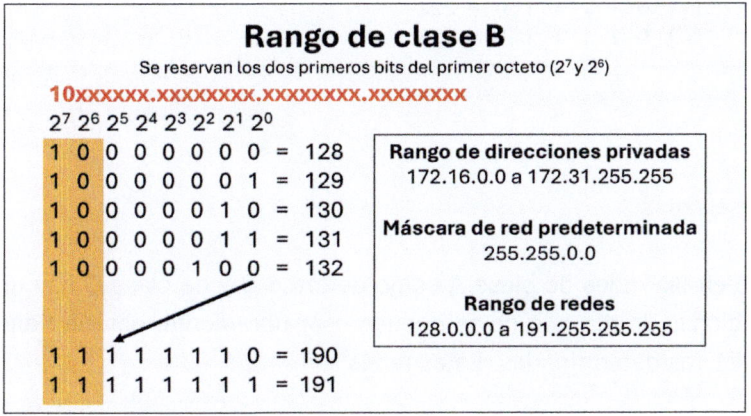

Cálculo de redes disponibles en las redes de clase B

Redes de clase C

En este tipo de redes, se usan los tres primeros octetos para formar el identificador de red, pero dentro del primero octeto se fijan 3 bits. Por lo tanto, se tendrán $2^{24-3} = 2^{21}$ = 2.097.152 redes para montar. Con lo cual el rango de la clase C va desde: 192.0.0.0 hasta 223.255.255.255. Como solo hay un octeto para equipos: 2^8 = 256 equipos disponibles dentro de cada red. Estas redes llevan una máscara de red, que es la 255.255.255.0. Por ejemplo: en la dirección de red de clase A 192.10.56.84, el último octeto (84) corresponde a la dirección del *host* (equipo conectado a la red).

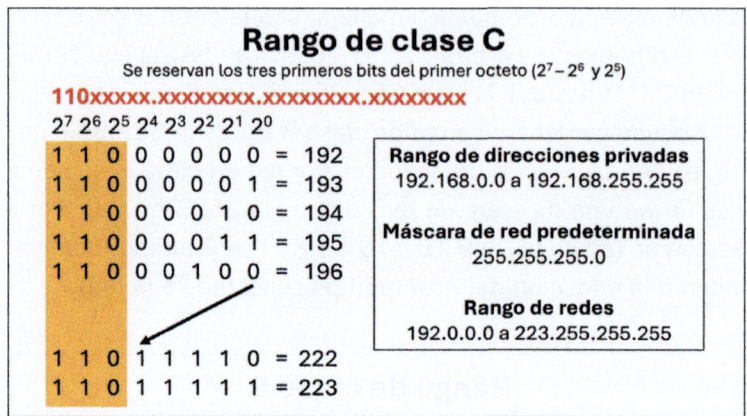

Cálculo de redes disponibles en las redes de clase C

Redes reservadas

Tanto en las redes de clase A como de clase B y de clase C hay una serie de direcciones de red que no se pueden usar libremente, porque tienen unas características determinadas. Estas redes son:

- 10.0.0.0 a 10.255.255.255: redes reservadas de clase A.
- 172.16.0.0 a 172.31.255.255: redes reservadas de clase B.
- 192.168.0.0 a 192.168.255.255: redes reservadas de clase C.

 Aplicación práctica

Dada una dirección IP 142.226.0.15:

I A. ¿Cuál es la clase de la dirección?
I B. ¿Cuál es la dirección de red de esta dirección IP?

SOLUCIÓN

I A. Como la dirección IP comienza por 142, está dentro del rango de las direcciones IP de clase B.

Continúa en página siguiente >>

<< Viene de página anterior

▮ B. Como es de clase B, se usan los dos primeros para el identificador de red, luego la dirección de la red es 142.226.0.0.

Actividades

3. Para la dirección IP 192.168.10.6:

   ▪ ¿Cuál es la clase de la dirección?
   ▪ ¿Cuál es la dirección de red de esta dirección IP?

4. Para la dirección IP 9.124.10.5:

   ▪ ¿Cuál es la clase de la dirección?
   ▪ ¿Cuál es la dirección de red de esta dirección IP?

Aplicación práctica

Dadas las siguientes direcciones de red, de cada una intente identificar la dirección de red y la dirección de *host*:

a. 177.100.18.4
b. 119.18.45.0
c. 209.240.80.78
d. 10.15.123.50
e. 171.2.199.31
f. 192.125.87.177

Continúa en página siguiente >>

<< Viene de página anterior

SOLUCIÓN

a. Como pertenece a la clase B, 177.100 es el identificador de red y 18.4 corresponde a la identificación de *host*.

b. Como pertenece a la clase A, 119 es el identificador de red y 18.45.0 corresponde a la identificación de *host*.

c. Como corresponde a clase C, 209.240.80 corresponde a la identificación de red y 78 a la identificación de *host*.

d. Como corresponde a clase A, 10 es para identificación de red y 15.123.50 para la identificación de *host*.

e. Como corresponde a clase B, 171.2 es la identificación de red y 199.31 para la identificación de *host*.

f. Como corresponde a clase C, 198.125.87 es para la identificación de red y 177 para la identificación de *host*.

Sabía que...

Si se observan las redes privadas de la clase C, normalmente la dirección 192.168.1.1 se utiliza para el router o encaminador de paquetes.

5.2. Dominios. Jerarquía de dominios

Un dominio en Internet corresponde a una traducción de la dirección IP en un identificador fácil de recordar por los usuarios de Internet. Imagínese que hubiera que almacenar de memoria las direcciones IP de cada sitio web que se visita. Pues bien, en vez de esto, lo que se hace es acceder por sus dominios: Google, Renfe, etc.

Hay que anotar que el nombre de dominio de Internet forma parte de la URL del sitio web. Por ejemplo, para la URL http://unejemplo.ejemplo.com, el domino sería: unejemplo.ejemplo.com. Cuando se habla de dominios, hay que tener presentes los TLD (Dominios de Nivel Superior), que son aquellos niveles que están más alto en la jerarquía de dominios. Estos suelen ser de dos tipos: bien genéricos o bien geográficos. Por ejemplo: en www.google.com, el dominio de nivel superior es ".com". La encargada de administrar los dominios de nivel superior es la organización Icann (Organización de Internet para la Asignación de Nombres y Numeros). Dentro del TLD se pueden incluir dos caracteres de identificación del territorio basados en la norma ISO-3166 (tales como .mx, México; .es, España; uk, United Kingdom, etc.).

 Sabía que...

En la página web del gestor de dominios IONOS, puedes acceder a un listado en el que se muestran los distintos TLD que se pueden incorporar a un nombre de dominio. Puedes acceder al mismo a través de la página web < https://www.ionos.es/dominios/dominios >.

También hay que considerar los gLTD (Dominio de Internet Genérico), el cual es una subcategoría del TLD. Los principales dominios genéricos de Internet son: .com, .net, .org y .info. Los dominios genéricos se pueden clasificar en:

- **No restringidos:** están directamente disponibles para ser usados por cualquier organización o persona.
- **Patrocinados:** propuestos por organizaciones privadas para explotarlos en su propio beneficio.
- **Geográficos:** identifican un territorio geográfico concreto.

Recuerde

De la URL http://www.unejemplo.com/index.html, es posible afirmar que el nombre de dominio es unejemplo.com, el nombre del host es www.unejemplo.com y el documento al que se accede es index.html. El nombre de dominio de nivel superior es .com.

Cuando se habla de jerarquía de dominios, primero se van a encontrar los de nivel superior y luego varios niveles más, a símil de estructura jerárquica. El dominio de segundo nivel es justamente el que va a continuación del dominio de primer nivel. Por ejemplo, en la dirección www.misdatos.com, el dominio de primer nivel **es .com** y el de segundo nivel es **misdatos.** Un dominio de tercer nivel es aquel que está justamente a la derecha del dominio de segundo nivel. Por ejemplo, en la dirección: www.internautas.org.es, el dominio de primer nivel **es .es,** el dominio de segundo nivel es **internautas** y el dominio de tercer nivel **es .org.**

Aplicación práctica

Indique:

I Nombre de dominio de nivel superior.
I Nombre de dominio.
I Documento al que se accede.

De las siguientes URL:

I http://www.google.es.
I http://www.midireccion.org/archivos/ficha.jpg.

Continúa en página siguiente >>

<< Viene de página anterior

SOLUCIÓN

Para el primer caso, se tiene:

▮ Nombre de dominio de nivel superior: .es.
▮ Nombre de dominio: gogle.es.
▮ Documento al que se accede: en este caso no se accede a ningún documento.

Para el segundo caso, se tiene:

▮ Nombre de dominio de nivel superior: .org.
▮ Nombre de dominio: midireccion.org.
▮ Documento al que se accede: ficha.jpg.

5.3. Servicios de identificación de dominios: DNS

Domain Name System (Sistema de Nombres de Dominio) es un sistema de clasificación jerárquica para los equipos, servicios o recursos que estén disponibles en Internet o en redes privadas. Su función principal consiste en traducir, ya que se encarga de traducir los nombres legibles para el usuario y codificarlos a binario para poder tener acceso al equipo. Para ello, el servidor DNS suele usar una base de datos distribuida y jerárquica que es la encargada de almacenar información sobre los nombres de dominio de las redes de Internet. Un servidor de DNS siempre va a constar de 3 componentes:

■ **Clientes:** encargados de generar consultas DNS.
■ **Servidores DNS:** encargados de contestar a las peticiones de los clientes.
■ **Zonas de autoridad:** partes del espacio de nombres que almacenan datos. Cada zona de autoridad abarca como mínimo un dominio.

Sin embargo, los servidores DNS se pueden clasificar en tres:

■ **Primarios** (también llamados **maestros**): encargados de guardar los datos de un espacio de nombres en ficheros.

- **Secundarios** (también llamados **esclavos**): encargados de obtener los datos de los servidores primarios.
- **Locales** (también llamados **caché**): forman parte de un *software,* sin implementar una base de datos para la resolución del espacio de nombres. Cuando reciben una consulta, la reenvían a otro servidor DNS.

Sabía que...

Es posible encontrarse con servidores DNS con capacidad recursiva, de tal forma que la consulta que envía un cliente la reenvía a otro servidor del cual obtendrá una respuesta.

5.4. Ámbitos: Intranet, Internet y Extranet. Consideraciones de seguridad. Cortafuegos

A continuación, se van a tratar las principales diferencias entre los conceptos de Intranet, Internet y Extranet, viendo las peculiaridades de cada una.

Intranet

Una Intranet es una red interna, diseñada y desarrollada para trabajar dentro de los límites de una determinada compañía. Cabe decir que la mayor diferencia con Internet es que esta es pública frente a la Intranet que es normalmente privada y que tiene como objetivo facilitar a los trabajadores el desarrollo de su trabajo para una mayor eficiencia de la empresa.

Con la Intranet tenemos acceso a la información las 24 horas del día, los 365 días del año.

Extranet

Por Extranet se entiende una red privada que usa los protocolos de Internet para compartir de forma segura parte de la información o una determinada operación (bien con clientes o bien con proveedores de una empresa determinada). Puede entonces verse la Extranet como parte de Internet, pero pertenece a una determinada empresa que amplía las capacidades de sus usuarios fuera de sus dominios.

La Extranet puede ser configurada para ser usada como una Internet Colaborativa entre varias compañías o empresas.

 Sabía que...

Uno de los principales usos de una Extranet es la creación de foros para que se puedan discutir opiniones.

Internet

Se define Internet como un conjunto descentralizado de redes de comunicación con la peculiaridad de que estas redes descentralizadas están interconectadas entre sí mediante una familia de protocolos TCP/IP, lo que la convierte en una red de alcance mundial. Uno de los servicios con más éxito en Internet es la WWW.

Consideraciones de seguridad

Siempre que se esté haciendo uso de Internet, hay que tener una serie de herramientas instaladas en los equipos que prevendrán de posibles amenazas de seguridad, dado que el mayor problema en Internet es mantener la seguridad.

A continuación, se va a ver un elemento de los muchos que conforman las consideraciones de seguridad, el cortafuegos.

Cortafuegos

También conocido con el nombre de *firewall,* es una parte de un sistema o una red que está implementado y diseñado para negar o bloquear un acceso no autorizado, permitiendo las comunicaciones autorizadas. Un cortafuegos puede ser implementado vía *hardware,* vía *software* o bien una combinación de ambos. Son muy usados en las Intranets normalmente para limitar que los usuarios de Internet no autorizados tengan acceso a las redes privadas.

 Nota

Actualmente, existen tres tipos de cortafuegos: los que filtran los paquetes, los de estado y los basados en aplicación (más habituales).

6. Resumen

La aparición de Internet en el mundo de la Informática ha supuesto toda una revolución tecnológica, tanto para los usuarios como para los programadores de la red. Los principales servicios que ofrece Internet son la WWW, el correo electrónico y la transferencia de ficheros. Para poder ofrecer estos servicios, se basa en la arquitectura TCP/IP, que dice cómo hay que implementar en función a las siguientes capas:

- Capa 1: Acceso al medio. Equiparable con la capa 1 y la capa 2 del modelo OSI.
- Capa 2: Internet. Equiparable con la capa 3 del modelo OSI.
- Capa 3: Transporte. Equiparable a la capa 4 del modelo OSI.
- Capa 4: Aplicación. Equiparable a las capas 5, 6 y 7 del modelo OSI.

Además, Internet usa el protocolo IP, que es el encargado de traducir las direcciones IP a direcciones más cómodas de usar por parte del usuario.

Dichas direcciones IP permiten establecer tres tipos de redes fundamentales:

- Las de clase A.
- Las de clase B.
- Las de clase C.

Ejercicios de repaso y autoevaluación

1. **De las siguientes afirmaciones, diga cuál es verdadera o falsa.**

   a. Paul Baran en 1964 descubrió el protocolo TCP/IP.

   ☐ Verdadero
   ☐ Falso

   b. El primer proyecto con Internet fue conectar 3 universidades y un instituto.

   ☐ Verdadero
   ☐ Falso

   c. WWW e Internet, aunque sean palabras distintas, expresan el mismo concepto.

   ☐ Verdadero
   ☐ Falso

2. **Nombre, al menos, 4 servicios que brinda Internet.**

   _____
   _____
   _____
   _____

3. **El protocolo usado por la WWW es:**

   a. UDP.
   b. HTTP.
   c. TCP.
   d. SMTP.

4. Complete el siguiente texto.

En cualquier dirección _____, se va a encontrar lo primero el _____ que se va a usar para acceder al _____ (http, https, ftp, sftp, etc.) y en segundo lugar un _____ (:) seguido de dos barras laterales (//) y a continuación la _____ en _____ de dicho recurso.

5. Una vez recibido un correo electrónico, las operaciones que se pueden realizar sobre él son:

_____

_____

_____

_____

6. De las siguientes afirmaciones, diga cuál es verdadera o falsa.

a. Aparnet es considerada la antecesora de Internet.

☐ Verdadero
☐ Falso

b. Los protocolos HTTP y HTML surgen en la década de los 70.

☐ Verdadero
☐ Falso

c. En 1971 surgió el concepto de correo electrónico.

☐ Verdadero
☐ Falso

7. El modelo OSI implementa...

a. ... 4 capas.
b. ... 5 capas.
c. ... 6 capas.
d. ... 7 capas.

8. La capa encargada de garantizar la conexión en el modelo OSI se corresponde con...

   a. ... la capa de enlace de datos.
   b. ... la capa de sesión.
   c. ... la capa física.
   d. ... la capa de transporte.

9. Complete el siguiente texto.

El modelo _____ es un modelo de descripción de _____ de red desarrollado en la década de los 70 e implementado en la red _____. Este modelo estandariza un conjunto de _____ generales para el _____ e _____ de protocolos de red y para ello ofrece _____ capas de _____.

10. Cite al menos cuatro protocolos disponibles en Internet.

_____
_____
_____
_____

11. Una dirección IP se compone de...

   a. ... 2 octetos de 16 bits cada uno.
   b. ... 3 octetos de 8 bits cada uno.
   c. ... 4 octetos de 16 bits cada uno.
   d. ... 4 octetos de 8 bits cada uno.

12. La dirección IP 122.167.9.1 es:

   a. Red de Clase A.
   b. Red de Clase B.
   c. Red de Clase C.
   d. Red Reservada.

13. Un dominio corresponde a...

a. ... un estándar para la gestión de servidores DNS y sus bases de datos.
b. ... el identificador asociado a la base de datos del servidor DNS.
c. ... una traducción de la IP fácil de recordar para el usuario.
d. ... no existen los dominios en Internet.

14. Los servidores DNS suelen implementar con...

a. ... el protocolo HTTP.
b. ... una base de datos.
c. ... un recurso de la red.
d. ... una dirección IP reservada.

15. El comando GET sirve para...

a. ... poder recuperar la información de la URL.
b. ... crear una relación o vínculo entre documentos.
c. ... eliminar una relación o vínculo entre documentos.
d. ... eliminar el documento especificado del servidor.

Capítulo 2
La World Wide Web

Contenido

1. Introducción

La World Wide Web, más comúnmente conocida con el nombre de WWW o la web, es un sistema de distribución de documentos que contienen hipertexto, que están interconectados entre sí y accesibles mediante la red Internet.

Si la www se compone de documentos, se necesitará algún tipo de *software* para el manejo de esos documentos y su correcta visualización; para ello están los navegadores.

Un navegador web es un *software* que se conecta a Internet, interpretando y mostrando en pantalla la información de los documentos que contienen hipertexto.

Actualmente se dispone de una gama bastante amplia de *software* de navegación por Internet, cada uno ofreciendo unas determinadas características en torno a la navegación web. Si bien es cierto que no hay uno mejor que otro, pero cada programador o usuario, elegirá uno diferente debido a la comodidad que presenten a la hora de navegar por la red.

2. Breve historia de la World Wide Web

La Word Wide Web (mundialmente conocida por WWW o w3) es un desarrollo europeo llevado a cabo en el año 1990, dentro del CERN, en el laboratorio europeo de física de partículas de Suiza. Su traducción al español sería "Tela de Araña Mundial".

La WWW se basa en la hipermedia y esta a su vez en el hipertexto. Un hipertexto se define como un conjunto de información que no está estructurada ni tiene por qué ser secuencial, sino que se puede acceder a una parte determinada de la información desde otro sitio que está relacionado con dicha información.

En las páginas que componen la WWW, se verán una serie de palabras subrayadas que serán las que permitan ir a otra parte del documento, a otro documento o a otro servidor que contenga esa información que se busca. El crecimiento de WWW desde finales de 1990 ha sido totalmente exponencial, siendo esta una herramienta usada hoy en día por millones y millones de personas y empresas. En la WWW, hay que tener claros dos conceptos:

- **Cliente:** equipo o persona encargada de localizar información en los servidores.
- **Servidor:** encargado de alojar documentos o páginas con hipertexto para que sean consultadas por los clientes.

El protocolo que usa la WWW para conectar al cliente con el servidor es el protocolo HTTP *(Hypertext Transfer Protocol)* o HTTPS (que implementa una capa extra de seguridad). El lenguaje que se comenzó a usar para poder escribir los documentos o páginas web al principio de todo fue HTML *(Hypertext Mark-up Language).* Las páginas web o documentos escritos en HTML serán consumidos por los navegadores web *(Microsoft Edge, Mozilla Firefox, Google Chrome* etc.). Junto con la WWW, aparece el concepto de URL *(Universal Resource Locator);* una URL va a permitir identificar de forma única cualquier recurso que forme parte de Internet (un servidor, una página web, una base de datos, etc.).

En cualquier dirección URL se va a encontrar primero el protocolo que se va a usar para acceder al recurso (http, https, sftp, ftp, etc.) y en segundo lugar un separador (:) seguido de dos barras laterales (//) y a continuación la dirección en Internet de dicho recurso, por ejemplo:

- ftp://ftp.rediris.es.
- https://google.es
- telnet://info.cern.ch.

 Recuerde

La WWW se basa en la hipermedia y esta a su vez en el hipertexto.

3. Arquitectura general de la web

La arquitectura puede describirse como el arte de planear, diseñar y construir espacios habitables, y no solo es la capacidad de diseñar los espacios, sino también la ciencia de construir los volúmenes necesarios.

Estas mismas nociones se pueden aplicar a la arquitectura web. Siempre que se crea un sitio web hay que tener presentes tres conceptos: planear cómo va a ser la web, diseñarla conforme al planeamiento de partida y construirla respecto del plan y diseños concertados anteriormente.

Un sitio web debe verse como un conjunto complejo en el que van a coexistir o vivir distintos sistemas que deben estar integrados entre sí (a modo de ejemplo, se pueden citar bases de datos, servidores, redes, componentes de copias de seguridad, reglas de acceso, etc.). Es por ello que las aplicaciones deben ser diseñadas sobre las necesidades reales de los usuarios (de la misma forma que un arquitecto construye un edificio con vistas a las personas que vivirán en él).

Luego, para el desarrollo web, es necesaria una gran base sobre las tecnologías que se pueden aplicar, sabiendo cuál puede ser más fácil y más cómoda de trabajar. Por ello, es preciso tener nociones de:

- Lenguajes de programación.
- Bases de datos.
- Protocolo TCP/IP.
- Lenguaje HTML.
- Lenguaje XML.

Actividades

1. Busque información sobre los diferentes lenguajes de programación web que hay disponibles para poder usarlos en el desarrollo de aplicaciones o servidores web.

3.1. Principios para el diseño de sistemas web

A día de hoy, se dispone de gran cantidad de herramientas para poder diseñar sitios web, independientemente de la complejidad de estos, de su rapidez, de su grado de aproximación al usuario, etc.

Es importante, siempre que se piensa en el desarrollo de sistemas web, tener siempre en mente siete principios de diseño que pueden ayudar a realizar un sistema web mucho más enfocado al usuario que a los gustos del programador. Estos siete principios se describen a continuación.

1. Detalles

Si se analiza un poco, en casi todas las webs un usuario necesita hacer elecciones en función a una determinada información. Los errores más habituales que se suelen cometer con los detalles son:

- **Saturar al usuario de información:** lo ideal es buscar un punto medio, ni mucha ni poca información, simplemente la justa para que el usuario pueda llevar a cabo la tarea que se propone en el sitio web.
- **Abusar de tecnicismos:** no todos los usuarios que reciba el sitio web van a tener el mismo nivel cultural, la misma educación, etc., luego es importante usar una jerga que sea comprensible por cualquiera, pero sin abandonar un cierto estilo.
- **Prioridad a la forma antes que al contenido:** ¿de qué vale que el sitio web sea muy vistoso si realmente no hace bien el cometido para el que ha sido diseñado? Es preferible sacrificar la forma, pero que los contenidos del sitio funcionen al 100 %.

2. Reconocimiento y *feedback*

Si se implementan interacciones con el usuario, lo ideal sería indicar que dichas interacciones están disponibles para su uso (así, si llega un usuario que no esté tan puesto en tecnología, podrá reconocer la información e intentar usarla).

Cuando se habla de *feedback* se hace referencia al hecho de la iteración, es decir, que esta sea visible por el usuario. ¿De qué vale hacer una interacción con el usuario y que este no perciba nada? Obviamente, habrá un usuario frustrado que no es capaz de comprender por qué el servicio web no interactúa con él.

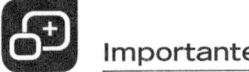

Importante

No hay que saturar con información a los usuarios de los documentos web, dado que un usuario saturado no realiza correctamente su trabajo.

3. Diseñar para el usuario

Los usuarios están acostumbrados a usar *software* y servicios webs sin que tengan constancia de ellos. A la hora de planificar un diseño, siempre es bueno no intentar complicar la existencia al usuario. Por ejemplo, si se hace un servicio web que conste con un editor de textos *on-line,* lo normal es que su diseño (su apariencia) sea muy similar a otros programas líderes del mercado (por ejemplo *Microsoft Word* o *Write)* y así se consigue que el usuario no se pierda a la hora de utilizar el *software* y pueda manejarlo con cierta destreza.

Aparte, se deberá diseñar una interfaz con el usuario siempre pensando en poner las cosas lo más fáciles posible, pero sin caer en la simplificación total y por tanto en la pérdida del usuario.

4. Diseñar pensando en ser flexible

Se ha de tener en cuenta que una cosa es cómo piensa la mente (sin previos errores) y otra cosa es lo que se diseña (que probablemente tenga errores, porque se es humano). Siempre que se diseñe, hay que dejar cierta flexibilidad para poder volver hacia atrás y resolver esos pequeños problemas que sin darse cuenta se pasan por alto. De ahí la importancia de diseñar flexiblemente; si de primera hora se comienza el diseño con un nivel amplio de abstracción, será mucho más difícil localizar y solventar esos pequeños errores que se pasan por alto en la fase de diseño.

Además, la flexibilidad también tiene que ver con los usuarios de la web; no siempre el usuario que trabaje con el diseño va a obtener los resultados a la primera con éxito (algunas veces los errores los cometerá el usuario y otras veces serán errores de diseño). Es por esto mismo que se debe permitir al usuario volver sobre sus propios pasos para poder solventar un error (por ejemplo, de introducción de datos).

5. Diseño a la defensiva

Imagínese una web en la que hay que darse de alta y continuamente informa de que se ha olvidado insertar la dirección o la edad, o que la contraseña es incorrecta porque hay que formarla a base de números y letras, etc. A esto se le conoce como diseño a la defensiva, se produce un error y se informa al usuario minuciosamente del error cometido (de nada sirve decir a un usuario que ha cometido un error y que ahora él investigue dónde lo ha cometido; mejor decir en tal campo que la información no es correcta).

Asimismo, también hay que tener en cuenta que el usuario nunca está centrado al 100 % en la página que está manejando, dado que está rodeado de un mundo que le interrumpe continuamente. Imagínese que el usuario se da de alta en una web y que durante el proceso de introducción de datos se recibe una llamada telefónica de más de media hora de duración; lo más probable cuando retome el trabajo con el sitio web es que el usuario no se acuerde de si ha introducido la contraseña correctamente, el correo electrónico proporcionado, etc. Lo ideal sería disponer de un sistema que detecte que cuando el usuario está inactivo por X tiempo se guarde su trabajo de forma automática.

 Nota

Gracias al diseño a la defensiva, es posible adelantarse a ciertos fallos que un usuario puede cometer en un proceso de alta de la aplicación web.

6. Diseñar adecuadamente

Cuando se usa un sitio web de forma continua durante mucho tiempo llega un momento en que se sabe hacer las cosas sin necesitad de mirar el resto del sitio; se sabe que se entra por tal dirección, se pincha en tal icono que aparece por la pantalla, se va a la página siguiente, se pulsa Aceptar y se obtiene por ejemplo un listado de productos de una determinada empresa. Lógicamente, este es un usuario avanzado del sitio web.

En el caso contrario, la primera vez que un usuario visita el sitio para obtener el listado de productos; obviamente, si no se le indica visualmente por dónde debe ir accediendo en el sitio web para obtener ese listado, le costará trabajo llegar a la destreza del usuario avanzado. Lo ideal es buscar un término medio y diseñar adecuadamente a lo que se vaya a encontrar (usuarios inexpertos, usuarios muy expertos y usuarios medios).

7. Diseñar minimalistamente

Solo porque se sepa diseñar una herramienta visual, por ejemplo, no hay que implementarla en el sitio web. Por ejemplo, la herramienta *drag and drop* es muy vistosa, pero requiere de tiempo, coordinación y energía, etc., con lo cual en un sistema web basado en tiempo real consumir precisamente tiempo no es lo más ideal. Los efectos pueden dar un toque muy especial a la web, pero no se debe caer en el tópico de abusar de estos efectos. Muchas veces quedan mucho mejor los sitios webs de cara a un usuario con un diseño minimalista que con muchos efectos que (la primera vez no) cansan y algunas veces agobian a los usuarios.

3.2. Componentes básicos de un sistema web

Se pueden clasificar en siete los componentes básicos que debe tener un sistema web. Dichos componentes son:

1. **Dominio:** un dominio es la forma en la que se puede localizar algo o a alguien en Internet. Obviamente, disponer de un dominio implica que hay que registrar dicho domino con una serie de datos para que

la gente pueda acceder a él. Este registro normalmente suele tener un cierto coste monetario (se compra y se renueva anualmente un determinado dominio y se explota ese dominio para la persona o empresa que lo ha registrado).

2. **Hosting o alojamiento:** en este *hosting* o alojamiento (que puede estar en el propio servidor o bien contratarlo externamente) es donde se alojarán las páginas o documentos web que se quiere que los clientes consulten u operen con ellas para obtener unos resultados. El servicio de *hosting* está constantemente conectado a Internet; de no ser así, no podrían consultar lo que se tiene almacenado en ese *hosting.* Actualmente, se dispone en Internet de muchos servicios de *hosting* gratuitos, pero hay que comprobar la tecnología con la que se desarrolla (si el *hosting* es para .net no se puede insertar un sistema web desarrollado en *Java).* Es muy importante que *hosting* y dominio estén bien configurados (de lo contrario el dominio no apuntaría a donde está alojado el *hosting* y no se podría acceder al contenido).

3. **Servidor de *e-mail* o cuentas de correo:** junto con el dominio y el *hosting,* normalmente se dispondrá de una serie de cuentas de correo electrónico configurables bajo el domino que se ha adquirido. Hay que tener en cuenta que el espacio que se dedica al *hosting* no es el mismo que se dedicará al espacio de almacenamiento de *e-mails.* Obviamente, estas cuentas deben estar configuradas para poder ser accesibles desde Internet. Lo habitual es que ofrezcan como mínimo 4 cuentas para cada dominio, las cuales cuentan con filtros de *spam* y seguridad ya implementados.

4. **Servicio de estadísticas *online:*** gracias a este servicio de estadísticas se van a poder consultar aspectos tales como: personas que han visitado los sitios, desde dónde se ha visitado el sitio, la hora con que más frecuencia se visita el sitio, la cantidad de páginas que ha visitado un determinado usuario en una conexión, etc. Normalmente, hay servicios de estadísticas tanto de pago como gratuitos, si bien es verdad que de cara a las empresas apuestan por los de pago en vez de los gratuitos (ya que algunos de ellos pueden afectar a la seguridad del sitio web sin que se tenga constancia de ello o bien usar *spam* ante los clientes).

5. **Servicio de soporte *online:*** debe también contarse con un soporte para poder facilitar las dudas o consultas de los clientes, de tal forma que

pueda informar de las dudas que tiene o de si en un momento determinado se produce algún error en el sistema que no se ha sido capaz de detectar en la fase de pruebas y errores. Normalmente, estos servicios de soporte suelen ser vía *e-mail,* aunque también se usan programas como *Skype* o *Microsoft Teams* o bien se suele facilitar algún teléfono de contacto (para hablar directamente con alguna persona o locución que pueda dar soporte).

6. **Preguntas frecuentes (FAQ):** las FAQ son una lista de preguntas y respuestas que se pueden plantear dentro de un contexto determinado y para un tema concreto al usar una aplicación web. Dicho de otro modo, cuando un usuario tiene alguna duda respecto de alguna parte de la aplicación web, puede acudir a consultar su FAQ para poder obtener información al respecto.

7. **Servicio de propagación:** está claro que para que la gente conozca en un medio en donde abunda tanta sobrecarga de información habrá que hacerse visible para que la gente pueda llegar al *hosting* en el que se tiene localizado el sistema web. Para ello, se pueden usar los buscadores haciendo que, cuando la gente introduzca ciertas palabras clave relacionadas con el sitio web, este aparezca en el listado que el buscador entrega al usuario vía navegador web.

Actividades

2. Busque información sobre los diferentes tipos de dominios que es posible encontrar.
3. Localice por Internet 4 *hosting* gratuitos y 4 de pago. Posteriormente, realice una comparativa de los sitios gratuitos y de los sitios de pago (ventajas y desventajas).
4. Realice un esquema conceptual de los principios para el diseño web, destacando lo más importante.
5. Realice un esquema conceptual de los componentes básicos de una web.
6. Localice en Internet servidores de dominio gratuitos e intente reservar uno para uso personal de su web.

3.3. División en capas

Cuando se programa o divide un sistema web en capas lo que realmente se está haciendo es separar la lógica de negocios de la lógica de diseño. Dicho de otra forma, lo que se hace es separar la capa de datos de la capa de usuario, de manera que se puede desarrollar el sitio web en varias capas o niveles de tal forma que, si hay que realizar un cambio al sitio web, no habría que replantear el sitio web entero, sino centrarse en la capa afectada y modificarla.

Una de las características fundamentales de la división por capas es que cada capa está totalmente abstraída del resto de capas y para poder comunicarse entre capas usarán una API (Interfaz de Programación de Aplicaciones). Además, como cada capa tiene una función bien definida y solo cumple con esa función, se hace muy fácil implementar el concepto de escalabilidad (dicho concepto se basa en la necesidad de ampliar fácilmente en caso de que sea necesario). Las capas disponibles son:

- **Capa de presentación:** esta capa es con la que trabaja directamente el usuario. De hecho, a la capa de presentación también se le conoce con el nombre de capa de usuario. Su función principal es la de presentar el sistema web al usuario, comunicarle información y capturar la información del usuario para procesarla y devolverle unos resultados desde el servidor. Dado que va a ser la capa con la que va a trabajar el usuario, lo ideal es que sea fácil y entendible para este. Esta capa se comunica únicamente con la capa de negocio.
- **Capa de negocio:** en esta capa es donde se encuentran los programas que se van a ejecutar en el servidor web. La capa de presentación es la encargada de capturar la información del usuario y esta es la encargada de recibir dicha información y enviar las respuestas al usuario tras el procesamiento de dicha información. Esta capa tiene comunicación con la capa de presentación (para recibir la información del usuario) y con la capa de datos (para solicitar, almacenar, recuperar o eliminar datos, generalmente, de una base de datos).
- **Capa de datos:** en esta capa es donde se encuentran los datos y su misión es la del acceso a los mismos. Para ello, hará uso de un gestor de base de datos, que será el encargado de realizar las operaciones de los datos en la base de datos.

A continuación, se van a ver los modelos de capas que hay disponibles.

Modelo 2 capas

Es un modelo donde la lógica de la aplicación se encuentra distribuida entre el cliente y el servidor. En este tipo de modelo de capas, se van a tener presentes dos entidades:

- Una capa donde está el cliente junto con su interfaz.
- Otra donde se encuentra el gestor de base de datos.

Modelo de arquitectura web 2 capas

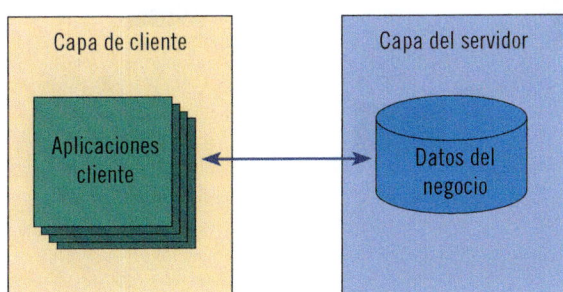

Como ventajas de este modelo, cabe apuntar que tiene una conexión persistente con la base de datos, se minimizan las peticiones en el servidor (todo este trabajo se pasa al lado del cliente) y se optimiza el rendimiento gracias a la conexión persistente (a través de esta se realizan tanto los envíos como las peticiones de datos).

Modelo 3 capas

En este modelo de capas se van a tener presentes las tres capas descritas anteriormente (presentación, negocio y datos). Ahora bien, estas capas pueden estar sobre un solo ordenador (no es la forma habitual de hacerlo) o bien distribuidas por varios ordenadores de la siguiente forma: la capa de presentación puede estar distribuida entre miles de ordenadores y las capas de datos y de negocio suelen estar en el mismo equipo (a no ser que las necesidades den lugar a una ampliación distribuyendo al sistema).

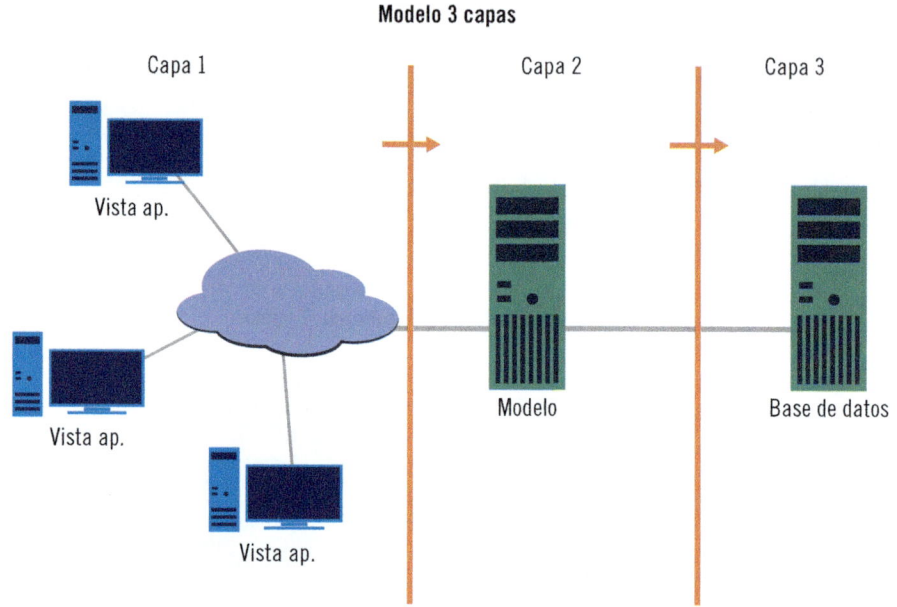

Modelo 3 capas

Este modelo de tres capas ofrece las siguientes ventajas:

- Simplicidad y sencillez del lado del cliente.
- Poco costoso de mantener.
- Centralización en seguridad y transacciones.
- Los componentes de la aplicación normalmente son desarrollados en cualquier lenguaje de programación, facilitan a los programadores el tener que dedicarse a un lenguaje.
- Las limitaciones de acceso a la base de datos prácticamente se erradican, dado que la base de datos no es accedida desde el cliente directamente.

Modelo 4 capas

En este modelo de capa, además de las capas descritas anteriormente (presentación, datos y negocio), existe una capa más, llamada capa de servicio.

La capa de servicio va a permitir que las funcionalidades de la aplicación web sean accesibles por otras aplicaciones o servicios para su uso. Con lo cual es importante tener en cuenta que cuando se implementa un modelo de 4 capas no se está desarrollando una aplicación web normal, sino un sistema que se compone de servicios que interactúan entre sí.

Modelo 4 capas

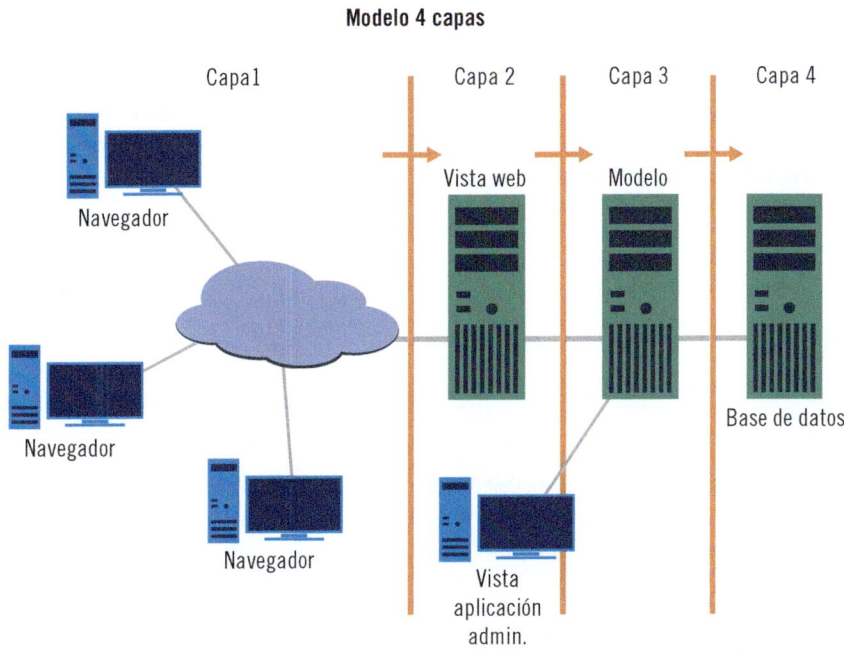

Aplicación práctica

Imagine que está trabajando en un departamento de diseño web y que llegan las siguientes propuestas de sitios o aplicaciones web:

a. Un cliente pide montar un sitio web personal para ofrecer información sobre él.
b. Una empresa decide tener participación en Internet y que sus clientes puedan tener opción a comprar en la red sus productos.

¿Qué modelo de capas aplicaría a cada uno de ellos y por qué?

Continúa en página siguiente >>

<< Viene de página anterior

SOLUCIÓN

Para el primer caso, se puede montar un modelo de 2 capas, dado que el uso de datos en sí va a ser escaso y, como los datos van a ser siempre o casi siempre los mismos, no hace falta usar una base de datos de por medio, con lo cual con el modelo de dos capas hay suficiente para cubrir sus necesidades.

Para el segundo caso, puede optarse bien por montar un modelo de tres capas o bien por un modelo de 4 capas. Todo dependería de las especificaciones que la empresa diera para escoger un modelo u otro. En ningún caso se podrá montar un modelo de 2 capas porque los datos que se van a manejar van a ser voluminosos y se necesitará una base de datos de por medio para poder gestionarlo.

 Actividades

7. Realice un esquema de los modelos con sus principales características.
8. Si tuviera que realizar un proyecto web que implicara el despliegue de un portal tipo Terra, ¿qué modelo de capas usaría?

4. El cliente web

El cliente web es una aplicación informática que consume un determinado servicio remoto en otro ordenador. A este ordenador se le conoce con el nombre de servidor. Este consumo se realiza a través de una red de datos. Hay varios tipos de clientes:

- **Cliente pesado:** se denomina así porque el cliente es el que asume la mayor parte de las funcionalidades. Hay que anotar que este tipo de clientes admiten el almacenamiento local de datos y el procesado de datos local.

- **Cliente híbrido:** se denomina así a las estaciones de trabajo que suelen emplear el arranque por red para cargar su sistema operativo desde un servidor. Este tipo de clientes no admiten el almacenamiento de datos local y sí el proceso de datos local.
- **Cliente liviano:** es un ordenador o bien un *software* que depende de un servidor central para todas sus tareas. Este tipo de clientes no admite ni almacenamiento de datos local ni el proceso de datos local.

4.1. *Hardware* básico. Dispositivos fijos y móviles

A continuación, se va a ver el *hardware/software* básico y mínimo con el que tiene que contar un cliente web para poder llevar a cabo su trabajo.

Las características de un sistema de 32 bits (arquitectura x64) son:

- Es necesario 1 GB de RAM.
- Reconoce solo 3,5 GB de RAM.
- Máximo de memoria por programa: 2 GB.
- Funcionan todos los dispositivos compatibles con *Windows 8* y versiones anteriores.
- Se pueden usar *drivers* de dispositivos sin firmar.
- Funcionan algunos programas antiguos de 16 bits.
- Sistemas más económicos, ideales para el uso general.

Las características de un sistema de 64 bits (arquitectura x86) son:

- Se necesita una CPU de 64 bits y 4 GB de RAM.
- Reconoce hasta 128 GB de RAM.
- Memoria ilimitada para cada programa.
- Se necesita el uso de controladores de 64 bits para los dispositivos.
- Funcionan solo los programas creados para 64 bits.
- Todos los *drivers* tienen que estar firmados digitalmente.
- No funcionan los programas de 16 bits.
- Funcionalidades adicionales de seguridad como TPM, D.E.P. y Kernel Patch Protection.
- Mayor rendimiento en general.

Como es sabido, hoy en día existen en el mercado los dispositivos inteligentes *(smartphones,* tabletas, etc.) desde los cuales también se puede acceder a Internet y realizar las mismas operaciones que un ordenador de sobremesa. Luego se puede clasificar a los clientes en dos dependiendo de:

- Si usan un equipo tradicional.
- Si usan un equipo móvil.

El acceso desde un dispositivo tradicional o móvil viene siendo el mismo, lo único que varía es la forma de presentar la web o aplicación en dicho dispositivo (si a pantalla completa o hay que reducir para ajustar a la pantalla de un dispositivo basado en Android o IOS).

 Sabía que...

Un programa basado en arquitectura x86 puede ejecutarse en una arquitectura x64, pero justamente al contrario no puede ejecutarse.

4.2. Sistemas operativos de uso común en Internet

Un sistema operativo es un conjunto de *software* específico cuya misión es servir de traductor e intérprete entre los usuarios y el *hardware* a más bajo nivel. Cualquier sistema operativo moderno cuenta con las herramientas adecuadas para conectarse a Internet. A continuación, se van a ver los sistemas operativos más usados.

Windows Server 2022

Corresponde a la última edición puesta en el mercado por Microsoft del sistema operativo *Windows Server* y equivale a la versión de *Windows 11* para servidores. Su antecesor se corresponde con *Windows Server 2019.*

Este sistema operativo se puede encontrar en tres o ediciones:

- *Standard:* la licencia tradicional.
- *Datacenter:* pensada para los centros de datos a nivel general.
- *Datacenter Azure Edition:* para centros de datos que utilicen tecnología.

Los requisitos mínimos de *hardware* que hay que tener para poder instalar este sistema operativo son los siguientes:

- Procesador: de 1.4 bits a 64 GHz, compatible con 64 bits.
- RAM (almacenamiento): 512 MB y 2 GB para servidor con la opción de instalar Desktop Experience.
- Red: tarjeta NIC con un ancho de banda mínimo de 1 GBPS.
- Disco Duro: 32 GB.
- Monitor.
- Teclado.
- Ratón o dispositivo compatible.

 Importante

Windows 2022 Server, al ser un producto de la familia *Microsoft Windows,* es un *software* privativo, es decir hay que adquirirlo legalmente y por ello se debe adquirir una licencia cuyo coste varía dependiendo de la versión elegida.

Ubuntu Server

Es una versión para servidores que se ofrece de forma gratuita y que mejora siempre los componentes de su sistema operativo. Cada seis meses se publica una nueva versión de *Ubuntu* (en los meses de abril y octubre las cuales tienen un soporte por los siguientes dieciocho meses desde su fecha de publicación).

También hay versiones LTS (Soporte de Larga Duración) disponibles de *Ubuntu* que proceden a liberarse cada dos años y que reciben un soporte de cinco años tanto en escritorio como en servidor.

Los requisitos mínimos de *hardware* que hay que tener para poder instalar este sistema operativo son los siguientes:

- Procesador de doble núcleo a 2 GHz o superior.
- Al menos 4 GB de RAM.
- 25 GB de espacio libre en disco.
- Puerto USB y una memoria USB con al menos 4 GB de capacidad.
- Monitor.
- Teclado.
- Ratón o dispositivo compatible.

Un ejemplo de servidor *Ubuntu* se puede encontrar en Wikipedia. De *Ubuntu* se puede citar lo siguiente:

- Tiene soporte de *Java* con *OpenJDK*.
- Tiene *Apache Active*, el servidor de código abierto de mensajería y patrones de integración.
- *Juju*, herramienta para orquestar servicios en la nube.
- *Jenkins*, servidor de integración.
- *Apache Tomcat*, servidor de aplicaciones.
- *Groov*, *Clojure* y *Scala* como lenguajes de programación.
- *Awesome*, *API* para el despliegue y administración de servicios en la nube.
- Está disponible para arquitecturas de x 86 y x 64.

 Nota

A diferencia de la familia *Windows*, *Ubuntu Server* está disponible de forma gratuita y se puede descargar desde su página principal.

4.3. Navegadores. Características y comparativa

Un navegador es un *software* que va a permitir el acceso a Internet, interpretando la información que contienen los archivos y sitios webs y mostrándonosla por su pantalla. Luego su funcionalidad básica va a ser la de permitir la visualización de documentos de texto.

A continuación, se van a ver las características de los navegadores más usados a día de hoy por los usuarios de Internet.

Opera

De él se puede destacar su velocidad, seguridad, soporte de estándares, tamaño reducido y constante innovación. Las últimas versiones de *Opera* vienen usando el mismo motor que *Chrome* y *Safari: WebKit.* Introduce dos nuevas funciones: *Discover* (permite tener las noticias más relevantes del día personalizadas) y *Stash* (permite guardar las páginas y cargarlas posteriormente con un solo clic).

Safari

Ideado para usuarios de productos de *Apple,* es un navegador que destaca por su desempeño, velocidad y soporte de estándares. Este navegador, aunque está desarrollado para plataformas *macOS, iOS,* se usa fundamentalmente en los dispositivos de *Apple* (iPhone, iPad).

Mozilla Firefox

Es uno de los navegadores más populares en la red. Es libre y de código abierto. Hay que destacar de este navegador que es totalmente configurable (tanto en su funcionamiento, configuración, aspecto, etc.). Ofrece un alto nivel de seguridad, protección contra *spyware* y *malware* y bloqueo de *pop-ups.*

Permite crear y utilizar simultáneamente varios perfiles, lo cual resulta muy interesante para crear diferentes ámbitos personalizables con el mismo navegador.

Microsoft Edge

Es el que instala el sistema operativo *Windows* por defecto. Está basado en *Chromium* de *Google.* Permite la sincronización de cuentas entre distintos dispositivos que utilicen la misma cuenta de usuario. Incorpora *Immersive Reader* que facilita la comprensión de los contenidos de la web, así como *Read Aloud* que permite escuchar páginas web como si fuesen podcasts.

Ofrece un elevado nivel de seguridad. Como desventaja, hay que citar que no muestra la página web hasta que esta no ha terminado de cargar todos y cada uno de sus elementos.

Google Chrome

Este navegador se lanzó al mercado en septiembre de 2008 y desde entonces ha ido ganando en popularidad y usuarios. Su éxito radica en la implementación de mejoras de funcionalidad y usabilidad.

Como ventajas, cabe citar que es minimalista (posee las funciones esenciales y básicas para que funcione), su rápida velocidad, la posibilidad de hacer búsquedas desde la barra de direcciones directamente y saber la cantidad de recursos de memoria que consume cada pestaña abierta.

Iconos de diferentes navegadores

Los navegadores se han vuelto casi imprescindibles en nuestro día a día por lo que se les exige que sean rápidos al acceder y descargar la información de la web. Entre los factores que influyen en la velocidad de carga de una página web se encuentra el navegador elegido.

De forma regular, hay empresas que realizan pruebas de velocidad para valorar la eficiencia de los navegadores. A continuación, se muestran los resultados obtenidos por la empresa Avast en el año 2023.

Google Chrome, es el navegador más usado debido en parte a la posibilidad de utilizarlo en distintos dispositivos que sincronizan los datos de la cuenta del usuario.

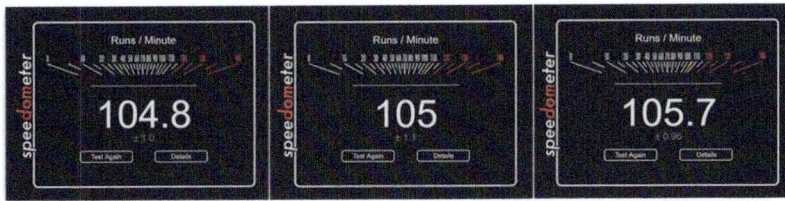

Resultado de las pruebas realizadas al Navegador Google Chrome

Mozilla Firefox es el navegador de código abierto, preocupado por la seguridad y privacidad de los datos que más se utiliza como alternativa a *Google Chrome.* Tiene una versión específica para desarrolladores llamada *Mozilla Firefox Developers.*

Resultado de las pruebas realizadas al Navegador Mozilla Firefox Chrome

Safari es el navegador que se incorpora en los equipos fabricados por la empresa *Apple* y que se instala en todos sus dispositivos por defecto. *Safari* bloquea las *cookies* de terceros de forma automática lo que dificulta el seguimiento de las acciones del usuario en las campañas de *marketing.*

Resultado de las pruebas realizadas al navegador Safari

Microsoft Edge es el navegador de *Microsoft* que se instala en todos sus equipos por defecto y que sustituyó a Internet Explorer en el año 2015. Este navegador se basa en *Chromium* por lo que su funcionamiento es similar a *Google Chrome.*

Resultado de las pruebas realizadas al Navegador Microsoft Edge

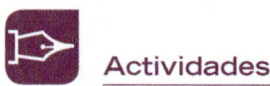 Actividades

9. Intente localizar en Internet otros navegadores que no hayan sido citados anteriormente.

4.4. Funcionalidades avanzadas: extensiones, aplicaciones específicas, etc.

Las extensiones son pequeños programas que están preparados para integrarse dentro del navegador que se está usando y permiten dotarlo de ciertas funcionalidades. Es posible encontrar extensiones de cualquier cosa que se imagine para el navegador. Principalmente, hay tres tipos de extensiones:

- **Extensiones que solo actúan cuando se les llama:** un ejemplo puede ser una extensión que convierta divisas (solamente se ejecuta cuando necesita realizar una conversión de divisas).
- **Extensiones siempre activas:** necesitan estar siempre activas o ejecutándose para poder ofrecer un determinado servicio, como por ejemplo un cliente de *Twitter,* un notificador *Gmail,* etc.
- **Extensiones que actúan en un determinado contexto:** este tipo de extensiones entrarán en funcionamiento cuando se esté visitando un documento que cumpla ciertas condiciones.

Algunos navegadores ofrecen funciones como las siguientes:

- **Inicio automático de sesión:** evita tener que introducir los datos de inicio de sesión cada vez que se quiera usar algún servicio que use inicio de sesión.
- **Autocompletar:** se puede habilitar esta opción haciendo con ello que el navegador muestre predicciones en los campos de los formularios.
- **Generación de contraseñas:** genera contraseñas aleatoriamente desde el propio navegador.

A continuación, se anota una serie de direcciones web para descargar complementos o extensiones de los principales navegadores:

- Complementos para *Microsoft Edge:* https://microsoftedge.microsoft.com/addons/Microsoft-Edge-Extensions-Home?hl=es-es
- Complementos para *Mozilla Firefox:* https://addons.mozilla.org/es/firefox/
- Extensiones para *Google Chrome:* https://chrome.google.com/webstore/category/extensions?hl=es

- Extensiones para *Safari:* https://www.apple.com/app-store/
- Extensiones para *Opera:* https://addons.opera.com/es/extensions/

 **Consejo**

Tampoco es muy conveniente instalar muchos complementos o extensiones en el navegador, dado que puede tener efectos secundarios en su funcionamiento (como menor velocidad, errores continuos, etc.).

5. Servidores web

Se puede considerar que un servidor es un dispositivo de red que va a ofrecer unos determinados servicios a otros dispositivos (a los cuales se les denomina con el término de clientes). A decir verdad, el que realiza esta tarea es un *software* que se encuentra alojado en un equipo físico donde es ejecutado y dicho equipo es el que está dentro de la estructura de una red.

Luego de la definición anterior de servicio es posible concluir que cualquier ordenador conectado a una red con un determinado *software* puede hacer de servidor. Dentro del concepto de servidor, es posible hacer una clasificación de estos:

- **Servidor de archivos:** su misión es la de centralizar la información de los usuarios de la red almacenando su información y estos acceden a la misma de forma remota.
- **Servidor de aplicaciones:** es donde el servidor va a permitir la ejecución del procesamiento de datos de un determinado cliente.
- **Servidores de correo:** aquí es donde se va a almacenar el correo electrónico que se mueva por la red.
- **Servidores de base de datos:** van a servir de pasarela o puente (interfaz) de la base de datos entre usuario y aplicaciones.

Luego un servidor web será aquel servidor destinado a alojar sitios y/o aplicaciones. Estos sitios y/o aplicaciones son los que son accedidos por el usuario a través del uso de un navegador web determinado. Para que el navegador y el servidor web puedan comunicarse, se hace uso del protocolo HTTP *(Hypertext Markup Language)* o HTTPS si incluye una capa extra de seguridad.

Ejemplo de distribución de servidor

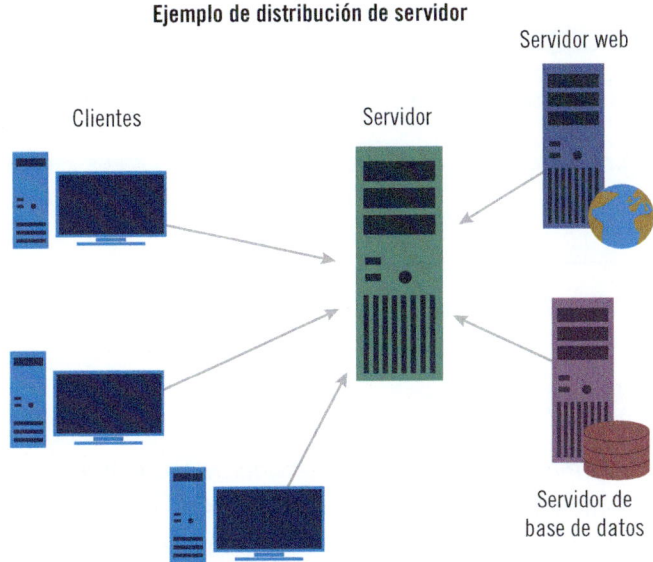

5.1. Servidores web de uso común

Los servidores web más usados entre los usuarios de Internet son los siguientes:

Apache

Servidor web HTTP de código abierto principalmente para las plataformas Unix, Microsoft Windows y Macintosh. Comenzó a popularizarse en 1995, siendo más tarde reimplementado por completo. Es uno de los más usados y actualmente es el más utilizado por los sitios web, seguido de nginx.

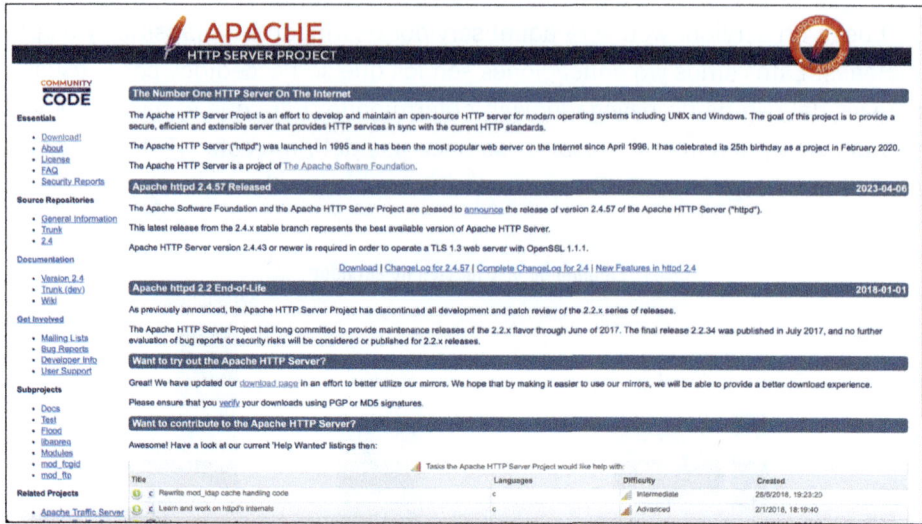

Página principal del servidor web Apache

Microsoft IIS

Internet Information Services es un servidor web que integra un conjunto de servicios disponibles para los sistemas operativos de Microsoft, servicios como: FTP, SMTP, NNTP y HTTP/HTTPS. *IIS* convierte al equipo en un servidor web de cara a Internet o bien a una Intranet.

Se basa en módulos para ofrecer dichos servicios y de entre ellos destaca ASP *(Active Server Pages)* y a ASP.Net, aunque también ofrece la posibilidad de trabajar con otros lenguajes de programación.

Página principal del servidor web IIS

GlassFish for Eclipse

Es un servidor de aplicaciones de *software* libre que se ha convertido en una API capaz de integrarse en el entorno de desarrollo Eclipse que permite desarrollar aplicaciones utilizando diferentes lenguajes de programación.

Entre las características que destacan del estándar EE4J *(Eclipse Enterprise for Java)* destaca la fuerte comunidad de desarrolladores, así como la velocidad de los procesos que permiten una fuerte compatibilidad y tecnológica del código desarrollado en otras versiones.

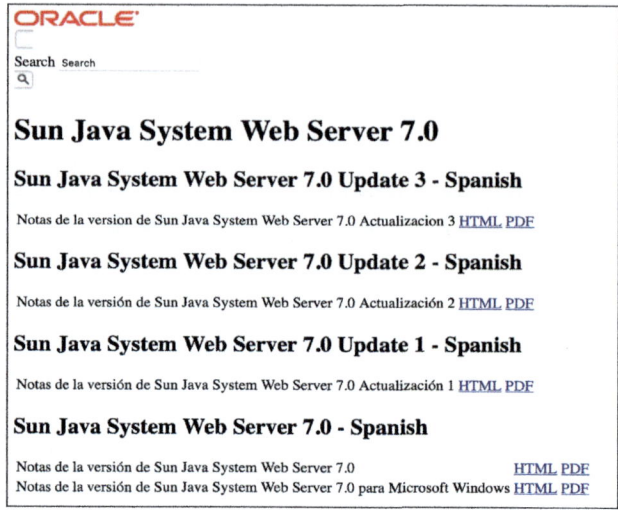

Página web del repositorio GlassFish para su incorporación al IDE Eclipse

Nginx

Es un servidor web muy ligero, de alto rendimiento y que a su vez puede hacer de las utilidades de un *proxy* para protocolos de correo electrónico tales como IMAP o POP3. Es un *software* libre, de código abierto y multiplataforma. Como anécdota, cabe decir que parte del servico web Facebook usa este servidor web/*proxy.* Comenzó su andadura a principios de 2008.

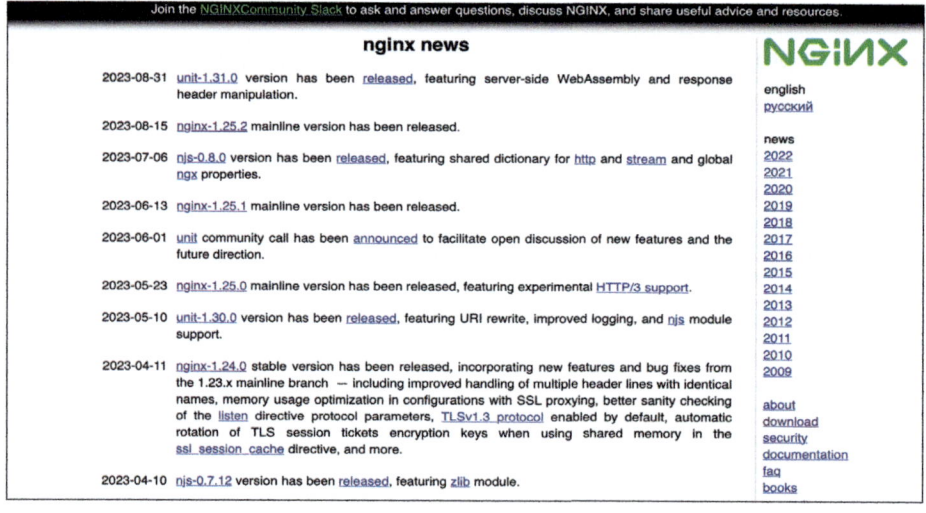

Página principal del servidor web Nginx

Google Web Server (GWS)

Es el servidor web utilizado por el famoso buscador por excelencia en Internet. Decir que lo implementa en todas sus infraestructuras y servidores. Actualmente, no suele haber mucha documentación al respecto de este servidor web, dado que Google no colabora mucho en difundirlo. Actualmente se puede implementar como una extensión de *Google Chrome* llamada *Web Server for Chrome,* lo que permite convertir una carpeta con los archivos en un servidor fácilmente.

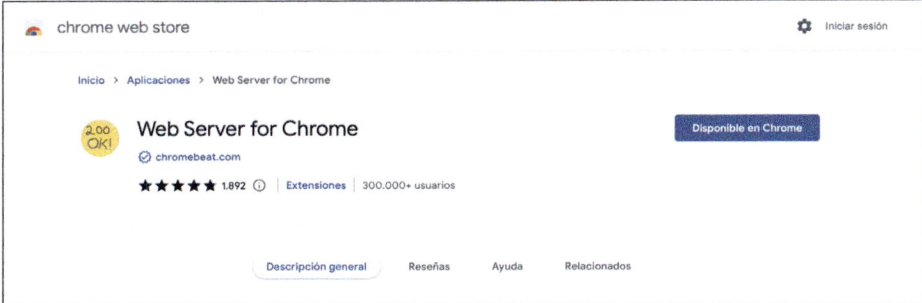

Página de la extensión Web Server for Chrome

NCSA

Servidor web desarrollado por el *National Center for Supercomputing Applications.* En el año 1998, se suspendió dicho proyecto, pero fue abandonado por completo. Poco más tarde, Apache se interesó por él y lo fue modificando para, de forma gradual, incorporarlo a su proyecto, lo que ha provocado que actualmente se utilice de forma residual.

 Actividades

10. Intente localizar en Internet otros servidores web que no hayan sido citados anteriormente.

A continuación, se muestra una imagen con la evolución de los servidores web más usados en Internet.

Evolución de los servidores en internet en enero de 2021

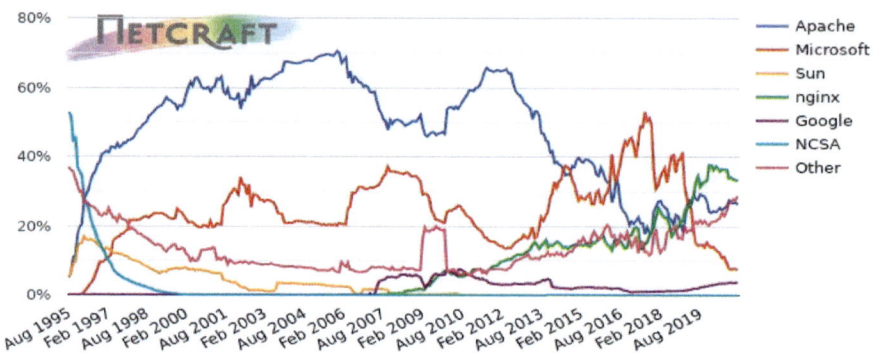

Fuente: https://hostin.com.ar/informacion-general/encuesta-sobre-servidores-web-de-enero-de-2021/

En esta gráfica, se puede apreciar cómo, de entre todos, destaca *Apache.* Como es el más usado dentro de Internet, se va a estudiar a partir de ahora este servidor web para conocer sus características básicas, la forma de configurarlo, aspectos de seguridad y funcionalidades avanzadas. Otro de los más usados es *IIS,* en el cual no se va a reparar, dado que Microsoft tiene publicada bastante información sobre este servidor y todo lo que le rodea.

 **Recuerde**

Apache es reconocido como el servidor web más utilizado en Internet por sus usuarios.

5.2. Características básicas de un servidor web

En principio, cualquier equipo personal puede servir para convertirse en un servidor, de andar por casa, pero al fin y al cabo un servidor (eso sí, se necesitará un sistema operativo dedicado a tal fin y probablemente los clientes que lo usen noten mucha lentitud).

Partiendo de que hay que enfrentarse a la adquisición (puede ser comprado o alquilado en algún proveedor de internet) en un servidor, se deben tener en cuenta los siguientes detalles como:

- **Procesador:** lo ideal es escoger un procesador en función de la carga de trabajo que vaya a tener el sitio web. Por ejemplo: si se va a recibir mucha carga de trabajo por parte de los usuarios, lo ideal sería escoger un procesador alto (en GHz) para que el trabajo se realice lo más rápido y cómodo posible.
- **Memoria RAM:** es importante escoger bien la memoria RAM, dado que si el servidor se queda escaso de dicha memoria comenzará a reservar espacio en disco duro para tratarlo como si fuera memoria RAM.
- **Disco duro:** fundamentalmente, de este dispositivo interesa su velocidad y rendimiento. Mientras más rápido y más rendimiento dé, antes se tendrán disponibles los datos.
- **Comunicaciones:** dado que lo que se pretende es recibir visitas en el servidor, habrá que hacer una auditoría para intentar prever la cantidad de usuarios que diariamente se podrán conectar al sitio y escoger un servidor acorde a las capacidades. Imagínese que cualquier empresa a nivel nacional monta un servidor que solo es capaz de gestionar 100 conexiones al mismo tiempo; obviamente, se colapsará y habrá usuarios que ni puedan acceder al sitio.

5.3. Configuración de servidores web

Se va a ver la configuración del servidor web *Apache,* para lo que se procederá a la instalación en una plataforma *Windows* y se verán sus aspectos básicos de configuración para poder convertir el ordenador personal en un servidor web. Precisamente convirtiendo el ordenador en un pequeño servidor web, se va a lograr que gente de cualquier parte del mundo pueda visitar los documentos a través de Internet y el uso del protocolo HTTP. Para comenzar a utilizar *Apache,* se debe ir a su página web < https://httpd.apache.org > y dentro del apartado de descargas pulsar sobre el apartado "Files for Microsoft Windows".

Lo siguiente será ejecutar el comando httpd -k install para instalar el servidor Apache.

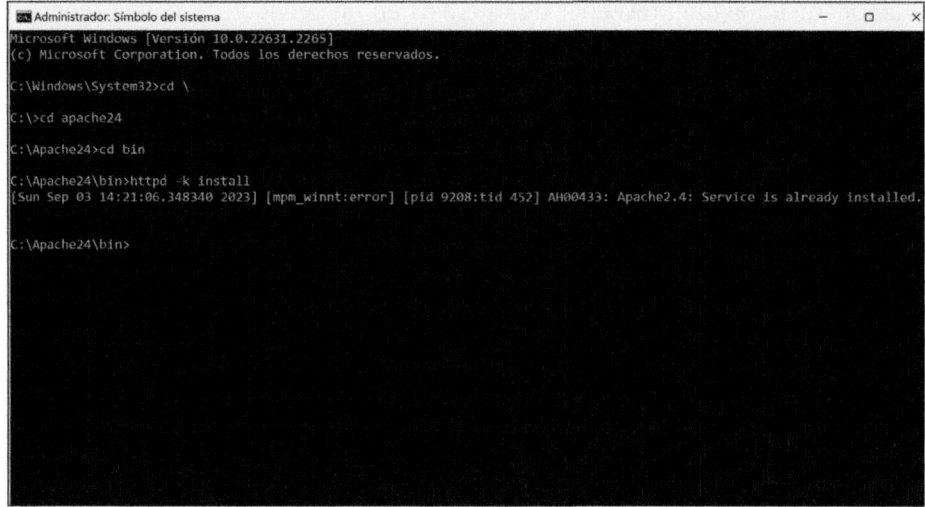

Instalación del servidor Apache usando el terminal

Una vez instalado, ya solo queda iniciar el servicio para lo cual, se debe acceder, también como administrador, a la aplicación *Servicios de Windows,* donde se mostrará un listado de todos los servicios que están instalados. Se debe localizar el correspondiente a *Apache24* y hacer doble clic sobre el servicio y una vez abierto pulsar sobre la opción **Iniciar** para que comience a funcionar.

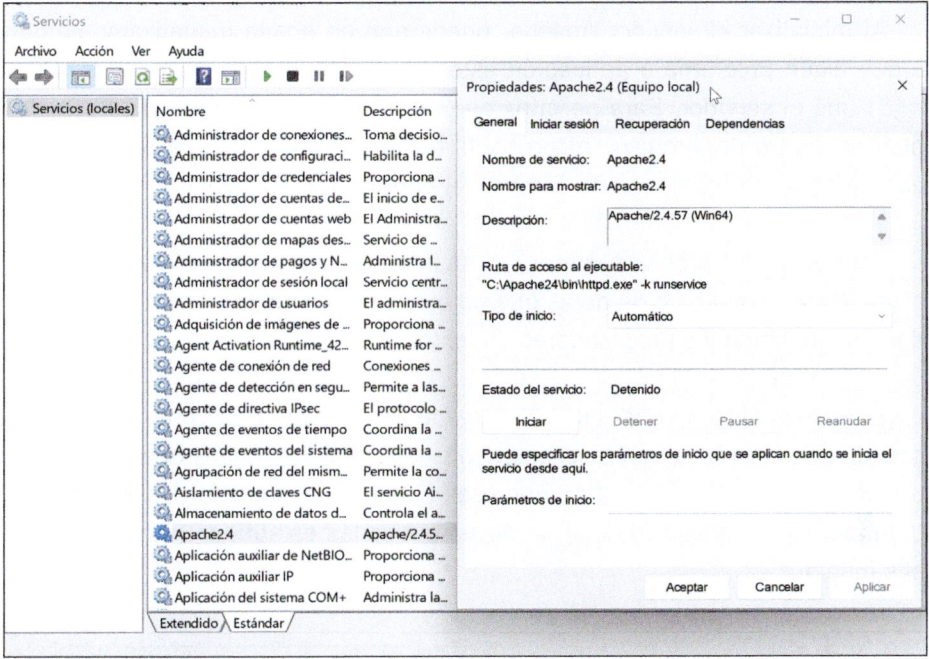

Inicio de los servicios correspondientes a Apache 24

Si el servidor funciona correctamente al abrir la página <http://localhost> se mostrará la pantalla inicial como la que se muestra en la siguiente imagen.

Inicio de los servicios correspondientes a Apache 24

Al inicializar el servidor Apache, puede que no pueda inicializarse debido a que algún programa o aplicación esté utilizando los mismos puertos (80 y 443) que el servidor. Para permitir que se inicialice, se deben modificar los puertos dentro del archivo "httpd.conf" (C:\Apache24\conf\) de 80 a 8080 y en el archivo "httpd-ssl.conf" cambiar el puerto 443 a 4433.

Para editar los archivos anteriores, se debe utilizar un editor de texto plano como *TextEdit* o el bloc de notas que no incorporan caracteres especiales en el documento como los procesadores de texto.

El archivo "httpd.conf" es el encargado de almacenar la configuración del servidor. Dentro del mismo, se puede observar que hay líneas que comienzan por el símbolo "#", que indica que esas líneas no se ejecutan ya que se han definido como comentarios, si se desea activarlas es suficiente con eliminar el símbolo.

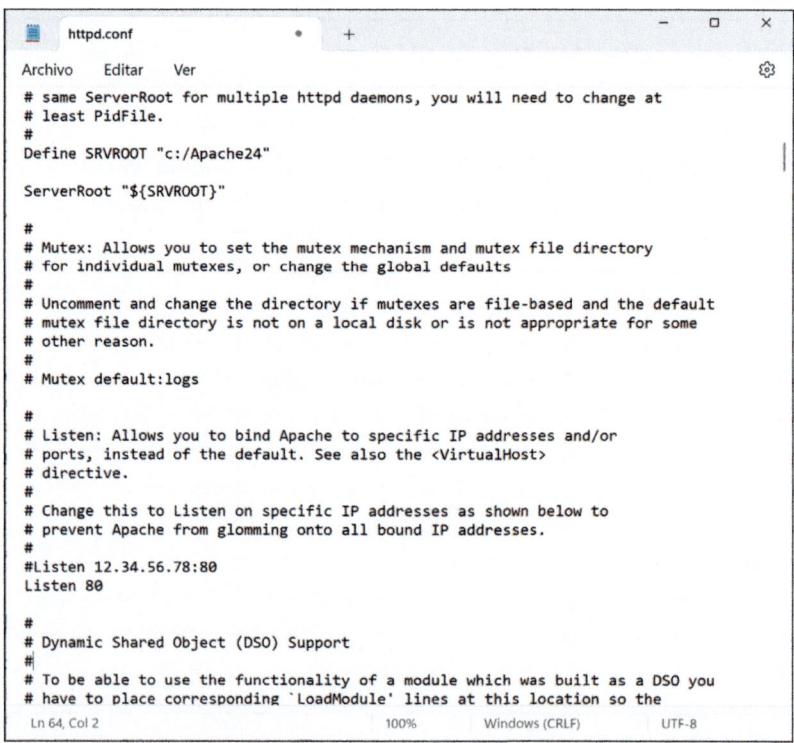

Contenido del archivo httpd.config

El fichero "http.conf" se va a dividir en tres partes: configuración global, configuración principal del servidor y *hosts* virtuales. Dentro de la configuración global, se van a revisar los siguientes campos:

- **ServerRoot:** corresponde al directorio de trabajo de *Apache.*
- **Timeout:** tiempo de vida de las peticiones HTTP.
- **Listen:** puerto de escucha (en la instalación, por defecto, se escoge el 80).
- **LoadModule:** para incorporar módulos complementarios a *Apache,* los cuales pueden descargarse desde su página web principal.

Dentro de la configuración principal del servidor, se van a encontrar campos tales como:

- **ServerAdmin:** corresponde al correo del administrador del sistema *Apache.*
- **DocumentRoot:** corresponde al directorio donde se alojarán las páginas web que consultarán los clientes. Este campo apuntará a la carpeta del servidor donde se contiene la aplicación web.
- **Options Indexes FollowSymLinks:** si por defecto el sitio web no tiene una página principal o índex, lo que se hace es que se muestra un listado de todos los archivos que componen el sitio.
- **DirectoryIndex:** archivos que se omiten su apertura.
- **ErrorLog:** define un archivo que va a contener un registro con los errores que se produzcan en el sistema.
- **IndexOptions:** define la forma en que se muestran los archivos cuando no hay una página principal o índex.
- **ErrorDocument xxx:** permite definir un mensaje personalizado para cuando se produce un error de petición en un documento o página web.
- **BrowserMacth:** permite establecer acciones especiales cuando el usuario utiliza un determinado navegador para acceder al sitio.

La sección de **Virtual Host** va a permitir configurar más de un servidor en el mismo ordenador, pero por ahora no se va a ver esta opción.

Aplicación práctica

Imagine que un amigo le pide que le configure su equipo para que pueda alojar una página simple en la que muestra sus datos personales y su currículum vitae. Le pide para ello que use su propio equipo personal. Indique los pasos que tendría que dar.

SOLUCIÓN

Los pasos que daría para poder convertir el ordenador del amigo en un servidor y que contenga una página en la que pueda mostrar los datos personales y su currículum son:

1. Instalar un servidor web, para poder hacer que su ordenador sea visible y por tanto consultado desde Internet, pudiendo optar para ello por *Apache Server.*
2. A continuación, habría que configurar el servidor web para que apunte correctamente. En caso de que se haya escogido *Apache:*

   ı Abrir el archivo "httpd.conf".
   ı DocumentRoot: apuntarlo hacia la carpeta donde tiene alojado el documento que quiere mostrar en Internet.

Con esta serie de pasos, es posible hacer que el ordenador del amigo pueda ser visible desde Internet y en concreto los datos que él quiere mostrar.

Actividades

11. Cree un servidor web que permita ver el contenido completo del disco duro donde se está trabajando.
12. De la misma forma que se ha instalado *Apache Server* en el equipo, intente instalar y configurar *Microsoft IIS.* Dispone de amplia información en la página oficial de Microsoft en la que guía paso a paso para realizar dicha instalación.

5.4. Seguridad en servidores web

Muchos de los riesgos o amenazas a las que hacen frente los servidores web podrían solucionarse sin mayor problema estableciendo una buena configuración de uso, un buen sistema operativo y la configuración del mismo. Algunos de estos riesgos o amenazas son:

- **Negación del servicio:** se lleva a cabo un ataque a un sistema cuyo objetivo principal es consumir todos los recursos del mismo (ancho de banda, ciclos del procesador, memoria RAM o disco duro) y con esto se hace imposible que alguien más pueda hacer peticiones a recursos. Este tipo de ataques se conocen normalmente con el nombre de DoS.
- **Negación del servicio distribuido:** en vez de un sistema atacar a otro, aquí lo que se producen son ataques a un servidor por parte de múltiples sistemas (cientos de millares) y la mayoría de las veces los ataques se hacen sin que los usuarios de ese sistema sean conscientes de que están atacando otra máquina. Se suelen conocer con el nombre de DDoS.
- **Desconfiguración del servidor web:** normalmente este ataque se produce como consecuencia de una pésima configuración del servidor web y el atacante aprovecha esta configuración para modificar las páginas a su gusto.
- **Inyecciones SQL:** los atacantes utilizan las debilidades en el diseño de la base de datos o de las páginas web para extraer la información o para manipular la información que hay almacenada en una base de datos.
- **Pobre codificación:** al tener una mala codificación del sitio web, los atacantes pueden aprovechar estos agujeros de seguridad y entrar en el sistema web a su libre disposición.
- **Códigos empaquetados:** procede del uso de códigos ya predefinidos en la aplicación web (códigos precompilados y listos para ser incrustados en la aplicación), dado que estos códigos no garantizan una seguridad del 100 % y pueden llevar asociados agujeros de seguridad de los que no se sea consciente.

Es por estas razones por las que a la hora de implementar un servidor web se debe tener una serie de nociones básicas sobre seguridad, nociones tales como:

- Deshabilitar los usuarios de invitado *(guest)*. Lo mejor es que los usuarios se identifiquen con un nombre de usuario y con una contraseña de paso.

- Limitar el número de cuentas del servidor. Si se ven usuarios sospechosos, lo mejor es eliminarlos y auditar con cierta regularidad los usuarios que "andan" por el sistema.
- Limitar los accesos de la cuenta de administrador. Lo mejor es no usar la cuenta de administrador (únicamente para casos en los que sea necesario y para el resto crear un usuario normal y acceder por ahí).
- Renombrar la cuenta de administrador. Lo normal es que la cuenta de administrador tenga una identificación como "admin", "administrador", etc. Lo mejor es crear una identificación, como por ejemplo ZooAdmin-Web (para un servidor web de un zoológico).
- Crear una cuenta no válida de administrador. A dicha cuenta se le asignarán los mismos privilegios que a un usuario normal. Así, si se recibe un ataque y consiguen acceder al servicio web, serán un usuario más del sistema.
- Utilizar sistemas NTFS en vez de Fat o Fat32. La razón es que NTFS utiliza mayores niveles de seguridad para los sistemas de archivos que el resto.
- Configurar políticas de seguridad en el servidor y en la red.
- Desactivar los servicios innecesarios o que no se usen.
- Cerrar el acceso a puertos que no se usan.
- Auditar regularmente el servidor y todos sus componentes.
- Instalar cortafuegos y antivirus en los servidores para intentar minimizar el impacto de posibles ataques o riesgos exteriores de usuarios malintencionados.

Importante

Siempre que se trabaje en Internet, hay que dedicar un estudio completo a la seguridad del sitio web o aplicación/servicio web.

5.5. Funcionalidades avanzadas: extensiones, servidores virtuales, etc.

Por servidor virtual se entiende una partición creada dentro de un servidor que da soporte a máquinas virtuales dentro de dicha máquina mediante el uso de varias tecnologías. Luego un servidor virtual va a tener asignado un uso de CPU y de memoria RAM dentro del servidor al que pertenezca (es decir, merma los recursos del servidor principal). Normalmente, el uso de servidores virtuales va orientado a tener más de una aplicación o sitio web que sea administrado bajo el mismo servidor web. Para poder definir sitios virtuales, en *Apache* hay que variar la configuración del archivo "httpd.conf" y para cada servidor virtual se establecerán las siguientes opciones:

- <VirtualHost *:80>
- ServerName www.unsitioweb.com
- ServerAlias   unsitioweb.com *.unsitioweb.com
- DocumentRoot c:/www/unsitioweb
- </VirtualHost>

Donde "ServerName" es el nombre del sitio web, "ServerAlias" corresponde al alias del sitio web y "DocumentRoot" es el lugar del disco duro donde se encuentra el sitio web.

Cuando se habla de extensiones, se hace referencia a la capacidad que tiene que tener el servidor web para que le sean instalados módulos auxiliares que no trae de partida. Por ejemplo, si se está trabajando con el servidor web de *IIS,* que no trae soporte para PHP, es posible instalar PHP sin problema alguno en *IIS* y usarlo, aunque no sea el lenguaje de programación que usa *IIS.*

Normalmente, la mayoría de sitios web trae extensiones bastante interesantes, como pueden ser las estadísticas, que permiten saber quién se ha conectado al sitio web, desde qué lugar, con qué sistema operativo, qué paginas visitó, etc.

Aplicación práctica

Imagine que su amigo, que le pidió ayuda para poder hacer que su equipo personal se convirtiera en un servidor y que la gente pudiera consultar sus datos y currículum, necesita tener en el mismo equipo otro sitio web en el que va a dejar comentarios sobre su música favorita. ¿Qué configuración aplicaría al archivo "httpd.conf" para poder alojar 2 sitios web en el mismo servidor?

SOLUCIÓN

Lo primero de todo es localizar el archivo "httpd.conf" y editarlo para que contenga la siguiente información. En concreto, como se necesitan 2 sitios web, se van a crear 2 etiquetas VirtualHost que contendrán el sitio web:

> *<VirtualHost *:80>*
>
> > *ServerName www.mipaginapersonal.com*
> >
> > *ServerAlias   sitioweb1.com *.sitioweb1.com*
> >
> > *DocumentRoot c:/www/sitio1*
>
> *</VirtualHost>*
>
> *<VirtualHost *:80>*
>
> > *ServerName www.miscomentariosdemusica.com*
> >
> > *ServerAlias   sitioweb2.com *.sitioweb2.com*
> >
> > *DocumentRoot c:/www/sitioweb2*
>
> *</VirtualHost>*

Y con esta configuración se pueden tener 2 sitios web alojados bajo una misma dirección IP.

6. Servidores de aplicaciones

Un servidor de aplicaciones va a ser el encargado de ejecutar ciertos programas que un usuario o una aplicación solicitan desde un determinado servidor. En la mayoría de las ocasiones, no está demasiado clara la diferencia entre servidor y servidor de aplicaciones, considerándose muchas veces ambos conceptos iguales.

6.1. Concepto de servidor de aplicaciones

Un servidor de aplicaciones es un servidor que se encuentra localizado en una determinada red y que ejecuta ciertas aplicaciones o *software.* Se trata de un servidor que va a proporcionar servicios a los clientes que lo soliciten.

Los servidores de aplicación suelen gestionar casi la totalidad de las funciones de lógica de negocio y acceso a los datos de una determinada aplicación web.

 Sabía que...

La mayoría de las veces se suele designar al servidor de aplicaciones con el nombre de servidor nada más.

6.2. Características de los servidores de aplicaciones

Los servidores de aplicaciones disponen de una API (Interfaz para Programación de Aplicaciones) que en cierta parte libera a los desarrolladores de tener que elaborar cierto código. Por ejemplo, usará ciertos métodos sin preocuparse de que sistema operativo hay instalado o de las interfaces que pueda haber de por medio; simplemente se ejecutará el método y se obtendrán unos resultados.

Aparte de la API, los servidores de aplicaciones también suelen dar soporte de los principales estándares soportados en Internet y en los sitios web o inclusive para Intranets. Las tres características que debe tener todo servidor de aplicaciones son:

1. **Alta disponibilidad:** normalmente, los sistemas deben estar funcionando las 24 horas diarias los 365 días del año. Este concepto implica el tener siempre una réplica lista para su funcionamiento por si el sistema principal falla.
2. **Escalabilidad:** si la carga de trabajo del servidor aumenta, hay que tener la posibilidad de poder ampliarlo escalarmente a medida que esta crezca.
3. **Mantenimiento:** para facilitar un mantenimiento fácil, cómodo y rápido, lo ideal es implementar mediante módulos el trabajo a realizar por el servidor.

6.3. Comparativa de servidores de aplicaciones de uso común

Al igual que en los servidores web, se pueden localizar en Internet cientos de *softwares* relacionados con servidores de aplicaciones. Los más empleados por los usuarios de Internet son los siguientes:

- *BEA Weblogic Server:* es un servidor de aplicaciones basado en J2EE y además un servidor web HTTP basado en *Oracle* y multiplataforma. *BEA Weblogic* puede integrarse junto con *Oracle, DB2, SQL Server* y todas aquellos Sistemas Gestores de Base de Datos que se basen o respeten el estándar JDBC.
- *Adobe ColdFusion:* servidor de aplicaciones y lenguaje de programación usado para el desarrollo de aplicaciones web (normalmente dinámicas). *ColdFusion* es concurrente y suele trabajar con un servidor HTTP para procesar las peticiones de páginas web. Cada vez que se solicita una página el servidor de aplicaciones, ejecutará lo que contenga dicha página.
- *Lotus Dominio:* se trata de un entorno de desarrollo para aplicaciones que se ejecutan en *IBM Notes* e *IBM Dominio*. Gracias a este entorno, se van a poder crear aplicaciones atractivas (integra la tecnología *XPages*, que mejora el desarrollo de aplicaciones web), usarlo como integrado

en el *IDE Ecplipse* y ofrecer herramientas potentes (relaciones con los clientes, soporte de clientes, etc.).

Recuerde

Ninguna plataforma de desarrollo o *software* es mejor que otra. Simplemente unas ofrecerán funcionalidades que otras complicarán o directamente no implementarán. A la hora de escoger una u otra, dependerá del proyecto que se esté realizando.

Actividades

13. Intente localizar en Internet otros servidores de bases de aplicaciones que no hayan sido citados anteriormente. Mire sus características y funcionalidades principales.

6.4. Configuración de un servidor de aplicaciones

Un servidor de aplicaciones va a organizar las aplicaciones en grupos aislados, pero también realizará tareas tales como detectar automáticamente las pérdidas de memoria que puedan producirse, los procesos que puedan volverse defectuosos o inestables y detectar recursos que estén sobreutilizados. Un servidor de aplicaciones va a poder configurarse bajo dos modos de funcionamiento:

- **Modo de aislamiento de procesos de trabajo:** en este modo todas las aplicaciones web son ejecutadas en un entorno cerrado o aislado y se pueden ejecutar sobre distintos grupos de aplicaciones. Cada grupo de aplicación es una representación lógica del trabajo a realizar. De esta forma, se consigue proteger a unas aplicaciones de otras con los grupos de aplicaciones. Este modo ofrece: rendimiento eficaz, soluciones automáticas, escalabilidad, afinidad de procesos, depuración automática y limitación de CPU.

■ **Modo de aislamiento:** este modo se utiliza cuando en el servidor de aplicaciones se ejecutan aplicaciones que son incompatibles con el modo anterior (aislamiento de procesos de trabajo). En realidad, es igual que el modelo anterior, pero que simplemente no tiene bastantes características disponibles para usar.

6.5. Seguridad en servidores de aplicaciones

Un aspecto importante en los servidores de aplicaciones es el control de acceso a zonas restringidas, lo cual conlleva a su vez dos conceptos que son: autentificación (corresponde determinar si un usuario es quien dice ser, se realiza bien por autentificación HTTP básica o autentificación basada en la aplicación) y autorización (corresponde a comprobar si un usuario tiene el permiso adecuado para acceder a un determinado fichero o realizar determinada operación). Para que se dé una autorización, tiene que haberse producido una autentificación.

La autentificación HTTP básica se produce cuando se accede a un documento o archivo protegido en el servidor; entonces, el servidor abre un cuadro de diálogo para indicar al usuario que introduzca su nombre de usuario y contraseña. Cuando el usuario pulsa el botón de enviar, se produce en el servidor el proceso de autentificación que, de ser positivo, permite al usuario acceder al documento o archivo.

En la autentificación basada en la aplicación, es esta misma la que implementa un mecanismo para la autentificación. Normalmente consiste en un documento web que contiene un formulario para que el usuario introduzca su nombre de usuario y su contraseña, que serán contrarrestados por la aplicación con los datos almacenados en una base de datos y, si es positivo, se permite el paso al usuario.

En cuanto a la autorización, lo normal es usar un control de **acceso basado en roles:** cada usuario tiene asignado un rol dentro del sistema y en función de dicho rol unos permisos de acceso a determinados recursos o no.

Actividades

14. Busque información sobre el modelo RBAC para el uso de autorizaciones en aplicaciones web.

6.6. Funcionalidades avanzadas: conceptos de escalabilidad, balanceo de carga, alta disponibilidad, etc.

Cuando se habla de balanceo de carga, se hace referencia al mecanismo usado para compartir el trabajo que hay que realizar entre varios procesos, ordenadores, sistema de ficheros, recursos, etc. Este balanceo de carga se realiza mediante un algoritmo que se encarga de realizar divisiones de la carga de trabajo lo más justamente posible.

Uno de los mayores problemas en un sitio web es gestionar en un momento dado la gran cantidad de solicitudes que pueden tener. Se está pues ante un problema de escalabilidad, que deriva del crecimiento de usuarios en el sistema. Además, cuando un servidor de Internet comienza a presentar problemas de lentitud, la solución a la que se suele recurrir es ampliar sus recursos, pero esto es una solución temporal, dado que el crecimiento seguirá produciéndose y será necesario volver a ampliar el sistema con nuevos servidores.

Luego el algoritmo de balanceo de carga se va a encargar de administrar cuando un usuario quiera demandar el sitio web hacia qué servidor dirigirlo en el caso de que haya varios servidores por necesidades de escalabilidad. La alta disponibilidad hace referencia al concepto de que un servidor web debe estar activo las 24 horas del día los 365 días del año y para esto habrá que replicar los sitios web con copias para, si el sistema principal en un momento dado no es estable, poder derivar al usuario a la réplica.

Actividades

15. Busque información acerca del algoritmo de Round Robin. A continuación, consulte cómo se aplica en el balanceo de carga de un servidor web.

7. Servidores de bases de datos

Los servidores de bases de datos, también conocidos con el nombre de RDBMS *(Relational DataBase Management Systems),* son unos *softwares* que permiten organizar datos en una o más tablas relacionadas entre sí por uno o varios campos clave. Estos servidores de base de datos surgen en la década de los 80 como respuesta a la necesidad de usar grandes y complejos paquetes de datos, al mismo tiempo que compartir los datos almacenados en el servidor con todos los clientes (tanto aplicaciones como usuarios) de forma segura.

Normalmente, las bases de datos se encuentran localizadas en un servidor y se puede acceder a este mediante consultas (a través de un *software* denominado de cliente). Será cuestión del gestor de la base de datos las operaciones que se realicen con los datos, así como el mantenimiento físico de estos y la integridad de los mismos (imagínese que dos usuarios consultan el mismo registro de una tabla y que ambos hacen modificaciones, ya se tendría un caos de datos; para esto está el SGBS, sistema gestor de base de datos, encargado de mantener estas operaciones sin riesgo alguno para los datos).

7.1. Servidores de bases de datos para Internet de uso común

Los servidores de bases de datos más comunes que se pueden manejar de cara a internet son:

MySqlServer

Sistema de gestión de bases de datos relacionales, que además soporta programación multihilo y multiusuario. Desarrollado por Sun MicroSystem como *software* libre bajo la licencia *GNU GPL,* está implementado fundamentalmente sobre *ANSI C.* Usado sobre todo de cara a aplicaciones web, como *Drupal* o *phpBB* (de hecho, está íntimamente ligado a PHP).

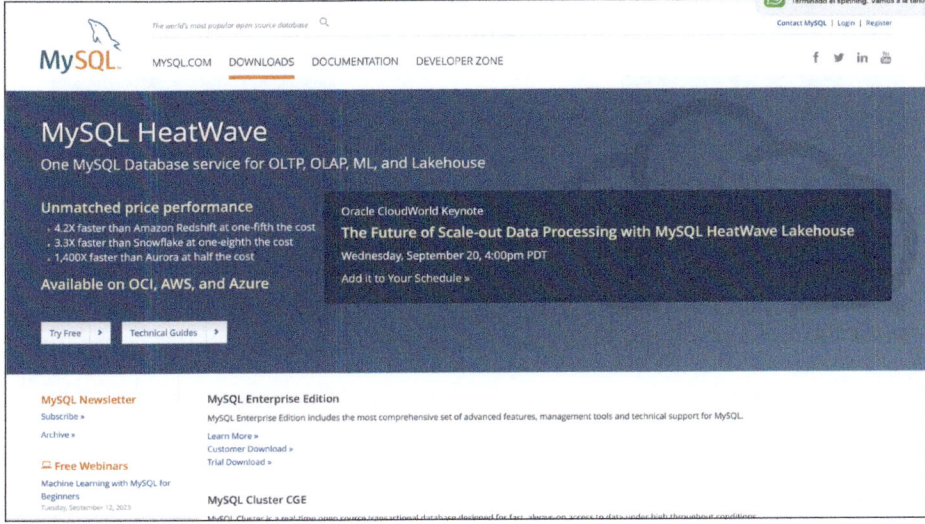

Página principal de MySqlServer

SQL Server

Sistema de gestión de bases de datos basado en el modelo relacional y desarrollado por Microsoft. Se basa en los lenguajes de consulta *T-SQL* y *ANSI SQL. SQL Server* es la respuesta de Microsoft ante dos grandes, como son *Oracle* y *PostgreSQL* o *MySQL.* Suele ser uno de los más utilizados en el desarrollo de aplicaciones web. Destaca de *SQL* que da soporte para transacciones, soporta procedimientos almacenados, incluye un entorno gráfico para administración (DDL y DML mediante gráficos), permite el trabajo en la arquitectura cliente-servidor y puede administrar otros servidores de datos. Como desventaja principal, hay que anotar que *Microsoft SQL Server* requiere de un sistema operativo de la familia de *Microsoft Windows* para su correcto funcionamiento (es decir, actualmente hay formas de usarlo bajo *Linux,* pero no ofrecen garantías ni de seguridad ni de funcionamiento correcto). Pone a disposición del usuario las versiones *Express Edition* (sin coste, pero limitadas en funcionalidades y en el tiempo).

Microsoft SQL Server

Oracle

Sistema de gestión de base de datos basado en el modelo objeto-relacional y desarrollado por Oracle Corporation a finales de la década de los 70. Es considerado como el servidor de base de datos más completo del mercado actual, dando soporte a: transacciones, estabilidad, escalabilidad y multiplataforma. Hasta hace cuestión de unos años era líder como servidor de datos de las empresas, pero poco a poco ha sido desbancado por sus competidores. Al igual que *SQL Server* ofrece ediciones *Express y Developer Edition* (siendo totalmente gratuitas, pero limitadas en funcionalidades y en el tiempo).

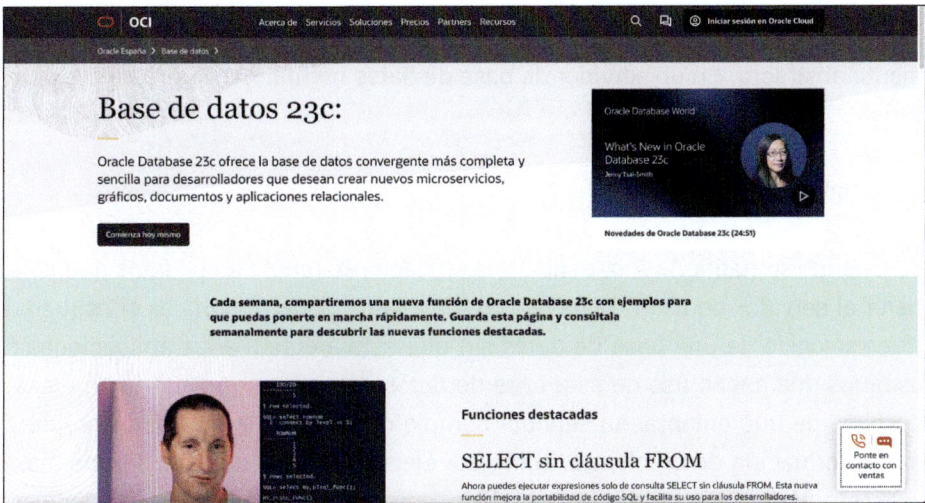

Página principal de Oracle Database

Actividades

16. Localice en Internet otros servidores de bases de datos que no hayan sido citados anteriormente.

7.2. Características básicas de un servidor de bases de datos

A continuación, se van a ver las características básicas que tiene que cumplir un servidor de base de datos para realizar su trabajo de forma segura y fiable.

Abstracción de la información

Cuando se habla del concepto de abstracción de información se hace referencia a que el usuario o usuarios que usen un servidor de base de datos no tienen por qué conocer cómo dicho servidor de base de datos almacena la información internamente (en las tablas que componen a la base de datos) o cómo proporciona esta información ante una determinada consulta. El usuario llegará y realizará su operación con el servidor de base de datos de forma totalmente abstracta. En un servidor de base de datos normalmente suelen coexistir varios niveles de abstracción.

Independencia

Cuando se habla de independencia se hace referencia a los datos que contiene el servidor de base de datos. Lo ideal sería poder modificar el esquema físico o lógico de una base de datos sin que esto afectara a las aplicaciones o usuarios que hagan uso de esta base de datos. Imagínese que cierta empresa, después de implementar su servidor completo, al cabo de los 4 años requiere más información de un cliente, como por ejemplo si está casado, si tiene mascota, etc. Habrá que modificar las tablas, pero no las aplicaciones del servidor.

Redundancia mínima

La redundancia hace referencia al hecho de tener más de una vez los mismo datos almacenados. Imagínese por ejemplo que en una tienda un mismo producto estuviera disponible bajo dos códigos de barras distintos; además del caos que se tendría al manejar las ventas, la base de datos ocuparía más de la cuenta porque no se ha diseñado la misma teniendo en cuenta la redundancia. Lo ideal es obtener un servidor de base de datos con redundancia nula, pero muchas veces lo ideal no es lo práctico, con lo cual no está nunca de más realizar ciertas operaciones de mantenimiento sobre el servidor de datos para poder detectar fallos como la redundancia.

Consistencia

La consistencia surge de la necesidad de dar solución a los casos en los que no se obtiene a través del diseño de la base de datos una redundancia nula. El objetivo principal de la consistencia es que precisamente esa información que está duplicada en la base de datos se actualice de forma coherente, es decir, si se modifica un registro duplicado, todos sus duplicaciones deberían actualizarse íntegramente (imagínese que esto no ocurre así y que se están gestionando productos de cara al público; se vendería el mismo producto a precios distintos dependiendo de a qué registro duplicado se accediera).

Seguridad

Los datos que se almacenan en un servidor de datos son muy valiosos, dado que contienen información sensible (datos personales, direcciones, números de tarjetas de crédito, etc.). Todo servidor de base de datos debe garantizar la seguridad de dicha información frente a posibles amenazas o ataques. Normalmente, los SGDB suelen disponer de un conjunto de sistemas de permisos a usuarios/grupo de usuarios que les asignan diversas categorías de permisos.

 Recuerde

Cuando se diseña o plantea una solución con un servidor de base de datos, hay que garantizar siempre la independencia de los datos. Así, si dicho servidor requiere modificaciones, será más cómodo de rediseñar.

Integridad

Cuando se habla de integridad en un servidor de base de datos se hace referencia a que hay que garantizar la integridad de los mismos ante un posible fallo *hardware,* una pérdida de luz, una manipulación de los componentes del servidor, etc. Cuando esto ocurra, habrá que tomar las medidas de prevención correspondientes para garantizar la integridad de los datos. Normalmente, los servidores de base de datos suelen estar replicados para, cuando el principal de ellos falla, redireccionar todas las peticiones a la réplica (en vez de fallo se pueden considerar también labores de mantenimiento del servidor de base de datos principal).

Respaldo y recuperación

Los servidores de base de datos deben proporcionar algún mecanismo o sistema de poder realizar copias de respaldo de la información que contienen sus tablas o, en defecto, todo el sistema de base de datos, y poder restaurar dichas copias en momentos en los que sea necesario. Normalmente, el encargado de realizar dichas labores de respaldo es el SGBD.

Concurrencia

Cuando se está ante un servidor de base de datos, lo normal es que en un instante determinado de tiempo sean varios o cientos los usuarios que quieren acceder al servidor de base de datos para realizar operaciones sobre él (bien para recuperar información a través de una determinada consulta, bien para insertar información, bien para modificarla o bien para, si tienen los permisos necesarios, eliminarla).

Dado que varios usuarios pueden acceder al mismo tiempo al mismo registro de una misma tabla de un servidor de base de datos, va a ser el SGBD el encargado de controlar el acceso concurrente (al mismo tiempo) a la información y evitar las posibles inconsistencias que se puedan derivar de la concurrencia.

 **Actividades**

17. Realice un resumen de las características básicas de un servidor de base de datos.

7.3. Funcionalidades avanzadas: conceptos de escalabilidad, alta disponibilidad, etc.

El concepto de escalabilidad en un servidor de base de datos hace referencia a poder ampliar o distribuir la base de datos en varios servidores distribuidos por la red. Casi todos los sitios web que tienen miles y miles de usuarios han tenido que pasar por el concepto de escalabilidad para poder ampliar sus sistemas y tener más usuarios registrados.

El concepto de alta disponibilidad se refiere a que los datos siempre tienen que estar disponibles para que puedan ser usados; si por x causas se cae un servidor o varios servidores de datos, habría que sustituirlos de inmediato por sus réplicas (que también pueden encontrarse distribuidas) para que los usuarios no notaran este problema (este redireccionamiento correría a cargo del servidor de direccionamiento o DNS).

Otros conceptos vistos anteriormente son:

- Abstracción de la información.
- Independencia.
- Redundancia.
- Consistencia.
- Integridad.
- Respaldo y recuperación.
- Seguridad.
- Concurrencia.

 ## Aplicación práctica

Imagine que el administrador de una base de datos cualquiera le dice que quiere ampliar con más campos extra (que antes no estaban) una determinada tabla de clientes para poder almacenar más datos sobre ellos. ¿Qué pasos daría para realizar dicha ampliación?

SOLUCIÓN

Los pasos para poder ampliar dicha tabla son:

1. Si se dispone de una copia de seguridad de la tabla, obviamente se trabajará con una copia de esta para no molestar a los usuarios que estén trabajando con la copia principal. Si no hay copia, habría que obtenerla de la original.
2. Una vez abierta la copia, se modificaría mediante un programa gestor de base de datos, añadiendo los campos extra que indica el administrador.
3. Una vez creados los campos, se comprueba que la tabla no ofrece problema alguno de sintaxis o inconsistencia de datos.
4. Si todo está correcto, se procede a volcar en el servidor de base de datos la copia que se ha modificado para que se pueda trabajar con los campos extra.

8. Servidores complementarios en una arquitectura web

Para lograr que el sitio web sea lo más completo posible, a continuación se van a ver una serie de servidores adicionales que es posible configurar en el sitio web a fin de dotarlo de mayor versatilidad y funcionamiento.

8.1. Servidores de correo. Características

Un servidor de correo es una aplicación de red que se encuentra ubicada en un servidor de Internet. El protocolo por defecto que se usa para la transferencia de correos entre los servidores es el SMTP *(Simple Mail Transfer Protocol)* y para obtener los mensajes guardados en el servidor se va a usar el protocolo POP *(Post Office Protocol)*. El servidor de correo tiene como misión transportar información entre dos o más usuarios.

Un servidor de correo va a constar de dos servidores: un servidor SMTP (encargado de enviar y recibir mensajes) y un servidor POP/IMAP (para que los usuarios obtengan sus mensajes). ¿Cómo puede obtener un usuario sus mensajes? Para ello, usará un cliente *(software* informático, como puede ser *Microsoft Outlook).* Un cliente puede ejecutarse en dos entornos diferenciados:

- El cliente se ejecuta en la máquina del usuario (un ejemplo es *Outlook).*
- El cliente no se ejecuta en la máquina del usuario (un ejemplo es *Hotmail).*

 Actividades

18. Localice *software* que se pueda usar en el servidor web como servidor de correo.

Aplicación práctica

Imagine que le piden información sobre qué programa usar en una empresa en la que los mensajes de correo están centralizados en un servidor de correo. ¿Qué solución aportaría?

SOLUCIÓN

Dado que le dicen que los mensajes de correo de los usuarios de la empresa se encuentran centralizados en un servidor de correo, descarta la opción de tener un cliente que no se ejecute en la máquina del usuario. Lo ideal sería apostar por instalar a cada usuario o cliente un *software* con una configuración hacía el servidor de correo para que pueda descargar o enviar sus mensajes de correo. Para ello, se puede usar, por ejemplo, *Microsoft Outlook,* que es el más generalizado de todos, a pesar de que no es gratuito.

8.2. Servidores de direccionamiento (DNS). Características

Un DNS (Sistema de Nombres de Dominio) es un sistema de nomenclaturas jerárquico usado para los ordenadores, servicios o cualquier recurso que se conecte a Internet o a una Intranet. Su principal misión es la de traducir nombres que a las personas no les cuesta trabajo memorizar por identificadores binarios asociados a los equipos que están conectados a la red (para poder localizarlos y trabajar con ellos).

El servidor DNS va a usar una base de datos (la cual tiene la peculiaridad de que va a estar distribuida y va a ser jerárquica) para almacenar la información asociada a los nombres del dominio. Por ejemplo, suponiendo que la dirección IP de Google fuera la 221.56.7.4, la mayoría de usuarios accede tecleando https:// google.es en vez de usar la IP, que es más complicada de almacenar en la memoria del usuario. Un servidor DNS se va a componer principalmente de:

- **Clientes:** generan peticiones DNS.
- **Servidores DNS:** contestan a las peticiones DNS de un cliente dado y reenvían la petición a otro servidor en caso de que no localicen la información de la petición.

- **Zonas de autoridad:** son un trozo del espacio de nombres destinado a almacenar datos. Cada zona de autoridad consta al menos de un dominio.

A su vez, se pueden tener tres tipos de servidores DNS:

- **Primarios (maestros):** guardan datos de un espacio de nombres en sus ficheros.
- **Secundarios (esclavos):** obtienen los datos de los servidores primarios o maestros a través de una transferencia de zona.
- **Locales (caché):** no contienen la base de datos para la resolución de nombres. Cuando se les realiza una consulta, estos a su vez lo derivan al servidor DNS correspondiente, almacenando la respuesta en su base de datos por si se volviera a pedir la misma petición de resolución de espacio de nombres.

Además, hay que anotar que el espacio de nombre de un dominio tiene una estructura en forma de árbol, mayormente conocida como jerárquica. Algunas de las características que tiene que cumplir un nombre de dominio son:

- Debe incluir todos los puntos y tener una longitud máxima de 255 caracteres.
- Se escribe siempre de derecha a izquierda.
- Su extremo derecho separa la etiqueta de la raíz de la jerarquía y se conoce como dominio de nivel superior (TLD).
- Los objetos de un dominio DNS son almacenados en un archivo de zona (el cual se puede encontrar ubicado en uno o más servidores de nombres).

Recuerde

La principal misión de DNS es la de traducir nombres que a las personas no les cuesta trabajo memorizar por identificadores binarios asociados a los equipos que están conectados a la red.

8.3. Proxies

Un *proxy* es un programa o dispositivo que realiza una operación en representación de otro. Si una máquina A solicita un recurso de una máquina B, lo hará mediante una petición P. De esta forma, la máquina B no sabrá que la petición viene de la máquina A, lo cual se aprovecha para técnicas como:

- Control de caché.
- Control de acceso.
- Registro del tráfico.
- Prohibición de tráfico.

La finalidad más directa de un *proxy* es la de usarlo como un servidor *proxy*, el cual se encargará de usar las conexiones de red que un cliente envía a un servidor.

De entre las ventajas que brinda un servidor *proxy*, cabe destacar las siguientes:

- **Filtrado:** el servidor *proxy* puede rechazar ciertas peticiones si considera que no cumplen ciertas características.
- **Velocidad:** si varios clientes coinciden en un mismo recurso, el servidor *proxy* atiende a uno y al otro lo pone en caché para cuando el recurso sea liberado brindárselo al usuario de la caché para que lo utilice.
- **Modificación:** el servidor *proxy* actúa como intermediario, con lo cual puede coger la información y modificarla mediante alguna técnica de cifrado.
- **Control:** dado que todas las peticiones pasan por el servidor *proxy*, es él quien controla todo.
- **Ahorro:** dado que es el servidor *proxy* el que realiza todo el trabajo, si se implementa correctamente ahorrará mucho trabajo.

Aplicación práctica

Imagine que un determinado cliente de la empresa le consulta sobre cómo puede hacer para que sus usuarios (trabajadores) no puedan realizar las siguientes opciones:

I Descargas de contenido ".mp3".
I Restringir el acceso a determinadas páginas.

¿Qué solución aportaría?

SOLUCIÓN

Dado que de lo que se trata es de gestionar lo que hacen los usuarios (trabajadores) de una red (es decir, el tráfico), puede optarse por montar un servidor *proxy* que controle lo que entra y sale de la red. Así pues, se puede configurar el servidor *proxy* para que, si un usuario intenta coger contenido ".mp3", sea bloqueado o, si accede a determinadas páginas, no puedan ser mostradas (esto se obtiene gracias al filtrado y control que ofrece un servidor *proxy).*

8.4. Servidores de directorio. Características de LDAP

Un servicio de directorio es una aplicación o bien un conjunto de ellas dedicadas a almacenar y organizar la información de los usuarios en la red. Además, permite a los administradores gestionar accesos de usuarios sobre recursos de una red. No debe confundirse repositorio con servicio de datos, ya que el primero contendrá datos o metadatos y para el segundo se usarán los espacios de nombre para dar forma al servicio de directorio.

Este servicio de directorio proporcionará una interfaz para tener acceso a los datos que contienen los espacios de nombre. Esta interfaz es la encargada de la autentificación.

LDPA son las siglas correspondientes a Protocolo Ligero de Acceso a Directorios, que como protocolo es aplicado en la capa de aplicación y permite tener acceso a un servicio de directorio de una red. El protocolo accederá a directorios basados en LDAP que se rigen en el modelo X.500:

- Un directorio es un árbol de entradas de directorio.
- Una entrada tiene un conjunto de atributos.
- Un atributo tiene un nombre y uno o más valores. Dichos atributos se definen mediante esquemas. Hay dos tipos de atributos posibles:

  - Atributos normales: son los atributos comunes que distinguen a un objeto, como pueden ser nombre, apellidos, DNI, etc.
  - Atributos operativos: son aquellos a los que solo puede acceder el servidor para manipular los datos del directorio.

- Cada entrada posee un identificador único.

Luego hay que tener claro que LDAP define el método para acceder a los datos en el servidor a nivel cliente, pero no la manera en que se almacena la información. Actualmente, LDAP se encuentra en su versión tercera y está totalmente estandarizado. Las operaciones que es posible realizar con LDAP son:

- **Abandonar:** cancela la operación previa enviada al servidor.
- **Agregar:** agrega una entrada en el directorio.
- **Enlazar:** inicia una nueva sesión en el servidor LDAP.
- **Comparar:** compara las entradas en un directorio según los criterios dados.
- **Eliminar:** elimina una entrada de un directorio.
- **Extendido:** realiza operaciones de extensión.
- **Cambiar nombre:** cambia el nombre de una entrada.
- **Buscar:** busca entradas en un directorio.
- **Desenlazar:** finaliza una sesión en el servidor LDAP.

Ejemplo de estructura de árbol de información

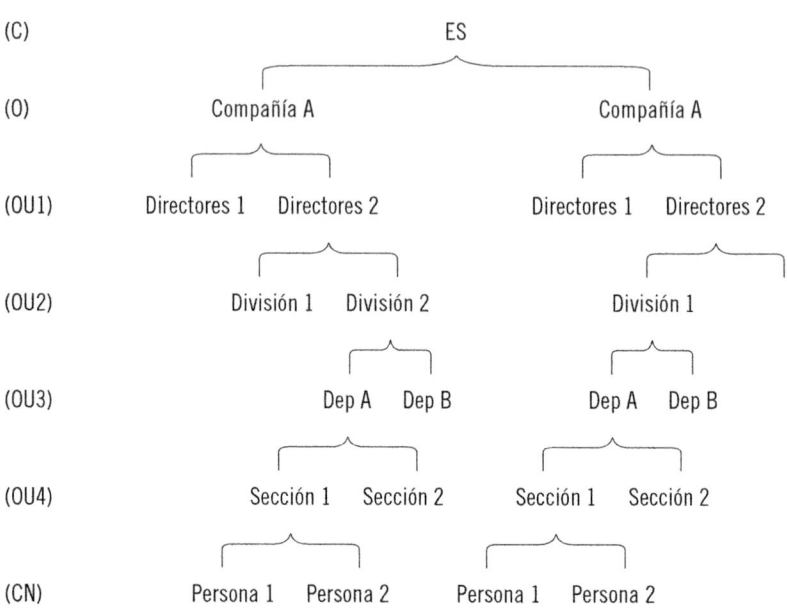

8.5. Servidores de mensajería

Son también conocidos como servidores de mensajería instantánea y sirven para comunicarse en tiempo real. Comunicación entre dos o más personas fundamentalmente basada en texto (pero que normalmente suele admitir todo tipo de archivos). La comunicación se hace a través de una red como puede ser Internet.

Estos servidores tienen unas funciones básicas que pueden ser clasificadas en varios puntos de vista:

- Contactos:

    - Mostrar varios estados.
    - Mostrar mensaje de estado.
    - Registro y eliminación de usuarios de una lista de usuarios.
    - Agrupación de contactos.
    - Uso de avatar.

- Conversaciones:

  - Avisos, invitaciones a conversaciones, mensajes emergentes.
  - Se suele mostrar cuando el otro contacto está escribiendo.
  - Soporte de emoticonos.
  - Soporte de charlas grupales.

- Otros:

  - Envío de ficheros.
  - Uso de videoconferencia.
  - Uso de robots *software* como soporte de ayuda.

8.6. Servidores de antivirus, filtrado de contenidos, etc.

Normalmente, el servidor de antivirus va asociado al servidor de correo y lo más normal es que sean instalados conjuntamente. Va a permitir filtrar tanto el correo entrante como el saliente, ofreciendo funciones como:

- Escanear el correo entrante y saliente.
- Escanear por asunto, cuerpo y adjuntos.
- Filtrar contenidos.
- Decidir qué hacer con mensajes infectados.
- Establecer patrones para actuar ante mensajes infectados.
- Protección *antispam.*

Cuando se habla de *antispam,* se hace referencia al "correo basura". Algunos ejemplos de servidores de antivirus que es posible usar en la plataforma *Windows* son los siguientes:

- ClamWin.
- Digital Defender.
- Comodo Internet Security.
- Moon Secure Antivirus.

Actividades

19. Localice *software* que se puedan usar en el servidor web como servidor de antivirus y que no hayan sido citados anteriormente.

8.7. Otros servidores complementarios

Son aquellos servidores que no son necesarios para un diseño web, pero que parte del éxito del diseño de un servidor web radica en su uso. Son los siguientes:

- **Elaboración de contenidos:** la calidad de los contenidos será una clave en un éxito. Buena estructura y redacción son fundamentales.
- **Traducción de textos:** si el servidor web va a ser consultado o usado por cualquier usuario, no estaría mal que tuviera soporte multilenguaje.
- ***Marketing* en Internet:** un buen rediseño del sistema web hará que los usuarios no se aburran de usar siempre el mismo sistema. Los cambios son novedades que atraen.
- **Posicionamiento en buscadores:** si no se está bien posicionado en los buscadores, pocos usuarios podrán llegar al servidor web, con lo cual anunciarse en los servidores con un buen posicionamiento es clave para el proyecto.

Actividades

20. Realice un resumen de los servidores complementarios en una arquitectura web.

9. Infraestructura hardware y software para servidores de Internet

En la computación en la nube, también llamada *cloud computing,* lo que se pretende es ofrecer el sistema informático como si fuera un servicio, de tal forma que un usuario llegará y accederá a un determinado servicio de los que hay disponibles sin tener que preocuparse en la gestión de dicho recurso. Estos servicios se encuentran integrados en la nube o *cloud.* Luego la computación en la nube consiste en un conjunto de servidores localizados en Internet que se encargan de atender peticiones. Actualmente, hay tres tipos de nube:

- **Nube pública:** es una nube mantenida y gestionada aparte de la organización. En estas nubes, tanto los datos como los procesos de varios clientes se pueden mezclar en los servidores, en los sistemas de almacenamiento y en general en cualquier infraestructura a disposición de la nube. Obviamente, los clientes no tienen constancia del trabajo de otro cliente.
- **Nube privada:** se suele usar este tipo de nube cuando se necesita una protección de datos. A diferencia del anterior, este tipo de nubes funciona bajo demanda gestionada por un único cliente, que es el que decide qué aplicaciones se ejecutan, dónde se ejecutan y en qué lugar se almacenan los datos.
- **Nube híbrida:** este tipo de nube es una combinación de las dos anteriores. A diferencia de los anteriores, este tipo de nube ofrece buenos resultados ante la escalabilidad, pero no ofrece los mismos resultados ante la sincronización o bases de datos de un tamaño considerable.

9.1. Servicios en la nube (cloud)

Los servicios que son ofrecidos por la nube están distribuidos entre todas las capas de un sistema informático, desde la capa de *hardware* hasta la de *software.* Normalmente, los proveedores de servicios de la nube ofrecen servicios que se pueden englobar en tres categorías:

- IaaS (infraestructura como servicio).
- PaaS (plataforma como servicio).
- SaaS *(software* como servicio).

Sin embargo, los usuarios que pueden usar este tipo de servicios pueden ser muy distintos:

- Empresas que contratan aplicaciones a través de SaaS.
- Empresas que contratan entornos de programación a través de PaaS.
- Empresas que necesitan ampliar sus recursos *software* y lo resuelven a través de IaaS.

9.2. Tipos de servicios: infraestructura como servicio, plataforma como servicio y aplicación como servicio

A continuación, se va a ver cada uno de estos tipos de servicio para saber cómo funcionan. Fundamentalmente, hay tres tipos de servicio:

- **Infraestructura como Servicio** (conocido como IaaS): este modelo de servicio va a permitir utilizar recursos informáticos *hardware* de un proveedor como si fuera un servicio. Lo que se pretende es que IaaS permita que los clientes puedan comprar recursos *hardware* "externos". Un ejemplo de los más conocidos es *Amazon Web Services* (ofrece computación distribuida, almacenamiento de información y servidores de base de datos).
- **Plataforma como Servicio** (conocido como PaaS): este modelo de servicio agrupa un conjunto de funcionalidades que permiten a los usuarios crear nuevas aplicaciones informáticas. Luego un servicio PaaS va a proveer de todas las herramientas que se necesiten para el desarrollo de nuevo *software,* para lo que lo más útil es usar una API (Interfaz de Programación de Aplicaciones). Un ejemplo está en *Google Apps Engine,* que permite desarrollar aplicaciones y otras funcionalidades web.
- **Aplicación como Servicio** (conocido como SaaS): este modelo de servicio ofrece el consumo de una gran cantidad de aplicaciones proporcionadas por el proveedor del servicio y que se ejecutan en la nube. Estas aplicaciones pueden ser accedidas por varios clientes, fijos o móviles, usando una interfaz de cliente (un ejemplo está en cualquier navegador).

Recuerde

Los servicios en la nube son una nueva forma de poder realizar el trabajo teniendo siempre los datos disponibles, pero requiriendo para ello de una conexión a la red.

9.3. Ventajas e inconvenientes de los servicios de infraestructura en la nube

Como beneficios de trabajar en *cloud computing,* cabe citar:

- **Integración de servicios de red:** es más cómodo, se integra con mayor facilidad y rapidez que con el resto de soluciones empresariales.
- **Prestación de servicios a nivel mundial:** cualquiera en cualquier lugar del mundo con cualquier tipo de cliente (móvil o fijo) puede acceder a los servicios.
  No se necesita *software* auxiliar, todo el *software* que se necesite es proporcionado por la infraestructura o *cloud.* Lo normal es que desde el momento en que se empieza a trabajar se dé todo el *software* que se vaya a necesitar.
- **Implementación más rápida y menos costosa:** no hay que configurar el ordenador, no hay que mirar, informarse y buscar un servidor sin tener conocimientos profundos en *hardware.* Simplemente, se conectará con el proveedor y se empezará a trabajar como si se hiciera en el propio equipo. Eso sí, se necesita una conexión a Internet para poder realizar dicho proceso.

Pero también hay que mencionar una serie de desventajas al trabajar en la plataforma nube:

- Centralización de aplicaciones y almacenamiento de datos.
- Dependencia del proveedor de servicios.
- Disponibilidad de las aplicaciones sujeta a la disponibilidad de internet.

- Los "datos sensibles" no están en nuestro poder. Imagínese una empresa y que su información fiscal o la de sus clientes no esté en su poder.
- Falta de privacidad.
- Seguridad comprometida. Nadie garantiza una seguridad al 100 % trabajando con Internet de por medio.

9.4. Comparativa de los servicios de infraestructura en la nube de uso común

Cuando se escoge a un proveedor de servicios en la nube, hay que saber qué características tiene y qué servicios innovadores ofrece.

Se va a realizar una comparativa entre algunas de las soluciones *software* que hay para la Infraestructura como Servicio (IaaS), la cual va a permitir la creación de nubes privadas. Las tecnologías de las que se dispone son:

- **VMware vCloud:** principal fabricante que provee de componentes de infraestructura y gestión para la implementación de nubes públicas y privadas. De cara a las nubes híbridas, desarrolla un *vCloud API* y para el desarrollo de nubes híbridas seguras y que permitan la portabilidad de aplicaciones se usa *vCloud Connector*. A pesar de ser la compañía líder en productos de nube, dichos productos no interactúan bien con otros productos (problemas futuros de migración). Su página web principal es: https://www.vmware.com/es/cloud-computing.html.
- **Azure Dedicated Host:** proporciona servidores físicos que incorporan *Microsoft Azure Virtual Machines* con la ventaja de que el servidor está dedicado al cliente sin compartirse con otras empresas, lo que aumenta la capacidad y la carga de trabajo. Cada cliente determina las directivas y lleva a cabo el mantenimiento del servidor.
- **HP CloudSystem:** *software* brindado por HP para la creación de nubes y basado en **OpenStack** (iniciativa para crear y gestionar nubes). Dentro de esta estrategia, se encuentran los productos: *CloudSystem, Cloud Services Automation* y *Cloud Consulting Services*. Sin embargo, esta solución no aporta interoperabilidad con otras plataformas *cloud*. Su

página de soporte es: https://support.hp.com/py-es/product/details/hp-cloud-services-connected-series/5319203.

- **Cloudswitched:** permite ejecutar diferentes aplicaciones en la nube además de gestionarlas de forma segura. Permite la creación de diferentes nubes facilitando la interoperabilidad entre ellas, lo que permite la replicación de los datos y servidores. Se puede acceder a su página web en: https://www.cloudswitched.com

 Recuerde

A la hora de trabajar en la nube, todos los datos que se manejan no están en nuestro poder, a diferencia de cuando se trabaja sobre un ordenador personal.

10. Resumen

Los distintos servidores que se pueden ir acoplando al sitio web son:

- Servidores web.
- Servidores de aplicaciones.
- Servidores de bases de datos.
- Servidores de correo.
- Servidores de direccionamiento.
- Servidores de directorio.
- Servidores de mensajería.
- Servidores de antivirus, *firewall,* etc.
- Otro tipo de servidores.

También se ha visto la programación en la nube, junto con sus tres servicios:

- IaaS (este modelo de servicio va a permitir utilizar recursos informáticos *hardware* de un proveedor como si fuera un servicio).
- PaaS (este modelo de servicio agrupa un conjunto de funcionalidades que permiten a los usuarios crear nuevas aplicaciones informáticas).
- SaaS (este modelo de servicio ofrece el consumo de una gran cantidad de aplicaciones proporcionadas por el proveedor del servicio y que se ejecutan en la nube).

Ejercicios de repaso y autoevaluación

1. **De las siguientes afirmaciones, diga cuál es verdadera o falsa.**

   a. Solo se dispone de dos navegadores: *Mozilla Firefox* y *Microsoft Edge.*

   ☐ Verdadero
   ☐ Falso

   b. Para moverse por Internet, se hace uso de los navegadores.

   ☐ Verdadero
   ☐ Falso

   c. El mejor navegador de todos es Safari.

   ☐ Verdadero
   ☐ Falso

2. **Cite al menos el nombre de cuatro navegadores web.**

   _____
   _____
   _____
   _____

3. **La WWW se basa en...**

   a. ... vínculos y direcciones web.
   b. ... hipermedia e hipertexto.
   c. ... direcciones web.
   d. ... páginas con extensión HTML.

4. **Complete el siguiente texto.**

El _____ que usa la WWW para _____ al cliente con el _____ es el protocolo _____ (Hypertext Transfer Protocol) y el lenguaje que se usa para poder _____ los documentos o páginas web es el _____ (Hypertext Mark-up Language).

5. **Para el desarrollo web, ¿de qué hay que tener nociones?**

_____
_____
_____
_____

6. **De las siguientes afirmaciones, diga cuál es verdadera o falsa.**

   a. En el sitio web, se puede instalar un servidor de correo.

      ☐ Verdadero
      ☐ Falso

   b. En un sitio web, únicamente convive un sistema.

      ☐ Verdadero
      ☐ Falso

   c. En el sitio web, se puede instalar un servidor de animaciones.

      ☐ Verdadero
      ☐ Falso

7. **Cuando se habla de "saturar al usuario de información", se hace referencia al concepto de...**

   a. ... detalles.
   b. ... reconocimiento.
   c. ... *feedback*.
   d. ... integridad.

8. **Cuando se habla de "no complicar la existencia al usuario", se hace referencia al concepto de...**

    a. ... integridad.
    b. ... redundancia.
    c. ... *feedback*.
    d. ... diseñar para el usuario.

9. **Complete el siguiente texto.**

Cuando se habla de un _____, se hace referencia al hecho de la _____, es decir, que esta sea _____ por el usuario. ¿De qué vale hacer una _____ con el usuario y que este no _____ nada? Obviamente, habrá un usuario frustrado que no es capaz de comprender por qué el _____ web no interactúa con él.

10. **¿De cuántas capas se dispone en el modelo que contiene la presentación, el negocio y los datos?**

    a. Una.
    b. Dos.
    c. Tres.
    d. Cuatro.

11. **El cliente web...**

    a. ... no es una aplicación informática que consume un determinado servicio remoto en otro ordenador.
    b. ... es una aplicación informática que consume un determinado servicio remoto en otro ordenador.
    c. ... es un usuario que consume un determinado servicio remoto en otro ordenador.
    d. ... es un recurso que consume un determinado servicio remoto en otro ordenador.

12. ¿Cuántos tipos de clientes hay disponibles?

    a. Tres.
    b. Dos.
    c. Uno.
    d. Ninguno.

13. Su misión es la de centralizar la información de los usuarios de la red, almacenando su información y estos acceden a la misma de forma remota. Se habla de...

    a. ... servidor de aplicaciones.
    b. ... servidor de archivos.
    c. ... servidor de correo.
    d. ... servidor de datos.

14. De los siguientes *software*, ¿cuál es un servidor web?

    a. *Microsoft Edge.*
    b. *Apache.*
    c. *Ubuntu Server.*
    d. *MySQL Server.*

15. Define la forma en que se muestran los archivos cuando no hay una página principal o índex. Se habla de...

    a. ... IndexOptions.
    b. ... ErrorLog.
    c. ... DirectoryIndex.
    d. ... ErrorDocument XXX.

Capítulo 3
Aplicaciones web

Contenido

1. Introducción

La Ingeniería del *software,* la cual es la encargada de estudiar los principios y metodologías para el desarrollo y mantenimiento de sistemas *software,* define aplicación web como el conjunto de herramientas que los usuarios pueden usar para acceder a un servidor web a través de Internet o Intranet mediante el uso de navegadores web.

Dicho de otra forma, una aplicación web es una aplicación *software* que se codifica bajo un determinado lenguaje de programación, que es soportado por los navegadores web y que sirve para que el usuario pueda interactuar con el servidor web.

Para desarrollar aplicaciones web, se van a usar los lenguajes de programación o bien los Entornos de Desarrollo Integrado, conocidos como IDE, en los cuales se diseñará mediante código la aplicación web y luego se podrá ir testeando con las herramientas que ofrece que dicho código es correcto y cumple con sus objetivos.

2. Evolución y tipos de aplicaciones informáticas

Se define una aplicación informática como un tipo de *software* que va a permitir a los usuarios realizar su trabajo. Son por tanto programas que habilitan la interacción entre el usuario y el ordenador, permitiendo al usuario escoger entre varias opciones y mostrando el programa acciones que el usuario puede llevar a cabo para realizar correctamente su trabajo.

Las aplicaciones informáticas pueden desarrollarse a medida para cumplir un cierto objetivo o bien formar parte de un paquete integrado. La evolución de las aplicaciones informáticas ha ido íntimamente ligada a la evolución *hardware* de los ordenadores. Mientras más potentes se han hecho los ordenadores actuales, más se ha ido incrementando el grado de desarrollo de las aplicaciones informáticas. Se verá pues cómo han ido evolucionando los ordenadores para entender la evolución de las aplicaciones informáticas.

? Sabía que...

Un sistema operativo, a pesar de ser un *software,* no puede ser considerado una aplicación informática, dado que entre sus funciones se encuentra gestionar la máquina para que el usuario pueda realizar su trabajo.

2.1. Evolución de los sistemas informáticos

A continuación, se va a ver el desarrollo que han ido sufriendo los sistemas o equipos informáticos hasta llegar a hoy en día.

Primera generación

Abarca desde 1938 hasta 1958 aproximadamente y se caracteriza por el gran desconocimiento que había en torno a la informática. Se puede caracterizar esta generación por:

- Uso de tubos de vacío para procesar la información.
- Uso de tarjetas perforadas para pasar datos y programas.
- Programados mediante lenguaje máquina (ensamblador).
- Uso de cilindros magnéticos para almacenar información e instrucciones internas.
- Ordenadores muy voluminosos y muy poco eficientes.
- Poca interacción con el usuario.
- Necesitan un grandísimo tiempo de respuesta para cualquier proceso.

Segunda generación

Abarca desde 1958 hasta 1968 y se caracteriza fundamentalmente porque los ordenadores reducen considerablemente su tamaño/volumen y su coste de adquisición, lo que hace que empiecen a interesarles a muchas compañías, gobiernos y universidades. Es en esta generación cuando se pasa de las tarjetas perforadoras al cableado y se pasa a programar en lenguajes de alto nivel. En esta generación se desarrolla el primer juego de ordenador: *SpaceWars.*

Tercera generación

Aparece a mediados de la década de los 60 y llega a los primeros años de la década de los 70. Esta generación surge del desarrollo exitoso de los circuitos integrados (pastillas de silicio) en las que se integran miles de componentes electrónicos en un chip minúsculo (con lo cual los ordenadores rebajan considerablemente su tamaño y volumen). Aparece el primer concepto de miniordenador personal. Los ordenadores pasan a consumir menos energía y aumentan su fiabilidad. En esta generación se produce una renovación de los periféricos más comunes.

Cuarta generación

Abarca desde principios de la década de los 70 hasta principios de la década de los 80. Esta generación se caracteriza por la aparición de los microprocesadores, que son circuitos integrados de alta densidad y con una velocidad increíble.

Como característica fundamental de los ordenadores, cabe destacar su reducido volumen y lo baratos que llegan a ser, cosa que hace que se disparen sus ventas, comenzando la llamada "Revolución informática".

Se pasó de ordenadores que ocupaban prácticamente un cuarto entero a lo que hoy en día se conoce por ordenadores personales.

Quinta generación

Abarca desde principios de la década de los 80 hasta mediados de la década de los 90. Esta generación surge de la competencia internacional por dominar el mercado de los ordenadores. Aparece en esta generación el concepto de multitarea y los primeros sistemas operativos gráficos.

Esta generación se encontró dominada claramente por Microsoft y Linux/Unix, destacando otros sistemas operativos, pero con menor presencia a nivel de usuario.

A continuación, se van a ver los diferentes tipos de aplicaciones informáticas:

- Aplicaciones de terminal.
- Aplicaciones de escritorio.
- Aplicaciones cliente/servidor.
- Aplicaciones web.

 Actividades

1. Realice un esquema con las principales características de las generaciones de los ordenadores.

2.2. Aplicaciones de terminal. Servidores de terminales virtuales

Antes de la aparición de los modernos sistemas operativos (basados todos ellos en un entorno gráfico más o menos amigable), no había ningún entorno gráfico; todo se basaba en usar terminales. Un terminal, también conocido con el sobrenombre de consola, es un dispositivo usado para introducir o mostrar datos en un equipo informático.

El terminal es pues un programa que está presente en todos los sistemas operativos y por medio de él se va a poder dar órdenes al ordenador a través de su línea de comandos.

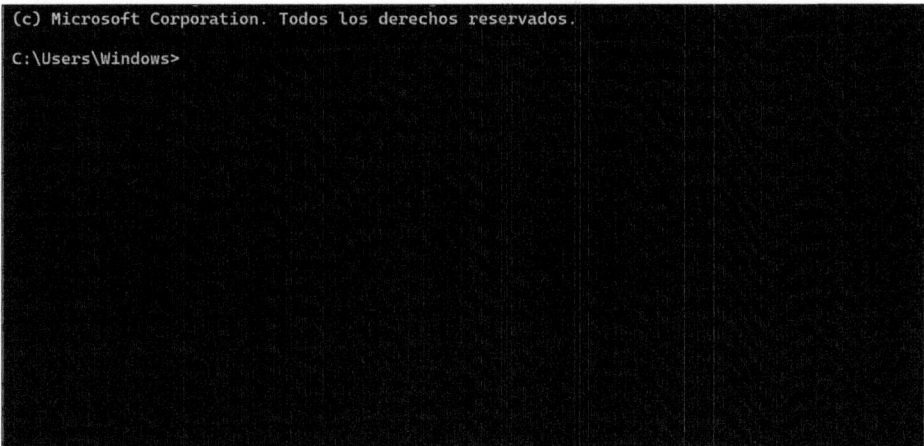

Terminal de Windows

Terminal de Ubuntu

En realidad, un terminal es un emulador de un sistema que se basa en texto, es decir, que existe la posibilidad de dar instrucciones al ordenador con líneas de texto (estas líneas de texto es lo que se conoce como línea de comandos).

Los usos que se pueden dar a un terminar varían mucho, pudiendo usarlo para saber si el servidor con una IP determinada está activo, para obtener una lista de procesos activos en el ordenador o para poder cerrar alguna aplicación que no está funcionando bien.

Desde el punto de vista de Internet, el usuario va a poder conectarse a un terminal de un servidor y obtener información relevante como: cantidad de usuarios conectados, páginas que aloja, árbol de directorios, etc. Además, se podrá configurar el servidor, instalar y eliminar programas, etc., eso sí, siempre que se tengan las credenciales oportunas.

Para poder ejecutar un terminal, hay que ver qué sistema operativo se está manejando, dado que es distinto en cada uno de ellos:

- En cualquier versión de *Windows,* se puede ir al botón de inicio y, en **Buscar programas o archivos,** se escribe **cmd o Terminal** y se obtendrá el icono que caracteriza al terminal. También se puede acceder desde **Inicio → Todas las aplicaciones → Terminal.**
- Si se trata de equipo que utiliza *macOS,* dentro de la la carpeta **Aplicaciones,** una vez allí localizar la carpeta **Utilidades** y, dentro de esta carpeta, se localiza y la aplicación **Terminal** que es la que se debe ejecutar.
- En *Ubuntu* hay varias formas de acceder al terminal:

  - **Aplicaciones → Terminal.**
  - **Configuración → Teclado → Atajos del teclado → Ver y personalizar atajos → Lanzadores → Iniciar la terminal.** Se selecciona una combinación de teclas, para que al pulsarla se ejecute el terminal.

A continuación, se ofrece un ejemplo de cómo obtener los procesos que se están ejecutando en el ordenador en un sistema operativo *Windows.* Para ello, se abrirá un terminal y se ejecutará el comando **tasklist,** tal y como puede verse en la siguiente imagen:

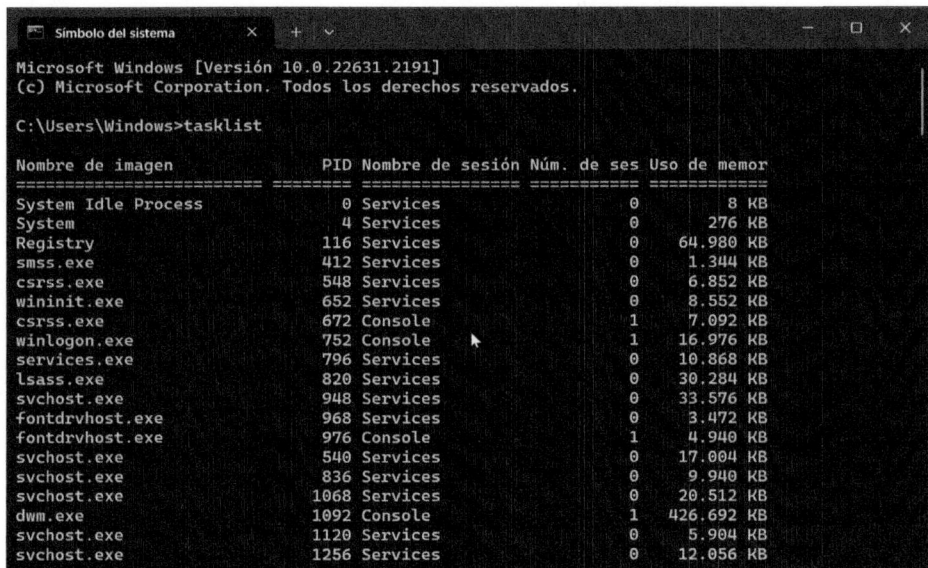

Procesos ejecutados en un equipo con sistema operativo Windows

Si el comando se escribe *help,* puede verse la cantidad de comandos que hay disponibles y para qué sirve cada uno. Si se quiere obtener información sobre un comando, se puedes usar la sintaxis **nombre_del_comando /?**

Actividades

2. Realice las siguientes operaciones sobre un terminal basado en un sistema operativo *Windows:*

   I Muestre las propiedades y la configuración específicas del equipo.
   I Compruebe un disco duro y muestre un informe de su estado.
   I Obtenga información de cómo funciona el comando ShutDown.

2.3. Aplicaciones de escritorio

Una aplicación de escritorio es un programa *(software)* que bien se instala o bien se ejecuta en el equipo. Hay que anotar que esta aplicación puede trabajar con datos provenientes de Internet. Las aplicaciones de escritorio suelen ser desarrolladas por programadores usando lenguajes de programación para el diseño y la codificación. Ejemplos de aplicaciones de escritorio son: *Microsoft Word, Microsoft Outlook, Emule, AVG antivirus,* etc.

Normalmente, un usuario suele instalar o ejecutar una aplicación de escritorio para llevar a cabo un determinado trabajo con el ordenador; dicho trabajo es simplificado mediante el uso de esta aplicación de escritorio. Luego son aplicaciones que van a ser instaladas, configuradas y usadas en equipos.

Es posible desarrollar aplicaciones de escritorio para el sistema operativo que se quiera (usando un *software* de desarrollo apropiado al sistema operativo que se está manejando) y que estas aplicaciones contengan las necesidades reales (obviamente también dependerá de los recursos *hardware* del ordenador para el que se programa; imagínese que se desarrolla un *software* para un punto de venta y que se implementa un módulo para las tarjetas de crédito. Pues bien, si el ordenador donde se instala este *software* no tiene este *hardware,* no podrá usar dicho módulo).

Luego con las aplicaciones de escritorio se obtiene:

- Brindar al cliente una solución personalizada a su problema.
- Agrupar funcionalidades similares.
- Garantizar una estabilidad del *software* frente a cambios en el ordenador.
- Desarrollar aplicaciones creativas y funcionales.

Actualmente, este tipo de aplicaciones se están viendo desbancadas por las aplicaciones cliente/servidor y las aplicaciones web. A continuación, se puede ver un ejemplo de aplicación de escritorio.

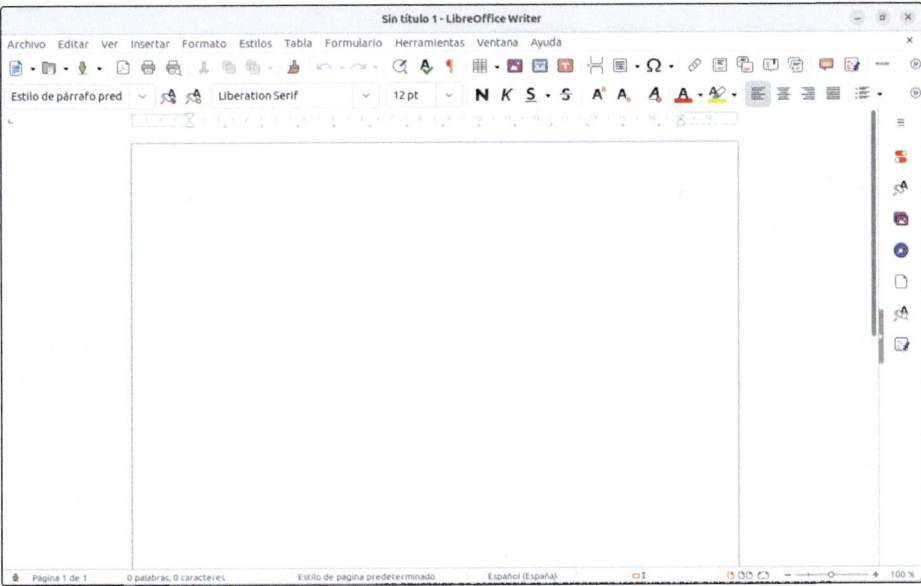

Ejemplo de aplicación de escritorio

Actividades

3. Intente localizar aplicaciones de escritorio gratuitas para los siguientes escenarios:

- Escribir documentos y poder darles formato (no vale *Microsoft Word*).
- Poder ver y escuchar vídeos y audio.
- Poder realizar ejercicios estadísticos.

Anotación: puede buscar *software* en www.cdlibre.org.

2.4. Aplicaciones cliente/servidor

En este tipo de aplicaciones hay dos conceptos fundamentales:

- **Cliente:** corresponde a los equipos conectados a una red.
- **Servidor:** equipo especializado, generalmente muy potente en comunicaciones, que da soporte o servicio a los equipos clientes.

Luego cuando se está ante una aplicación cliente/servidor se va a tener un servidor que suministra servicios para que precisamente sean utilizados por los programas en los equipos del cliente. Este tipo de aplicaciones ofrece unas ventajas tales como:

- **Recursos centralizados:** la función del servidor, aparte de ser el nodo central de la red que ofrece servicios, es la de administrar los recursos comunes a los usuarios, como por ejemplo una base de datos.
- **Seguridad:** es proporcionada por el propio servidor mediante mecanismos que permitan dar acceso a los usuarios válidos y no dar acceso a los usuarios que no cumplan las reglas.
- **Administración a nivel del servidor:** dado que el papel fundamental lo juega el servidor, que no el cliente, será él el encargado de gestionar a los usuarios.
- **Escalabilidad:** se tendrá la posibilidad de agregar o eliminar clientes sin que esto afecte al funcionamiento ni de la red ni del servidor, haciendo las mínimas modificaciones.

Sin embargo, las aplicaciones cliente/servidor también ofrecen desventajas:

- **Coste elevado:** toda la complejidad radica en torno al servidor y su configuración.
- **Centralización:** como todo gira en torno al servidor, este tiene que ser lo más tolerante posible a fallos (para ello suelen usar el sistema RAID). Si el servidor se cae o se desconfigura, los usuarios no pueden realizar sus trabajos.

Definición

RAID *(Redundant Array of Independent Disk)*
Sistema de almacenamiento de información basado en múltiples unidades de almacenamiento entre las que se distribuye y replica la información.

A continuación, se puede ver una aplicación que usa el modelo cliente/servidor. En este caso, se trata de *Facebook,* que guarda la información de sus usuarios en sus servidores y para acceder se usa un navegador.

Ejemplo de aplicación cliente/servidor

Aplicación práctica

Imagine que le piden desarrollar un *software* para una aplicación basada en cliente/servidor cuyo objetivo principal va a ser el comportarse como una red social. Defina a grandes rasgos cómo plantearía su diseño.

Continúa en página siguiente >>

<< Viene de página anterior

SOLUCIÓN

Al tratarse de un *software* para una red social, hay que tener presente que su crecimiento será exponencial, con lo cual se debe diseñar aplicando el concepto de escalabilidad; por otra parte, habrá que mantener seguros los datos de los usuarios y lo más ideal sería tener el control en un modelo centralizado (bien optando por un diseño web o un diseño cliente/servidor). Además, cuestiones tan importantes como la seguridad no deben perderse de vista a la hora del diseño.

2.5. Aplicaciones WEB

Una aplicación web es un conjunto de herramientas orientadas al usuario con el fin de que este pueda acceder a un servidor mediante el uso de un navegador que se conecta a Internet o a una intranet.

Las aplicaciones web son muy exitosas debido a su independencia del sistema operativo que tenga instalado el usuario y porque pueden encontrarse de cualquier tipo: *web-mails,* tiendas *online,* gestión financiera, blogs, foros…

Parte de este éxito se basa también en el concepto de interactividad que mantienen las aplicaciones web con el usuario. Un ejemplo es el uso de formularios o gestionar bases de datos.

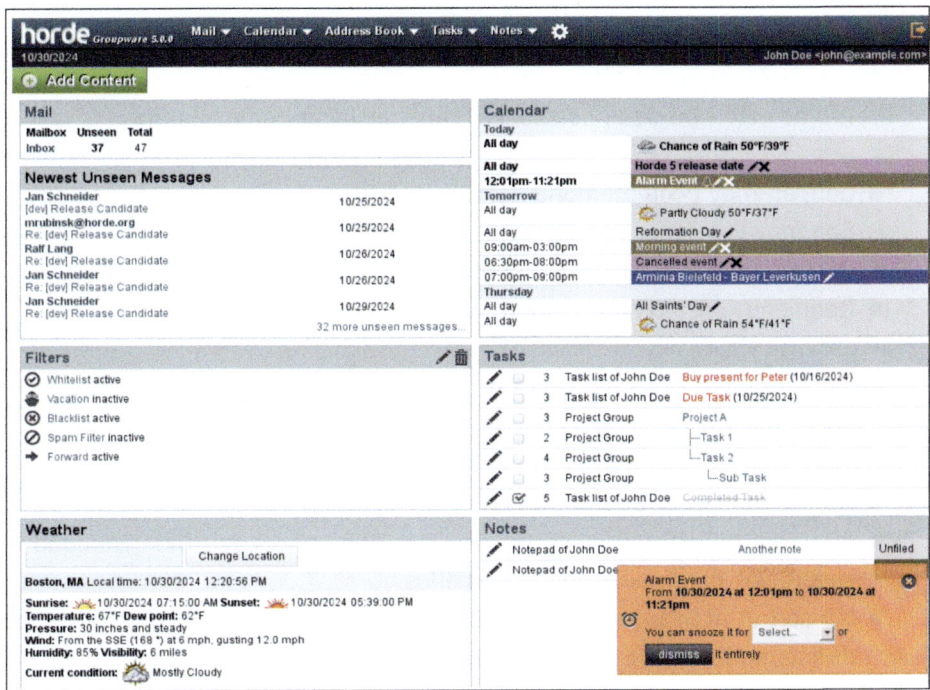

Ejemplo de aplicación web

 Actividades

4. Localice en Internet 3 tipos de aplicaciones informáticas distintas basadas en cliente/servidor y en web que no hayan sido nombradas anteriormente.

2.6. Ventajas e inconvenientes de los tipos de aplicaciones. Comparativa

Ningún tipo de aplicación informática es mejor que otra o realiza mejor las tareas que otra, todo va a depender del enfoque al que vaya destinada la aplicación informática.

A continuación, se van a ver las ventajas y desventajas de las principales aplicaciones informáticas vistas anteriormente.

Aplicaciones de consola

Dentro de este tipo de aplicaciones, cabe destacar como ventajas:

- Ocupan muy poca memoria del ordenador.
- Son muy rápidas.
- Ocupan menos recursos y menos espacio de almacenamiento.
- Requieren poca o ninguna intervención por parte del usuario.

Sin embargo, hay que citar una serie de desventajas a la hora de desarrollar aplicaciones de consola, como son:

- No son fáciles de operar por parte del usuario.
- A la hora de utilizar los comandos, hay que conocer su funcionalidad y su sintaxis para poder operar con ellos.
- No son atractivas por carecer de interfaz gráfica y tener que escribir directamente desde el teclado los comandos a realizar.

Normalmente, este tipo de aplicaciones se suelen desarrollar cuando se quiere un poco participación por parte del usuario. Por ejemplo, imagínese el siguiente escenario: se dispone de un *software* de versión X.X y se quiere actualizarlo a una versión superior. Es posible bajarse un programa desde el servidor de la aplicación *software* y ejecutarlo en el terminal para actualizar el programa y se ha usado una aplicación de consola.

Aplicaciones de escritorio

A la hora de desarrollar aplicaciones de escritorio, cabe destacar las siguientes ventajas:

- Son muy robustas en su diseño.
- Su tiempo de respuesta ante el usuario es muy rápido (como la aplicación se ejecuta en su propio ordenador, se usan los recursos de este, de ahí su rapidez).
- Se puede realizar cualquiera tarea que sea soportada por el sistema operativo donde se encuentra instalada la aplicación (al fin y al cabo

la aplicación depende del *software* y del *hardware* que el cliente tenga instalado).

■ Facilidad de diseño a medida de aplicaciones de escritorio para clientes finales.

■ Suelen ser muy agradables y amistosas con el usuario, dado que se usa una interfaz gráfica, facilitándole a este su trabajo con la aplicación.

■ Gran cantidad de información y de recursos en Internet sobre aplicaciones de escritorio.

Sin embargo, también hay unas desventajas a la hora de usar aplicaciones de escritorio, como son:

■ Requieren ser instaladas en el ordenador del usuario para que pueda trabajar con ellas.

■ Normalmente, se desarrollan para un sistema operativo específico, lo que hace un poco dificultoso el concepto de portabilidad (poder usar una aplicación independientemente de los recursos que tenga instalados el ordenador).

■ Requieren ser actualizadas y esta operación de actualización recae directamente sobre los usuarios de dicha aplicación. Habrá usuarios con determinadas versiones antiguas y otros con las últimas versiones editadas.

 Recuerde

Las aplicaciones de consola son muy poco atractivas, visualmente hablando, para los usuarios, de ahí que se deriven fundamentalmente a actualizaciones.

Aplicaciones cliente/servidor

A la hora de desarrollar aplicaciones cliente/servidor, hay que tener en cuenta ventajas tales como:

- Centralización total de recursos, datos y accesos tanto de usuarios como de estos a los datos.
- Facilidad de mantenimiento y actualización, dado que todo está centralizado en torno al servidor y con mantener y actualizar este bastaría. Todos los clientes usarían siempre la versión última y no tendrían que realizar nada.
- Suele haber mayor entorno de seguridad, dado que los datos son almacenados en el lado del servidor, que ofrece un entorno más seguro que el cliente.
- Cantidad de recursos sobre aplicaciones cliente/servidor en Internet.

Aplicaciones web

A la hora de diseñar aplicaciones web, se puede contar con las siguientes ventajas:

- No es necesario instalar nada de parte del cliente.
- No es necesario que el cliente actualice nada.
- No hay problema de actualización de versiones. Todos usan la misma versión.
- Centralización de información.
- No se requiere un sistema operativo determinado, ni *software* ni *hardware* determinado.
- Se puede trabajar donde se quiera siempre que se disponga de un equipo y conexión de red.

Sin embargo, también hay desventajas tales como:

- Requieren de una conexión de red.
- Su desarrollo es complejo, dado que hay que garantizar la compatibilidad con los sistemas operativos, *software* y *hardware* de los clientes.
- Su tiempo de respuesta suele ser algo más lento, aunque hoy en día la capacidad de respuesta no tiene nada que envidiar a las aplicaciones de escritorio.

Aplicación práctica

Imagine que un cliente le dice que quiere montar una aplicación de escritorio en su empresa para poder gestionar ciertos recursos de sus usuarios.

¿Cómo razonaría para hacerle entender que ante esa situación es mejor optar por un diseño web o cliente/servidor?

SOLUCIÓN

Al tratarse de compartir un recurso por varios usuarios, la mejor opción de todas sería la de centralizar el recurso, siendo los usuarios los que tuvieran que acceder a él para poder usarlo, frente a la aplicación de escritorio, que no compartiría un recurso, sino que trabajaría un equipo solamente con dicho recurso. Al centralizar el recurso, se puede optar por un diseño web (facilita el no tener que instalar nada de parte del cliente) o un diseño cliente/servidor. En este caso, habría que conocer más las especificaciones del recurso y de la empresa para poder optar por una u otra, descartando así la opción de aplicación de escritorio.

Actividades

5. Realice un esquema-resumen de las ventajas e inconvenientes de los tipos de aplicaciones informáticas.

3. Tecnologías de desarrollo de aplicaciones

Dependiendo de qué aplicación informática se vaya a diseñar, habrá a disposición del profesional unas determinadas herramientas acordes a su trabajo.

A continuación, se van a ver estas herramientas por aplicaciones.

3.1. Características por tipo de aplicación

Se van a ver las herramientas o tecnologías que están disponibles para cada tipo de aplicación.

Aplicaciones de consola

Aunque las aplicaciones de consola han caído en desuso, sobre todo gracias a la aparición de las interfaces gráficas, es posible trabajar con ellas, pero de forma mucho más limitada que la que puede ofrecer un lenguaje de programación. Con las aplicaciones de consola, lo que se va a explotar fundamentalmente son las posibilidades que brinda el sistema operativo.

Sabía que...

El archivo *"autoexec.bat",* que forma parte del arranque de los sistemas operativos *Windows XP* e inferiores, es un lenguaje de guión que contiene comandos que va ejecutando.

Aplicaciones de escritorio

Normalmente, las aplicaciones de escritorio se diseñan a través de los lenguajes de programación, que ofrecen un conjunto de técnicas de depuración para poder ir comprobando el código que se va escribiendo. Actualmente, se dispone de miles de plataformas de desarrollo, conocidas bajo el nombre de herramientas IDE. Algunas de las más usadas son:

- *Eclipse* y *NetBeans* para Java.
- *Visual Web Developer* para C, C++,C#, J#, Sql.

Actividades

6. Localice más plataformas de desarrollo o lenguajes de programación para poder realizar aplicaciones de escritorio.

Aplicaciones cliente/servidor

Dentro de estas aplicaciones, hay varios apartados de herramientas:

- **Herramientas *frond-end:*** ayudan a crear interfaces que se pueden integrar en los sistemas cliente/servidor.
- **Herramientas de acceso a bases de datos:** normalmente estas aplicaciones se basan en el uso de *gateways* para acceder a la base de tados.
- **Bibliotecas orientadas a objetos:** suelen ser requeridas por los programadores para las construcciones de aplicaciones orientadas a objetos.
- **Lenguaje 3GL:** este lenguaje sirve para interconectar con la interfaz de programación de aplicaciones (API) y con las bases de datos, soportando *drivers* del ODCB *(Open DataBase Connectivity Borland).*
- **Lenguaje 4GL:** corresponde con los lenguajes de cuarta generación y se usa para crear *frond-ends* que actúan en la interfaz API y en los servidores de base de datos.
- **Herramientas *case:*** herramientas de ingeniería de información usadas bajo un esquema cliente/servidor.
- **Herramientas con base de conocimientos:** herramientas de uso general orientadas a objetos para procesos cliente/servidor.
- **Entornos de desarrollo visual orientado a objetos:** conjunto de herramientas orientadas a objetos que ofrecen bibliotecas de clase y objetos ya prefabricados y listos para su uso.

En las aplicaciones cliente-servidor, es muy común dividir al servidor en ciertas capas de forma que cada capa realiza una función determinada en dicho servidor.

Aplicaciones web

Actualmente, este tipo de aplicaciones son las que más éxito han tenido entre los usuarios, sobre todo porque pueden usarlas cuando quieran siempre que tengan un dispositivo informático y una conexión de red.

Se van a ver las herramientas que hay en función de las capas que se presentan.

Tecnologías en la capa de presentación

Es un marco de desarrollo para los componentes de la interfaz de usuario. Se basa en el uso de componentes tales como:

- **Richfaces:** biblioteca de código abierto basada en la tecnología Java y que permite la creación de aplicaciones web mediante el uso de **Ajax.**
- **Ajax:** se basa principalmente en cargar y renderizar una página. *Ajax* incorpora presentaciones basadas en estándares usando XHTML y CSS, exhibición e interacción dinámica usando el DOM *(Document Object Model),* intercambio y manipulación de datos usando XML y XSLT, y, además, recuperación de datos asíncrona usando *XML Http Request.*
- **Facelest:** es un *framework* simplificado usado en la capa de presentación, donde se diseña de forma libre la página o documento web y luego se le asocian los componentes JSF. Sus principales ventajas son: construcción de interfaces basadas en plantillas, creación de componentes por composición y creación de funciones y librerías de componentes.

■ **Lenguaje de Marcado de Hipertexto Extensible (XHTML):** nace con el objetivo de ser sustituto de HTML. Extiende la potencialidad de HTML con la de XML.

Tecnologías en la capa de negocio

Dentro de esta capa, se va a encontrar el servidor de aplicaciones. Normalmente, los programadores diseñan clases simples para que no tengan que depender de un *framework* específico.

Tecnologías en la capa de acceso a datos

Lo ideal sería poder utilizar el acceso a los datos tanto en las aplicaciones web como en las aplicaciones de cliente, incluso actualmente se plantea la posibilidad de hacerlo fuera de la plataforma o sitio web. Actualmente, se está diseñando acceso a datos con Sistemas Gestores de Base de Datos en modo *OpenSource* (licencia libre, sin coste económico).

3.2. Comparativa según el tipo de aplicación

A la hora de enfrentarse al desarrollo de una aplicación, el principal punto de partida es el del análisis de la aplicación para saber lo que se quiere y cómo se quiere. Una vez que se sabe cómo desarrollarla, se presenta la situación de tener que escoger una herramienta o tecnología para su desarrollo.

Ninguna tecnología es mejor que otra, cada una ofrece sus características para que el usuario pueda desarrollar proyectos, pero dependerá mucho de su experiencia como programador a la hora de decidir un entorno u otro para el desarrollo.

Obviamente, las aplicaciones de escritorio son las más rápidas y potentes (dado que se ejecutan en el propio ordenador), pero no ofrecen la conectividad que pueden ofrecer las aplicaciones web y las aplicaciones cliente/servidor. Las aplicaciones de consola actualmente se utilizan para realizar labores de mantenimiento o actualización.

4. Tecnologías específicas para el desarrollo web

A continuación, se van a ver los portales de Internet, sus características, los servidores de contenidos y los servidores de contenido multidispositivo, así como los componentes básicos de los portales web.

4.1. Portales de Internet. Características

Un portal de Internet es un sitio web que ofrece a los usuarios, de forma unificada, fácil e integrada, acceso a una serie de servicios y recursos relacionados generalmente con un mismo tema. Los portales suelen incluir elementos como: enlaces, buscadores, foros, documentos, aplicaciones, soporte, compra electrónica, correo electrónico, etc. Algunos ejemplos de portales se pueden ver en la siguiente imagen.

Página de inicio de terra.com

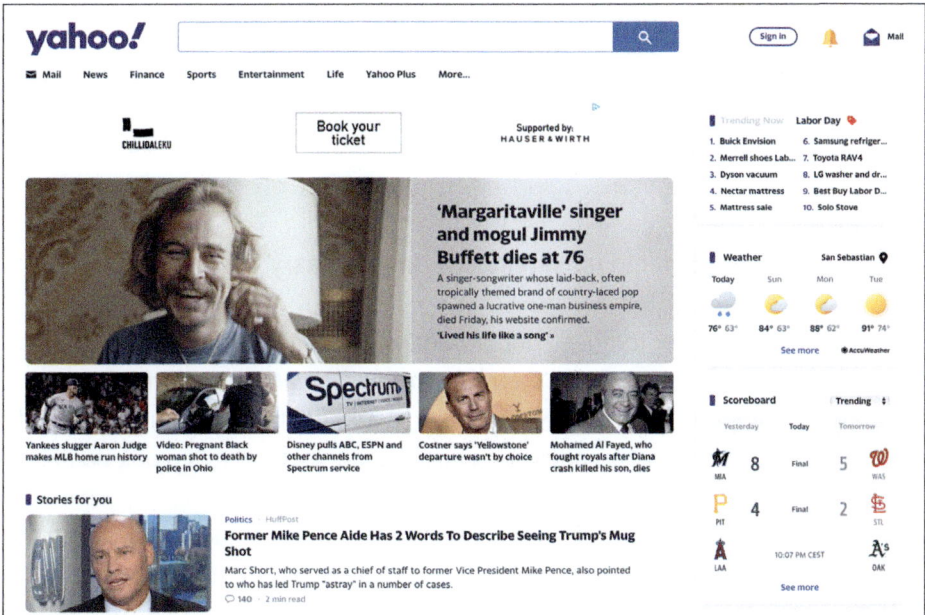

Página de inicio de yahoo.com

Actualmente, es posible clasificar los portales en tres niveles:

- **Portales horizontales:** también conocidos con el nombre de masivos o de propósito general, están enfocados a ser usados por una gran cantidad de usuarios; de hecho, su objetivo es llegar al mayor número de usuarios posible. Portales como *Terra, MSN, Yahoo!, Lycos,* etc., son considerados portales horizontales.
- **Portales verticales:** se dirigen a usuarios a los cuales ofrecen un tema específico (de noticias, música, deportes, inmobiliario, informática, finanzas, educación, etc.).
- **Portales diagonales:** son una mezcla de los portales horizontales y de los verticales. Se caracterizan por el uso de redes sociales o aplicaciones basadas en las redes sociales que son complementadas mediante información y contenidos en el portal. Están enfocados a usuarios muy particulares.

Las características que debe cumplir cualquier portal web son las siguientes:

- Soporte a todo tipo de clientes.
- Localización e internacionalización.

- Contenido todo lo personalizado posible.
- Seguridad unificada.
- Agregación de contenidos.
- Adaptabilidad.

4.2. Gestores de contenidos: servidores de portales y documentales

Los gestores de contenidos, denominados también CMS *(Content Management Systems),* son un tipo determinado de *software* que permite crear la estructura suficiente y necesaria para crear y administrar contenido. Normalmente, los gestores de contenidos se aplican sobre documentos o páginas web.

El CMS se puede ver como una interfaz que permite administrar, editar y eliminar contenidos del sitio web. La mayoría de CMS suelen dar soporte (interfaz) para las bases de datos. Será el CMS el que tendrá que interactuar con el servidor web para generar las peticiones del usuario (por ejemplo con un tamaño de letra predeterminado, con un *zoom* de página, etc.).

Se pueden clasificar los CMS:

- Por sus características:

    - Según el lenguaje de programación usado.
    - Según la licencia (libre o propietario).

- Por su uso y funcionalidad:

    - Blogs.
    - Foros.
    - Enseñanza.
    - Comercio electrónico.
    - Publicaciones/ediciones digitales.
    - Información de propósito general.

Un servidor de portales se puede ver como una ventana de acceso a ciertos documentos que presentan un sitio web. Normalmente, la información de los sitios web crece de forma exponencial y no puede ser controlada por el portal, de ahí la necesidad del uso de un gestor de conocimiento y un gestor de contenidos. Este último ofrece:

- Almacenar y categorizar la información estructurada.
- Definir etapas o ciclos útiles de información.
- Realizar búsquedas con criterios sobre la información.

Luego se puede deducir que se va a tener un gestor que va a gestionar los contenidos del portal y por otra parte otro gestor que va a controlar la documentación que se va generando en el sitio web.

A continuación, se puede ver un ejemplo de gestor de contenidos, en esta ocasión de la empresa Conmás Marketing.

Página de Conmás Marketing creada con el gestor de contenidos WordPress

Actividades

7. Busque en Internet algún *software* de código libre que sirva a modo de gestor de contenidos.

4.3. Servidores de contenidos multidispositivo

No hace muchos años, la única forma de acceder a Internet era con el uso de un ordenador o dispositivo informático. Actualmente, son muchos los caminos para poder conectarse a Internet, como por ejemplo ordenadores, tabletas, *smartphones,* etc., y obviamente cada sistema tiene sus propias características. Así, la información no se mostrará igual en un ordenador de sobremesa o portátil (que tiene una pantalla lo suficientemente grande) frente a un *smartphone* (al tener la pantalla más pequeña, habrá que rediseñar el sitio web para que el usuario pueda hacer uso de él en su dispositivo móvil).

Luego el fin principal de un CMS multidispositivo no es que el sitio web se vea correctamente o que sea idéntico en cada dispositivo que lo accede, sino que se adapte a cualquier dispositivo (sea este cual sea). Lo primero que hay que hacer cuando alguien acceda al sitio web, será comprobar las propiedades y características del dispositivo con el que accede, para así determinar por ejemplo la resolución de pantalla a utilizar o cómo mostrar el contenido del sitio web en dicho dispositivo.

Actualmente, es posible conocer estas propiedades y características por medio del uso de bases de datos de dispositivos. Ejemplo de este *software* son *DeviceAtlas* o *Wurfl.*

Consejo

Cuidar el aspecto de las aplicaciones que van a ser usadas en varios dispositivos es un aspecto clave para facilitar el trabajo de los usuarios o clientes.

Sin embargo, cuando se habla de servir contenido en la pantalla del dispositivo del usuario, se puede hacer uso de unas determinadas APIS que facilitarán el trabajo. Algunas de las más conocidas son:

- **_Progressive Enhancement:_** esta API sugiere primero programar para navegadores y móviles antiguos. Así, una vez diseñado el sitio, se puede usar esta API para mostrar el sitio en el dispositivo del cliente. Obviamente, si funciona para versiones muy antiguas, las mismas versiones (pero nuevas) tienen que soportarlo.
- **Redireccionamiento del sitio:** esta API sugiere desarrollar el sitio web de forma dependiente para un ordenador, un móvil, una tableta, etc., de tal forma que el servidor será el encargado de detectar con qué dispositivo accede el cliente y redireccionarlo a un subdominio propio para dicho dispositivo.
- **Uso de plantillas:** no todos los dispositivos son iguales, pero se sabe por ejemplo que los ordenadores portátiles comparten ciertas características comunes. El objetivo de esta API es trabajar con esas características comunes en forma de plantilla, de tal forma que se identifica el dispositivo y se muestra al cliente la plantilla asociada al dispositivo.
- **Algoritmos:** es una API que consta de una serie de algoritmos que tienen la capacidad de adaptar el contenido al dispositivo móvil en sí que lo está solicitando.

Ejemplo de un funcionamiento de un servidor de contenidos multidispositivo

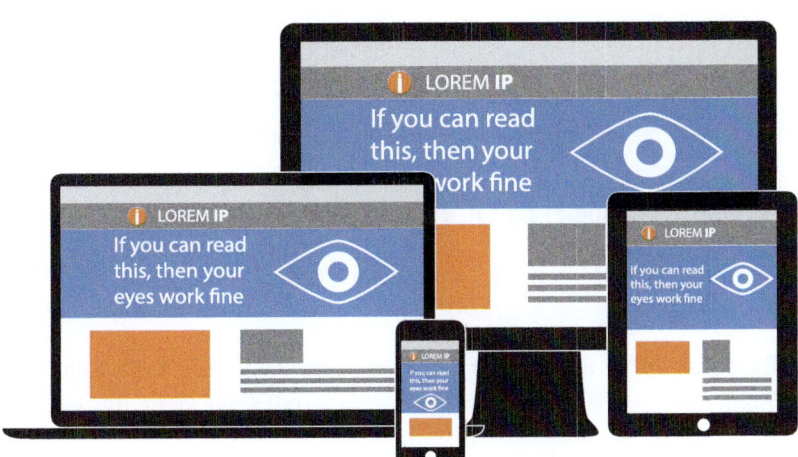

4.4. Componentes básicos en portales web. Portlets y otros componentes de uso común

Los componentes básicos que se van a encontrar en un portal web o en cualquier sitio web desarrollado profesionalmente se pueden agrupar fundamentalmente bajo los siguientes siete conceptos:

1. **Dominio:** cómo accederán al sitio a través del uso de Internet.
2. *Hosting* **o alojamiento:** dónde estará ubicado el sitio web.
3. **Servidor de** *e-mail:* configurado junto con el dominio. Dicho servidor de *mail* tiene que ser accesible desde Internet.
4. **Servicio de estadísticas** *online:* permite conocer datos estadísticos relevantes del sitio web.
5. **Servicio de soporte** *online:* en caso de que algún usuario tenga problemas con nuestro sitio web debemos proporcionar un área de soporte al usuario.
6. **Sistema de respuesta automático:** quienes se pongan en contacto con el sitio deben obtener una respuesta lo más rápido posible.
7. **Servicio de propagación:** hay que hacer que el sitio web sea visible a los usuarios, haciendo que aparezca en los buscadores de más relevancia en Internet.

Un *portlet* es un componente web que se fundamenta con la tecnología de Java. La misión de un *portlet* es la de procesar un determinado pedido para poder generar a partir de él contenido dinámico. A este contenido dinámico se le denomina *fragmento*.

El contenedor de *portlets* va a ser el encargado de controlar el ciclo de vida correspondiente a un *portlet* y además va a controlar:

- Pedidos desde el portal web para asociarlo al *portlet* correspondiente.
- Ejecutar los *portlets.*
- Proveer almacenamiento para los *portlets.*

Todo *portlet* va a contener un modo que va a indicar la función que lleva asociada para su ejecución. Este modo puede ser consultado en cualquier instante. Básicamente, los modos que hay son: *view, edit* y *help*. ¿Cuál es el ambiente en que trabaja un *portlet?*:

- **Petición:** las peticiones, generalmente, incluyen datos, parámetros y atributos.
- **Sesión:** el *portlet* puede almacenar datos en el portal para que otros componentes del mismo tengan acceso.
- **Contexto:** el *portlet* tiene capacidad para guardar datos de contexto del portal web.

4.5. Características y comparativa de los portales web de uso común

Las características principales que debe de ofrecer un portal web son las siguientes:

- Facilitar la elaboración de interfaces de usuario.
- Integración de *framework* de aplicaciones.
- Soporte para campos personalizados.
- Grupos de usuarios, organizaciones y sitios.
- Plataforma SOA.
- Personalización de usuarios.
- Publicación de contenidos basados en roles.
- Configuración *a base de clics.*
- Auditoría y rendimiento.
- Búsqueda.

No puede decirse que un portal web sea mejor que otro. Seguramente unos ofrecerán unos recursos que otros no ofrecerán y eso hará que los usuarios *consuman* dicho portal web.

5. Resumen

En informática, se cuenta con un conjunto de aplicaciones que es posible desarrollar, tales como:

- Aplicaciones de terminal.
- Aplicaciones de escritorio.
- Aplicaciones cliente/servidor.
- Aplicaciones web.

Las aplicaciones de terminal, también conocida como consola, actualmente se despachan para actualizaciones o modificaciones. Las aplicaciones de escritorio son muy rápidas, dado que usan los recursos propios del ordenador donde se instalan. Con las aplicaciones cliente/servidor se pueden compartir recursos en una red y con las aplicaciones web se puede llegar a miles de clientes en cualquier lugar del mundo.

Un portal de Internet es un sitio web que ofrece a los usuarios, de forma unificada, fácil e integrada, acceso a una serie de servicios y recursos relacionados generalmente con un mismo tema.

Un *portlet* es un componente web que se fundamenta con la tecnología de Java. La misión de un *portlet* es la de procesar un determinado pedido para poder generar a partir de él contenido dinámico. A este contenido dinámico se le denomina *fragmento.*

Ejercicios de repaso y autoevaluación

1. **De las siguientes afirmaciones, diga cuál es verdadera o falsa.**

   a. La ingeniería del *software* se encarga de estudiar el hardware o componentes.

      ☐ Verdadero
      ☐ Falso

   b. Una aplicación web es un *software* codificado bajo un determinado lenguaje de programación.

      ☐ Verdadero
      ☐ Falso

   c. Para desarrollar aplicaciones web usamos aplicaciones de terminal.

      ☐ Verdadero
      ☐ Falso

2. **Nombre los tipos de aplicaciones que hay disponibles.**

   _____
   _____
   _____
   _____

3. **¿Cuántas generaciones de ordenadores hay?**

   a. Dos.
   b. Tres.
   c. Cuatro.
   d. Cinco.

4. Complete el siguiente texto.

Se define una aplicación informática como un tipo de software que va a permitir a los usuarios realizar su _____. Son por tanto programas que permiten la interacción entre el usuario y el _____, permitiendo al usuario escoger entre varias opciones y mostrando el programa acciones que el _____ puede llevar a cabo para realizar correctamente su trabajo.

5. La generación que usa tubos de vacío es:

    a. La primera.
    b. La segunda.
    c. La tercera.
    d. La cuarta.

6. De las siguientes afirmaciones, diga cuál es verdadera o falsa.

    a. En las primeras computadoras se programaba a bajo nivel.

        ☐ Verdadero
        ☐ Falso

    b. Internet lleva presente con nosotros desde la primera generación de ordenadores.

        ☐ Verdadero
        ☐ Falso

    c. En la segunda generación de ordenadores se pasa de las tarjetas perforadas al uso de internet.

        ☐ Verdadero
        ☐ Falso

7. ¿En qué generación aparecen los circuitos integrados?

    a. Segunda.
    b. Tercera.

c. Cuarta
d. Quinta.

8. Las aplicaciones de terminal no se basan en...

a. ... uso de base de datos.
b. ... interacción con el usuario.
c. ... desarrollo de aplicaciones informáticas.
d. ... interfaz gráfica.

9. Complete el siguiente texto.

Un terminal, también conocido con el sobrenombre de consola, es un dispositivo usado para introducir o mostrar datos de un _____. El terminal es pues un programa que está presente en todos los sistemas _____ y por medio de él se va a poder dar órdenes al ordenador a través de su línea de _____.

10. Las aplicaciones de escritorio...

a. ... solo son diseñadas para un ordenador en concreto.
b. ... no pueden instalarse en más de un ordenador.
c. ... van a ser instaladas, configuradas y usadas en ordenadores.
d. ... son muy lentas dado que no aprovechan los recursos del ordenador.

11. Las aplicaciones de escritorio...

a. ... solo se pueden diseñar para un sistema operativo en concreto.
b. ... se pueden diseñar para cualquier sistema operativo.
c. ... no dependen del sistema operativo que tenga el ordenador.
d. Todas las opciones son incorrectas.

12. Si se habla de recursos centralizados se hace referencia a aplicaciones...

a. ... web.
b. ... cliente/servidor.
c. ... de terminal.
d. ... de escritorio.

13. Si se habla de aplicaciones independientes del sistema operativo se hace referencia a...

    a. ... web.
    b. ... cliente/servidor.
    c. ... de terminal.
    d. ... de escritorio.

14. Las aplicaciones de consola...

    a. ... son muy lentas.
    b. ... son muy rápidas.
    c. ... requieren gran interactividad por parte del usuario.
    d. ... dependen fuertemente de la interfaz gráfica.

15. Las aplicaciones más robustas en su diseño son:

    a. De escritorio.
    b. De terminal.
    c. Web.
    d. Todas las opciones son incorrectas.

Capítulo 4
Desarrollo y despliegue de aplicaciones web

Contenido

1. Introducción

El trabajo del desarrollador o diseñador de cierta aplicación o proyecto web no va a terminar cuando acabe de escribir el código que conforma dicha aplicación; es más, tendrá que dedicarse, paralelamente al tiempo que desarrolla su aplicación, a comprobar que lo que está escribiendo (código fuente) hace realmente lo que quiere y que está libre de errores.

Cuando se termine de desarrollar y comprobar la aplicación, se comenzará con el proceso de despliegue, en el cual lo que se hace es poner la aplicación en uso para los usuarios que tengan que usarla.

Aparte del proceso de despliegue, se analizarán aspectos tales como puede ser cómo repartir los recursos que usa la aplicación por el proyecto y ver los modelos en los que es posible apoyarse para realizar dicho proyecto.

2. Modelos básicos de desarrollo de aplicaciones web. El Modelo Vista Controlador (MVC)

A la hora de desarrollar aplicaciones web, lo normal y más común es usar los IDE. Un IDE *(Integrated Development Environment,* Entorno de Desarrollo Integrado) es un programa informático que se compone de un conjunto de herramientas orientadas a la programación de sitios web, desarrollo de aplicaciones de consola o de escritorio, etc. Los IDE tienen como característica principal que pueden estar orientados a un solo lenguaje de programación o bien pueden incorporar varios lenguajes de programación, permitiendo al programador que escoja aquel con el que más se familiariza.

Un IDE se compone básicamente de los siguientes elementos:

- Un editor de texto.
- Un compilador.
- Un intérprete.
- Un depurador.
- Un cliente.

- Sistema de control de versiones.
- Asequibilidad en la construcción de GUI (Interfaces Gráficas de Usuario).

Actividades

1. Busque información de cada componente básico de un IDE (editor de texto, compilador, intérprete, depurador, cliente, sistema de control de versiones y asequibilidad GUI).

Algunos ejemplos de IDE son los siguientes:

- **Eclipse:** IDE de código abierto en multiplataforma que sirve para, fundamentalmente, desarrollar proyectos web (también se pueden desarrollar aplicaciones de escritorio, programar para *Android,* etc.). Desarrollado por IBM en 2001.

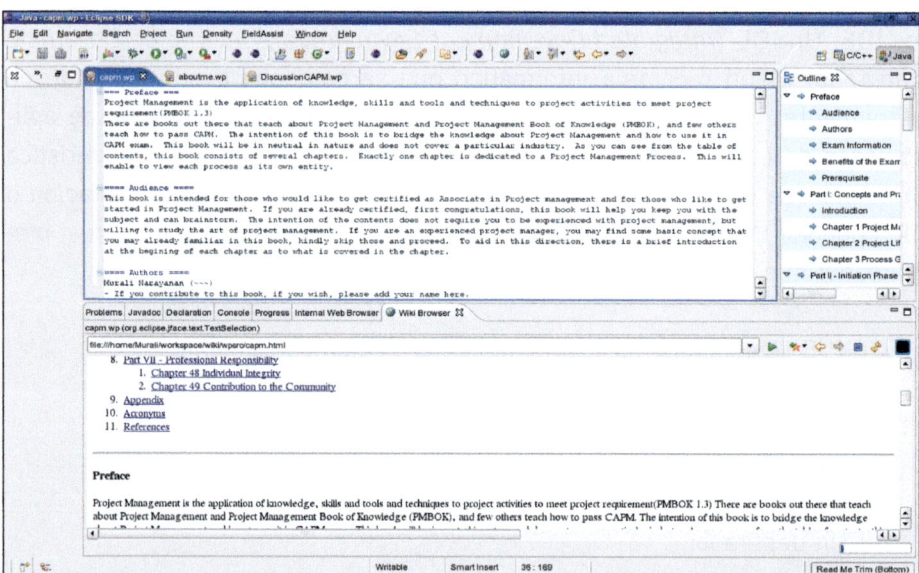

IDE Eclipse

- **Visual Studio:** IDE por excelencia de la familia de sistemas operativos *Windows.* Su característica principal es el soporte que ofrece de lenguajes de programación: C++, C#, Visual Basic .Net, F#, Java, Phyton, Ruby y Php. Es usado para crear aplicaciones, sitios y aplicaciones web por programadores.

Página del IDE Visual Studio en < https://visualstudio.microsoft.com/es/ >

- **Visual Studio Express:** IDE pensado y desarrollado para la utilización y el aprendizaje por parte de Microsoft. Ofrece puntos como: diseño de páginas web, características del diseño de webs, edición de código, desarrollo de *hosting,* depuración, controles, acceso a datos y servicios de aplicaciones integradas.

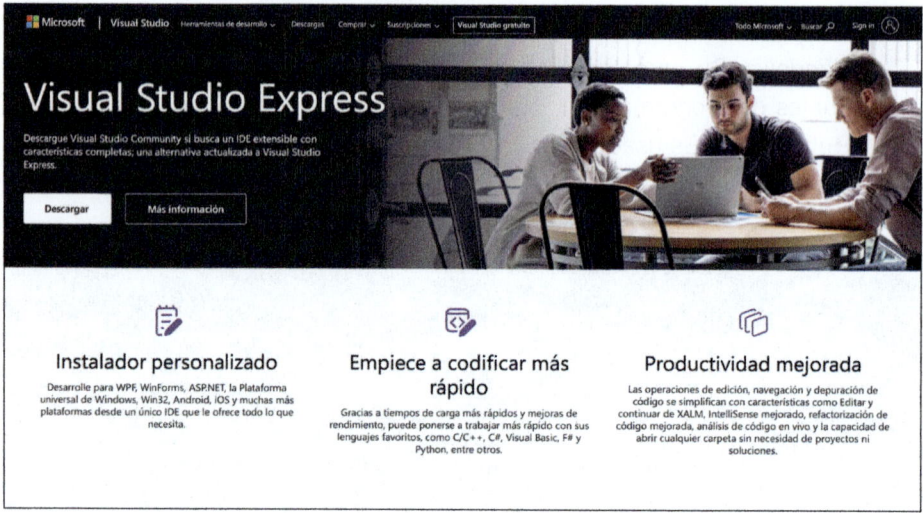

Página del IDE Visual Studio Express en < https://visualstudio.microsoft.com/es/vs/express/ >

■ **MonoDevelop:** es un IDE de código abierto para crear herramientas libres basadas en *GNU/Linux* y compatibles .NET. Dispone de: máquina virtual, biblioteca de clases, compilador de *C#*, compilador de Java, compilador de Python, etc.

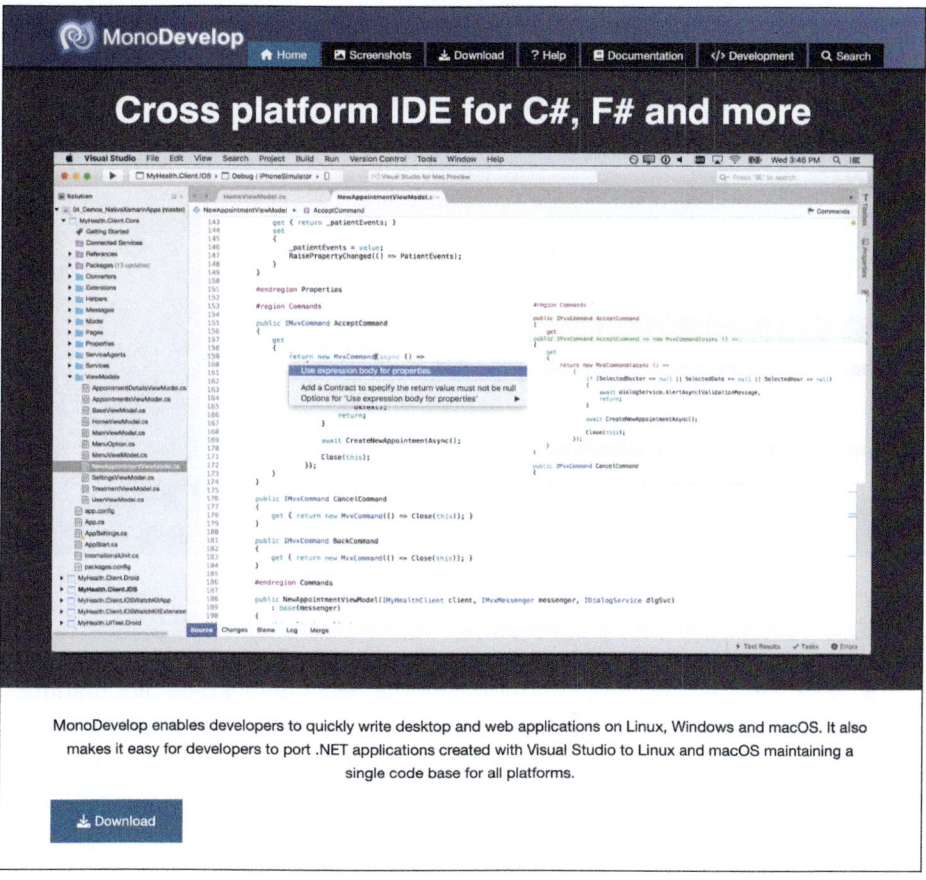

Página del IDE MonoDevelop en < https://www.monodevelop.com>

- **IntelliJ IDEA.** IDE que permite trabajar en grupo en tiempo real escribiendo, depurando y revisando el código mientras se escribe. Permite la gestión de proyectos GIT alojados en la plataforma GitHub directamente desde el IDE.

Página del IDE IntelliJ IDEA en <https://www.jetbrains.com/idea/>

- **NetBeans:** IDE orientado principalmente hacia el lenguaje de programación Java. Es un proyecto de código abierto y en constante crecimiento. Permite desarrollar componentes a partir de módulos (archivos Java que contienen clases predefinidas).

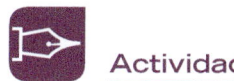

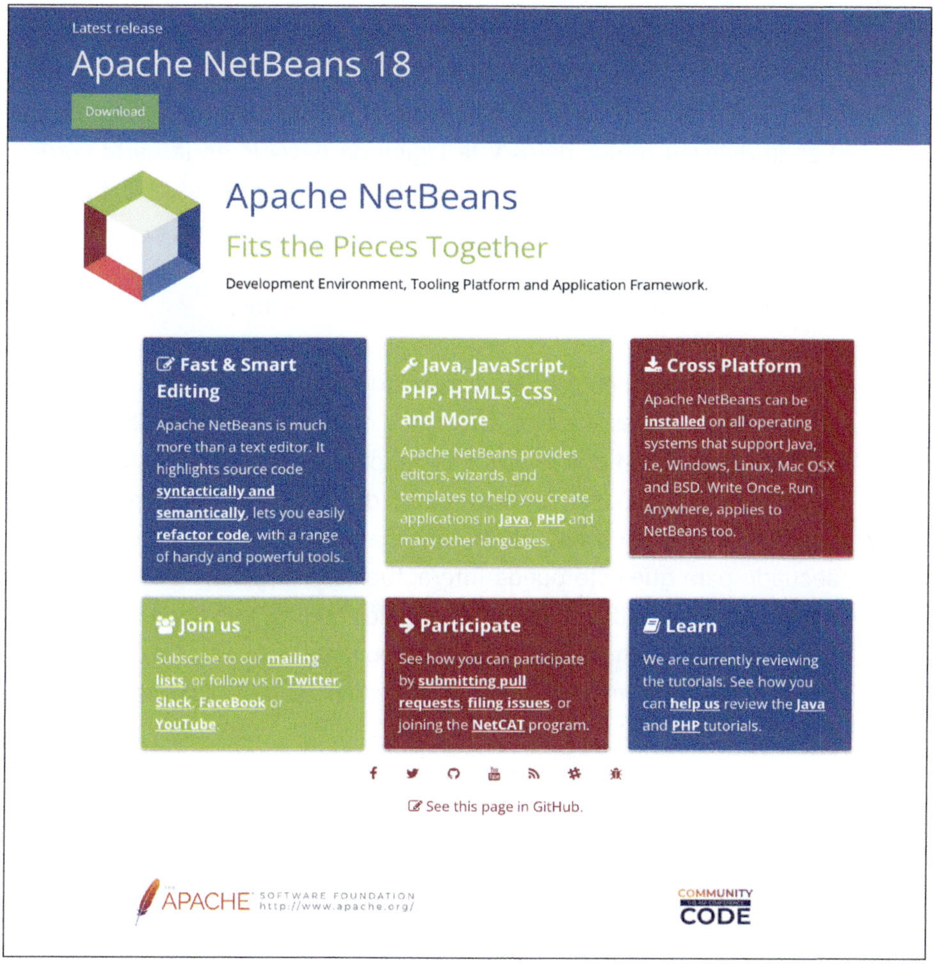
Latest release
Apache NetBeans 18
Download
Apache NetBeans
Fits the Pieces Together
Development Environment, Tooling Platform and Application Framework.
Fast & Smart Editing
Apache NetBeans is much more than a text editor. It highlights source code syntactically and semantically, lets you easily refactor code, with a range of handy and powerful tools.
Java, JavaScript, PHP, HTML5, CSS, and More
Apache NetBeans provides editors, wizards, and templates to help you create applications in Java, PHP and many other languages.
Cross Platform
Apache NetBeans can be installed on all operating systems that support Java, i.e, Windows, Linux, Mac OSX and BSD. Write Once, Run Anywhere, applies to NetBeans too.
Join us
Subscribe to our mailing lists, or follow us in Twitter, Slack, FaceBook or YouTube.
Participate
See how you can participate by submitting pull requests, filing issues, or joining the NetCAT program.
Learn
We are currently reviewing the tutorials. See how you can help us review the Java and PHP tutorials.
See this page in GitHub.
APACHE SOFTWARE FOUNDATION
http://www.apache.org/
COMMUNITY
CODE

Página principal de NetBeans

Actividades

2. Busque otros entornos IDE para desarrollar sus aplicaciones web que no hayan sido citados anteriormente y que sean de código abierto o libres.

2.1. Modelo Vista Controlador (MVC)

Es un modelo fundamentado en la arquitectura del *software* cuya misión principal es la división de los datos y la lógica de negocio en la parte correspondiente a la interfaz de usuario de una aplicación. Aparte, el MVC también se encargará de gestionar eventos y atender las comunicaciones.

Este modelo se compone de tres componentes distintos:

- **Modelo:** se corresponde con la información o datos que maneja el sistema, gestionando los accesos a esta. Se comunica con el componente vista para enviar la información que le solicite este para ser mostrada. Estas peticiones las hace el componente vista a través del componente controlador.
- **Vista:** encargado de presentar la información al usuario en un formato adecuado para que este pueda interactuar con aquella.
- **Controlador:** encargado de responder ante los eventos que se producen. Normalmente, suele comunicarse con el componente vista y con el componente modelo, haciendo como si fuera un intermediario entre ambos componentes.

Esquema Modelo Vista Controlador

1. El Usuario envía una petición al Controlador vía una URL
2. El Controlador solicita al Modelo los datos
3. El Modelo devuelve los datos
4. El Controlador selecciona una Vista
5. Se devuelve la Vista seleccionada al Controlador
6. El Controlador devuelve una Vista (página aspx) que carga los datos del modelo seleccionado.

Una vez que se conoce de qué se compone este modelo, se analizará cómo es su funcionamiento interno:

- El controlador se pone en comunicación con el modelo, modificándolo para que se ajuste a la petición solicitada por el usuario.
- El modelo devuelve los datos de la petición al controlador.
- El controlador dejará en el componente vista la obtención de los datos para que sean adaptados y presentados a la interfaz del usuario y esta a su vez los entregue de forma amigable al usuario.

Aunque inicialmente el MVC se desarrolló para aplicaciones de escritorio, fue ampliado para soportar el diseño e implementación en aplicaciones web a través de *frameworks* (tanto libres como de pago).

Una de las ventajas fundamentales que usar el Modelo Vista Controlador es que convierte la aplicación en un modelo modular fácil de entender a simple vista y de poder actualizar también. Al convertirlo en un modelo modular, se obtiene además la ventaja de poder modificar una parte de la aplicación sin que afecte al resto de la misma.

3. Herramientas de desarrollo web de uso común

Actualmente, se dispone de una gran cantidad de aplicaciones o Entornos de Desarrollo Integrado para poder llevar a cabo el diseño y la programación de las aplicaciones web. A la hora de escoger entre una u otra herramienta, habrá que tener presente las ventajas e inconvenientes que presenta, dado que es imposible decir qué herramienta es mejor que otra. A continuación, se verán las características y desventajas de las herramientas más usadas para el desarrollo de aplicaciones web:

- JavaScript.
- Microsoft SQL Server.
- Microsoft .Net.
- ASP.
- Oracle.
- PostGre SQL.

- DB2.
- XML.
- Java.
- MySQL.
- XHTML.
- CSS.
- Flash/ActionScript
- Php.

3.1. Características

A continuación, se verán las características de aquellas herramientas de desarrollo web que no se han desarrollado anteriormente, tales como:

- **ASP:** *Active Server Pages,* tecnología desarrollada por Microsoft del lado del servidor para la creación y desarrollo de páginas web dinámicas. Es de aspecto muy similar a *Visual Basic Script.*
- **Oracle:** junto con Microsoft una de las mayores compañías de comercialización de *software*. Dispone del *Oracle Developer Suite* y del *Oracle JDeveloper* junto con el *Oracle Designer* para poder desarrollar las aplicaciones web.
- **PostGre SQL:** se corresponde con un Sistema Gestor de Base de Datos relacional y orientado a objetos. Su característica fundamental es que es una herramienta libre mantenida por una comunidad llamada PGPD *(PostGre SQL Global Development Group).*
- **DB2:** producto perteneciente a la compañía IBM, que se corresponde con un motor de base de datos. De entre todas sus características, destaca que no pone límite al crecimiento de los archivos relacionados con la BD.
- **XHTML:** *extensible HyperText Markup Lenguage.* Se trata de un documento HTML pero expresado como XML.
- **Flash/ActionScript:** programa más conocido desarrollado por Adobe y que se basa en la creación y la modificación de gráficos vectoriales, y está totalmente orientado a la creación de contenido interactivo. *ActionScript:* lenguaje de programación desarrollado por Adobe y cuya principal característica es que se basa en la interactividad y la posibilidad de introducir animaciones de todo tipo (desde las más simples que se puedan imaginar

a las más complicadas que se puedan diseñar con esta herramienta). *Flash* es el programa con el que se diseñan las animaciones y *ActionScript* es donde se programa lo que tienen que hacer dichas animaciones.

- **Php:** lenguaje de programación del lado del servidor diseñado para el desarrollo de aplicaciones web con contenido dinámico. Normalmente el código Php es incorporado al documento HTML.

- **JSP:** *Java Server Pages* (Servidor de Paginas Java) permite crear páginas web dinámicas basadas en HTML, XML, etc. Es muy similar a *Php,* pero con ciertas peculiaridades.

3.2. Comparativa

A continuación, se pueden ver una serie de tablas donde se hacen comparativas:

	PHP	ASP	JSP
Sistema Operativo	*Linux*	*Windows*	*Linux*
Servidor	Apache	IIS	Tomcat
Memoria	128 Mb o más	128 Mb o más	256 o más

Tabla comparativa de la detección de fallos:

	PHP	ASP	JSP
Óptimo	No	No	Sí
No optimo	Sí	Sí	No

Porcentaje en encontrar un error y en clasificar dicho error:

	Error y ubicación	Tipo del error
PHP	90 %	15 %
ASP	55 %	46 %
JSP	95 %	93 %

Comparativa de la integridad de los datos:

	Windows	*Linux*
PHP	88 %	94 %
ASP	47 %	45 %
JSP	46 %	49 %

4. Políticas de desarrollo y pruebas de aplicaciones web

A la hora de realizar el desarrollo de una aplicación web, se va a pasar fundamentalmente por tres entornos:

- Entorno de desarrollo.
- Entorno de preproducción o pruebas.
- Entorno de producción.

Se partirá en el entorno de desarrollo con la creación de la aplicación web y se acabará en el entorno de producción haciendo uso los usuarios de la aplicación web desarrollada. Obviamente, entre medias se deberá comprobar la integridad de la aplicación mediante unas determinadas pruebas.

4.1. Entorno de desarrollo

Este entorno es el usado por los programadores de la aplicación web cuando hay una modificación en la misma (porque hay que añadir nuevas características o porque hay que aumentar su potencialidad) y poder solucionar los errores que se deriven de ella.

Cuando se desarrolla código como programador es muy difícil controlar al 100 % que la aplicación esté libre de errores. Lo más habitual es que durante su fase de diseño se vayan solucionando los problemas que se vayan detectando, pero cuando dicha aplicación está siendo usada por los clientes serán estos los que reportarán los problemas que presenta y se necesitará (o no) modificar la aplicación en este entorno.

Cualquier Entorno de Desarrollo Integrado (IDE) que se utilice suele incorporar este entorno, dado que es el mismo desde el cual se diseña o codifica la aplicación.

 Importante

Conocer a fondo el entorno de trabajo con el que se desarrolla el proyecto es vital a la hora de realizar el trabajo más rápida y cómodamente.

4.2. Entorno de preproducción o pruebas

Este entorno es usado para poder ejecutar de forma automática las pruebas unitarias a la aplicación web que se está desarrollando. Las pruebas unitarias garantizan o no el correcto funcionamiento de la aplicación. Para que una prueba unitaria se considere válida, tiene que cumplir una serie de requisitos, tales como:

- **Ser automatizable:** debería realizarse la prueba sin necesidad de que sea intervenida por nadie.
- **Ser completa:** lo ideal es cubrir todo el código que hay que probar y no dejar nada de código sin comprobar.
- **Posibilidad de ser reutilizable:** no hay que diseñar pruebas que solo puedan ejecutarse una vez; lo ideal es programar pruebas que puedan ser probadas muchas veces para asegurarse de su correcto funcionamiento al máximo posible.
- **Independiente:** debe llegar hasta el final pase lo que pase, no puede pararse al principio de la prueba por detectar un error; el error se anotará y se presentará al final por medio de un archivo log o algún otro método válido.

■ **Profesional:** las pruebas han de diseñarse de la misma forma que el código fuente, con sus anotaciones, comentarios, documentación, etc., para que puedan ser usadas en un futuro.

4.3. Entorno de producción

Este entorno es el que van a utilizar los usuarios para los que se diseña la aplicación web, es decir, en otras palabras, será el entorno donde se ejecute la aplicación. Es muy importante que cuando se diseña la aplicación web se tengan en cuenta los errores que pueden producirse de cara a los usuarios, para que cuando se produzca uno de ellos, en vez de mostrar información sobre el error (normalmente en inglés y con comentarios de los cuales el usuario tiene pocos conocimientos), se pueda personalizar mediante un error amigable para el usuario.

Desde el entorno de producción es de donde va a llegar información importantísima sobre la aplicación, información sobre todo relacionada con problemas o fallos (unas veces será porque los usuarios no hacen bien o de forma correcta las tareas y otras veces será porque es un fallo que no ha sido detectado y por lo tanto correrá de parte del programador o desarrollador su detección y su resolución lo antes posible).

A continuación, puede verse una imagen en la que se resumen los tres entornos que vistos anteriormente.

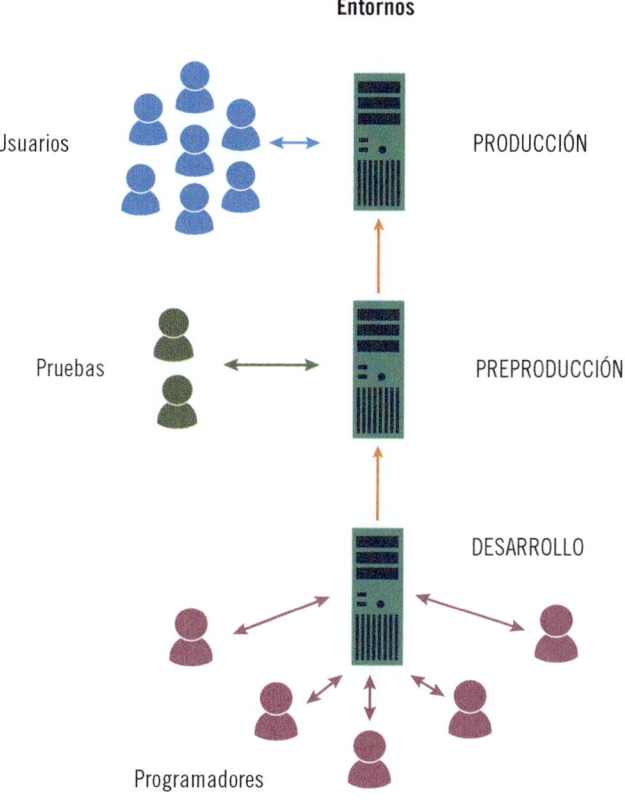

Entornos

5. Organización de recursos en una aplicación web
===

5. Organización de recursos en una aplicación web

A continuación, se van a ver los recursos que hay disponibles para realizar una web y sus principales características. Estos recursos son:

- Programas.
- Hojas de estilo.
- Ficheros de configuración.
- Imágenes.
- Documentos
- Bibliotecas de componentes o librerías.
- Otros archivos.

La organización de la aplicación web va a ser exactamente igual a la que se está acostumbrado a ver cuando se accede al disco duro de cualquier ordenador: en forma de archivos y carpetas de forma jerarquizada (es decir, depende todo de una raíz o nodo principal desde el cual van colgando las carpetas, con más carpetas y/o archivos en su interior, y los archivos).

5.1. Programas

Un programa es un conjunto de instrucciones que se ejecutan en el ordenador para resolver una determinada tarea o programa. Normalmente, los programas son diseñados por los programadores a través del uso de un código fuente que es introducido en un determinado lenguaje de programación, procediendo a la compilación del código para obtener el programa que resuelva la tarea.

El código anterior puede ser de dos tipos: imperativo (conjunto de instrucciones que indican al ordenador cómo resolver el problema) o declarativo (conjunto de instrucciones que se ejecutan secuencialmente para obtener la solución a la tarea a resolver). Normalmente, los programas se pueden distribuir por cualquier parte de la aplicación web.

```
public class CalculoCuadrado1{
    void MostrarMensaje(){
        System.Console.WriteLine("Has calculado el cuadrado de un numero");
    }
    int CalcularCuadrado(int numero){
        int cuadrado;
        cuadrado=numero*numero;
        return cuadrado;
    }
    public static void Main(string[] args){
        CalculoCuadrado1 cc=new CalculoCuadrado1();
        int resultado=cc.CalcularCuadrado(15);
        System.Console.WriteLine(resultado);
        cc.MostrarMensaje();
        System.Console.WriteLine("FIN DEL PROGRAMA");
        System.Console.ReadLine();
    }
}
```

Ejemplo de código programado en C#

5.2. Hojas de estilo

Las hojas de estilo, también conocidas como CSS, aparecieron en torno a 1996 y su uso fundamental era para almacenar las características de presentación de las páginas que contenían grupos de elementos. Por ejemplo: un uso de hojas de estilo es poder configurar los títulos de la aplicación web con: Negrita, Subrayado y fuente Arial a 14 puntos.

Las CSS surgen de la necesidad de ampliación del HTML en cuanto a la presentación y diseño de páginas se refiere. Las hojas de estilo pueden definir múltiples hojas y los estilos pueden aplicarse a todas las páginas que compongan un sitio web. Normalmente, el uso de CSS se asocia a los siguientes puntos:

- Obtención de una apariencia estándar y uniforme en toda la aplicación web.
- Posibilidad de cambiar el aspecto del sitio web simplemente modificando cuatro aspectos básicos de la CSS.
- Legibilidad del código HTML; las hojas de estilo se definen aparte del código HTML.
- Al contener el documento HTML menos código y elementos, se hace mucho más rápida su carga por parte del cliente.

 Recuerde

Trabajar con hojas de estilo permite cambiar la interfaz gráfica de la aplicación web con un trabajo mínimo a diferencia de si no se usaran las hojas de estilo.

A continuación, se va a ver la sintaxis fundamental de un documento CSS. Cualquier documento CSS se va a caracterizar por contener dos elementos principalmente:

- **Selector de tipo:** indica a qué etiquetas del documento tiene que aplicar la hoja de estilo los estilos.
- **Declaración de estilo:** normalmente va definida entre paréntesis o llaves y sirve para especificar el estilo que hay que aplicar a los elementos seleccionados. Dentro de esta declaración se pueden encontrarnos a su vez dos elementos:

  - **Propiedades:** se caracterizan porque a continuación de la propiedad se incluye el símbolo ":".
  - **Valores:** son valores que se asocian a una o más propiedades separados por comas "," y el último elemento acaba con un ";".

Véase la siguiente sintaxis:

```
a { font-family: Verdana;}
```

Donde: selector: a; Declaración: todo lo encerrado entre { }, la propiedad se corresponde con "font-family" y el valor con "Verdana". Con la sintaxis anterior lo que se está haciendo en una hoja de estilo es indicar que a los hipervínculos (enlaces) que aparezcan (identificados con la etiqueta en HTML <A>) hay que aplicarles un formato de texto Verdana.

Las hojas de estilo se pueden almacenar en cualquier lugar disponible en el sitio web, aunque lo más común y usado es crearse una carpeta llamada "estilos" y guardar en ella todos los estilos que se aplican al sitio web (así están todos agrupados y disponibles para modificarlos en un par de clics de ratón). En la siguiente imagen, puede verse un ejemplo de hoja de estilo, la cual se aplica directamente sobre el cuerpo *(body)* de un documento HTML.

```
<!DOCTYPE html PUBLIC "-//W3C//DTD XHTML 1.1//EN">
<html>
  <head>
    <title>hoja de estilo interna</title>
    <style type="text/css">

      body {
        padding-left: 11em;
        font-family: Georgia, "Times New Roman", serif;
        color: red;
        background-color: #d8da3d;
      }

      h1 {
        font-family: Helvetica, Geneva, Arial, sans-serif;
      }

    </style>
  </head>
  <body>
    <h1>Aquí se aplicará el estilo de letra para el Título</h1>
  </body>
</html>
```

Ejemplo de hoja de estilos SS

A continuación, puede verse el código correspondiente a un fichero que contiene una definición de hoja de estilos:

```
P
{
    font-size : 12pt;
    font-family : arial,helvetica;
    font-weight : normal;
}
H1
{
    font-size : 36pt;
    font-family : verdana,arial;
    text-decoration : underline;
    text-align : center;
    background-color : Teal;
}
TD
{
    font-size : 10pt;
    font-family : verdana,arial;
    text-align : center;
    background-color : 666666;
}
BODY
{
    background-color : #006600;
    font-family : arial;
    color : White;
}
```

Como puede observarse, en la hoja de estilos se han codificado un párrafo (<p>), un encabezado (<h1>), una celda de una tabla (<td>) y el cuerpo principal del documento (<body>). A continuación, se va a ver el fichero HTML que hace uso de esta hoja de estilos:

```
P
<html>
<head>
 <link rel="STYLESHEET" type="text/css" href="estilos.css">
 <title>P&aacute;gina que trabaja con los estilos</title>
</head>
<body>
<h1>P&aacute;gina que lee estilos</h1>
Esta p&aacute;gina tiene en la cabecera la etiqueta necesaria
para enlazar con la hoja de estilos. Es muy f&aacute;cil.
<br>
<br>
<table width="300" cellspacing="2" cellpadding="2" border="0">
<tr>
    <td>Esto est&aacute; dentro de un TD, luego tiene estilo
propio, declarado en el fichero externo</td>
</tr>
<tr>
    <td>La segunda fila del TD</td>
</tr>
</table>
</body>
</html>
```

Como puede observarse, en la línea <link rel="STYLESHEET" type="text/css" href="estilos.css"> lo que se hace es incluir la hoja de estilos primera, que se ha guardado con el nombre "estilos.css" para que, cuando localice establezca los estilos definidos en la hoja de estilos CSS a cada uno de los elementos HTML.

Actividades

3. Realice una hoja de estilos de tal forma que:

- \<h1> tenga los siguientes estilos:
  tamaño: 36pt;
  fuente : verdana,arial;
  estilo fuente : tachado;
  alineación : centrado;
  color de fondo : verde;
- \<body> tenga los siguientes estilos:
  color de fondo: #006600;
  fuente : arial;
  color : blanco;
  tamaño: 24pt;
  alineación: justificado.

Guárdela con el nombre miestilo.css.

4. Cree un documento web en HTML que use el estilo anteriormente creado en dicho documento. En el cuerpo puede cortar y pegar información de Internet (del documento HTML). Inserte al menos 3 comentarios bajo \<h1> y dos bajo \<h2> para ver la diferencia.

Aplicación práctica

Modifique la sintaxis anterior (a { font-family: Verdana;}) para que tenga 18 píxeles de tamaño la tipología sea Verdana, en negrita y en color amarillo.

Continúa en página siguiente >>

<< Viene de página anterior

SOLUCIÓN

La sintaxis para resolver la actividad practica queda tal y como se ve a continuación:

```
a { font-family: Verdana; font-size: 18px;
    font-style: bold; color: yellow }
```

En la sintaxis anterior, puede verse cómo se ha ampliado la hoja de estilos indicando mediante la propiedad "font-size" un tamaño de letra a 18 píxeles; con la propiedad "font-style" se logra ponerla en negrita y con la propiedad "color" se establece el color de la letra.

5.3. Ficheros de configuración

Los ficheros de configuración de una aplicación web van a depender totalmente del lenguaje de programación o del IDE en el que se ha desarrollado la aplicación web. No serán los mismos ficheros de configuración para un entorno ASP que para un entorno PHP o un entorno Java, cada cual definirá una serie de ficheros de configuración con sus respectivos nombres y sus características particulares.

Para ASP junto con Visual Studio, está el fichero "web.config", que es el encargado de gestionar la configuración del sitio web. Dicho fichero al fin y al cabo es un documento XML que contiene información de configuración de la aplicación web, que se encarga de controlar la carga de los módulos, de las configuraciones de seguridad, configuraciones del estado de la sesión de un usuario, opciones de compilación y el lenguaje de la aplicación asociado. También es común que el fichero "web.config" incluya información referente a la conexión con la base de datos que se usa en la aplicación web (si se usa).

La estructura básica de un archivo "web.config" se puede ver a continuación.

```
<configuration>

        <configsection>
          <sectiongroup>
          </sectiongroup>
        </configsection>


        <system.web>
        </system.web>

        <connectionStrings>
        </connectionStrings>

        <appSettings>
        </appSettings>
</configuration>
```

Estructura de archivo web.config

Si se observa el ejemplo anterior, es muy parecido a un documento HTML, pero con otras etiquetas. Todo el contenido está encajado entre <configuration> y </configuration>, que marcan el principio y el fin del documento "web. config" y además contendrán todos los elementos que individualmente se pueden configurar en él.

Además, aparecen también las etiquetas:

- **<configSections></configSections>:** permite especificar las declaraciones de las secciones de configuración y controladores.
- **<sectionGroup></sectionGroup>:** indica un elemento en particular, su configuración y quién controla el elemento.
- **<system.web></system.web>:** es el elemento raíz y contiene otros elementos de configuración de la aplicación web y qué controlar en comportamiento de los elementos.
- **<connectionStrings></connectionStrings>:** este elemento contiene un conjunto de cadenas de conexión a las bases de datos (en forma de par y valor).
- **<appSettings></appSettings>:** este elemento contiene información personalizada sobre la aplicación web (rutas de acceso a archivos, direcciones URL, etc.).

El archivo "web.config" en realidad es un archivo con codificación XML.

 Actividades

5. Busque en MSDN *(Microsoft Developer NetWork)* los principales atributos de los siguientes elementos (ayudarán a personalizar aún más la configuración de la aplicación web):

- configSections.
- system.web.
- connectionStrings.
- appSettings.

5.4. Imágenes

Lo normal a la hora de diseñar el sitio o aplicación web es echar mano de imágenes para tener una mejor presencia del sitio web o bien para que el concepto que se explica mediante palabras se pueda comprender mucho mejor con el apoyo de una imagen.

Lo habitual es crear dentro de la aplicación o proyecto web una carpeta en la cual se irán almacenando las imágenes que van ser usadas en la aplicación, de tal forma que cuando una página necesite de una imagen se acudirá al directorio donde están almacenadas y se hará uso de ella mostrándola por pantalla al cliente.

A continuación, puede verse una imagen del **Explorador de soluciones** en el cual se puede observar cómo está estructurada dicha aplicación web, y cómo se ha definido una carpeta llamada **Images,** en la cual se irán almacenando las imágenes que usa la aplicación web.

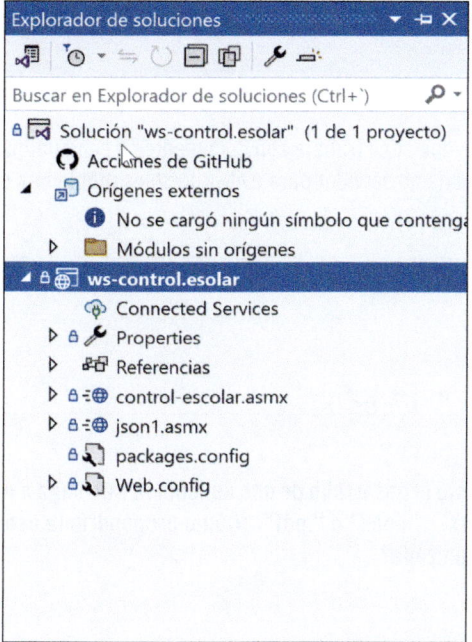

Ejemplo del explorador de archivos con las carpetas de los recursos.

En cuanto al tipo de imágenes que es posible usar por su extensión, los Entornos de Desarrollo Integrado suelen dar soporte a todo tipo de imágenes (JPG, BMP, PNG, WEBP, etc.), pero lo ideal es usar la extensión ".png" (por su mayor comprensión de la imagen y porque está enfocada al manejo de imágenes en Internet) con una comprensión más o menos equilibrada.

5.5. Documentos

Dado que los Entornos de Desarrollo Integrado soportan trabajar con casi cualquier documento es muy útil, sobre todo cuando se trabaja con dichos documentos, añadirlos a la aplicación web (bien colgándolos directamente en el espacio de ficheros o bien organizándolos a través de carpetas).

Un documento de *Word,* de *Excel,* un PDF, un archivo de texto que codifica un *script,* un *script* en sí mismo, un archivo ".css", pueden ser claros ejemplos de documentos que se necesiten incluir en la aplicación.

Recuerde

Es muy importante que si se trabaja con documentos o con cualquier otro tipo de archivo se almacene en el mismo servidor para evitar posibles problemas de seguridad.

Aplicación práctica

Imagine que durante el desarrollo de una aplicación web llega a un punto donde trabaja con archivos ".xlsx", ".docx" o ".pdf". ¿Cómo propondría la estructura de directorios de una forma organizada?

SOLUCIÓN

Dado que se va a estar trabajando con archivos que tienen diferentes extensiones, a primer golpe de vista podría pensarse en almacenarlos directamente en la raíz de la aplicación. Lo malo de optar por esta solución es que se tendrán probablemente muchos archivos y para localizar uno en concreto sería un caos.

Lo ideal sería crearse una carpeta donde almacenar los archivos con extensión ".xlsx", otra para los ".docx" y otra para los ".pdf", así, además de tenerlos organizados, se pueden ir dando permisos a las carpetas en el caso de que hiciera falta.

5.6. Bibliotecas de componentes (librerías)

En informática se entiende por biblioteca o librería un conjunto de funcionalidades extra que se ofrecen ya diseñadas para poder usarlas en un determinado lenguaje de programación, el cual ofrece una interfaz adecuada para el uso de las bibliotecas o librerías. Obviamente, una librería que ha sido diseñada por ejemplo para el lenguaje de programación Java no es posible usarla en el lenguaje de programación C#; cada lenguaje desarrolla sus propias librerías o bibliotecas.

Hay que anotar que las bibliotecas o librerías, a diferencia de los programas que se desarrollan con los lenguajes de programación, no pueden ser ejecutadas (son una mochila auxiliar al lenguaje de programación que ofrece ciertas funcionalidades para ahorrar fundamentalmente tiempo de diseño). Actualmente, se puede considerar que hay dos tipos de bibliotecas:

- **Estáticas:** archivo que contiene fragmentos de código ya compilados y que son enlazados durante el proceso de compilación de un código fuente en cualquier lenguaje de programación.
- **Dinámicas:** a diferencia de las estáticas, estas pueden ser requeridas y cargadas por cualquier programa en ejecución (en lugar de tener que ser enlazadas en tiempo de compilación).

Obviamente, al igual que las imágenes (e independientemente de si la librería es estática o dinámica) lo ideal sería, si la aplicación web usa estas librerías, crear una carpeta en el proyecto que las contenga todas, de tal forma que puedan usarse con independencia.

 Nota

Las bibliotecas de componentes o librerías contendrán código ya programado para poder usarlo en las aplicaciones.

5.7. Otros archivos

En la aplicación web, puede ser que internamente se generen archivos de seguimiento (por ejemplo los ".log", que van indicando los pasos que un usuario ha ido desarrollando) o bien determinados archivos para aplicar una determinada configuración a un usuario.

Tal y como se dijo anteriormente, lo mejor es clasificarlo todo en carpetas y aplicar la seguridad que se tenga que dar a cada una de ellas, para no dejar que los documentos estén libremente dispersos por la aplicación web.

Aplicación práctica

Imagine que está desarrollando una aplicación en la que por cada usuario que se registra se guarda una ficha de él (con sus datos principales, la hora de conexión, de desconexión, los usuarios que consultan, etc.). ¿Qué organización propondría?

SOLUCIÓN

En una primera aproximación, se puede pensar en crearse una carpeta llamada usuario y, como el nombre de usuario identifica a cada usuario, puede crearse un fichero para cada usuario con su nombre de usuario y guardar ahí la información que corresponda.

Otra solución es implementar una base de datos e ir almacenando ahí, en el registro correspondiente al usuario (que puede ser gestionado por una llave en nombre de usuario), los datos que se piden.

6. Seguridad en una aplicación web

Dado que la aplicación que se desarrolle estará orientada a trabajar en un entorno de red (Internet, Intranet o Extranet), hay que poner especial atención en la seguridad. En este tema, se prestará un especial cuidado, dado que no es conveniente ni quedarse demasiado corto en seguridad ni tampoco sobrepasarse con la seguridad del sitio web, sino que hay que implementar realmente las necesidades que tendrán los usuarios.

6.1. Niveles de seguridad. Estándares

Cuando se habla de niveles de seguridad, se está haciendo referencia a ver la seguridad desde el punto de vista de:

- **Cliente/usuario:** dentro de este punto de vista, hay que tomar precauciones con:

  - **Códigos móviles:** códigos que pueden circular por la red, a través de correo electrónico, ejecutarlos un navegador o estar incluidos en documentos HTML. Estos códigos recogen información sobre los usuarios y/o sistemas y la remiten remotamente a otra máquina.
  - **Lenguajes de macro:** las macro son pequeños programas creados para la familia *Office* de Microsoft (pero implantados por otros fabricantes) que automatizan un determinado comportamiento de este paquete. Un ejemplo claro fue *Melissa* para *Word* a finales de 1999.
  - **JavaScript:** uno de los puntos a tener en cuenta con JavaScript es cuando se usa para diseñar servicios de correo web, dado que se puede recibir un mensaje con código peligroso y, al abrirlo, se tiene el problema en el servidor de correo.
  - **Controles ActiveX:** se basan en el uso de certificados digitales para garantizar la seguridad.

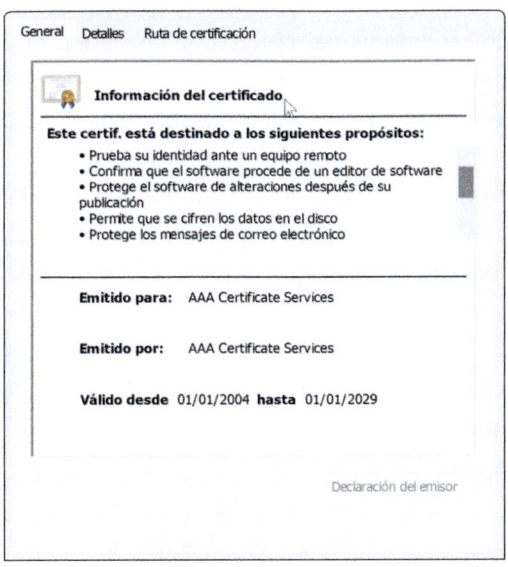

Ejemplo de información de certificado en Windows

▪ **Applets de Java:** hay que prestar mucha atención a la creación de hilos, dado que pueden seguir ejecutándose en el equipo aunque se cierre al navegador, y pueden tener acceso al sistema de ficheros completo.

■ **Servidor:** en este nivel, deberá prestarse atención a aspectos como:

▪ **Lenguajes de servidor:** todos los lenguajes aportan muchas funcionalidades extra que HTML no puede, pero no por ello hay que usarlas todas, sino únicamente las que necesite la aplicación web y sobre todo seguir unas reglas de programación. Prestar especial atención al código fuente de la aplicación web, intentando siempre que sea posible aislarlo de la aplicación para que nadie (que no deba) pueda visualizar dicho código.

▪ **Servidor web:** cuando se está diseñando la aplicación, en la fase de la programación de la misma, se suelen incluir muchas funciones o potencialidades que luego realmente no se usan. Es muy recomendable la eliminación de estas funciones o potencialidades. Además, habrá que establecer los permisos adecuados a los ficheros y sobre todo tener especial cuidado si se tienen enlaces externos a la aplicación web.

▪ **Servidor de base de datos:** usar una base de datos en un medio como Internet significa tener siempre disponible información sensible y confidencial. Nadie garantiza que alguien descubra los credenciales de un usuario o que haga una Inyección SQL (modificación dinámica del código SQL). Es muy importante tener en cuenta los permisos de los usuarios y que en la medida de lo posible solo haya un administrador del servicio de base de datos. También es recomendable el cifrado de datos en la propia base de datos, así como intentar validar las instrucciones SQL antes de que sean recibidas por la base de datos.

■ **Aplicación:** dentro de este nivel, habrá que prestar atención a conceptos como:

▪ **Control de acceso:** basado fundamentalmente en la identificación y autentificación, las cuales se van a ver en profundidad más adelante.

▮ **Validación de datos de entrada:** uno de los errores más comunes a la hora de diseñar aplicaciones web es no tener en cuenta los datos que se reciben de los usuarios, sino simplemente almacenarlos en la base de datos. Ante esta situación, se está en peligro de sufrir inyecciones. Lo más conveniente es analizar los datos que se reciben del usuario antes de su almacenaje en la base de datos. Los datos siempre deben ser validados en el servidor y nunca en el cliente o usuario.

▮ **Programación segura:** siempre que se programe, se deben tener en cuenta las posibles vulnerabilidades que se pueden ir dejando en el código sin ser consciente de ellas. Por eso, siempre que sea posible, hay que cumplir con las reglas de programación: inicializar variables, no usar variables de forma ilegal, gestionar los errores, proteger la información, etc.

■ **Comunicación:** obviamente, se va a tener una comunicación usuario/servidor o servidor/usuario y se van a enviar y recibir entre ambos datos sensibles y confidenciales. La mejor opción de todas es usar un protocolo seguro para poder mover esos datos entre el usuario y el servidor. Dentro de todos los protocolos seguros que se pueden usar en la red, el más usado e implementado de todos es SSL *(Secure Socket Layer)*.

 Actividades

6. Obtenga información referente a la Inyección HTML.
7. Consulte cómo se puede hacer una Inyección al Sistema Operativo.
8. Realice un esquema conceptual de los niveles de seguridad que hay disponibles.

6.2. Conceptos y técnicas de identificación, autenticación y autorización o control de acceso

Se entiende por identificación el instante en que un usuario procede a validarse (identificarse) frente a un sistema web para que permita su acceso al mismo. Las técnicas que normalmente se usan para proceder con una identificación de usuario es usando formularios o ventanas en las que el usuario introduce sus credenciales (nombre de usuario, dirección de correo electrónico o cualquier otro identificador y la contraseña asociada al identificador anterior) y cuando pulsa el botón de enviar dichos credenciales (nombre de usuario o correo electrónico y contraseña) son comprobados por el servidor internamente (normalmente comprueba los datos que el usuario introduce en el formulario con los que la aplicación web tiene almacenados internamente en una base de datos).

Se entiende por autentificación el momento en que se realiza una comprobación por parte del sistema sobre la identificación del usuario, para validar que es correcta y darle paso al sistema web.

Se entiende por control de acceso el momento o instante en que el sistema concede los permisos determinados al usuario en concreto para que pueda acceder bien al sistema web o bien a sus recursos (obviamente, como se está en un control de acceso, los sistemas suelen almacenar en ficheros ".log" el control que realizan sobre el recurso al que dan acceso). El control de acceso se basa en los conceptos de: identificación, autentificación y autorización.

 Consejo

Si se diseñan aplicaciones web que requieran control de acceso de usuarios, no estaría de más clasificar a los tipos de usuario que hay en el sistema: usuarios o clientes, administradores, mantenimiento, etc.

La autentificación se ha definido como el proceso de saber si un usuario dice ser quien es para poder darle acceso al sistema. Esto se puede realizar de dos formas:

- **Autentificación HTTP:** cuando un usuario requiere acceso a un sitio o página protegida, el servidor devuelve un código "HTTP/1.1 401 Authorization required" indicándole al usuario que proceda a usar su usuario y su contraseña. Cuando se pulsa el botón para enviar el usuario y la contraseña, el servidor comprueba si son correctos y, en caso de ser así, da acceso al usuario al sitio o página protegida.

Autentificación basada en HTTP

- **Autentificación basada en la aplicación:** en este caso, es la propia aplicación alojada en el servidor la que implementa (previa programación por parte de los programadores) los mecanismos de autentificación para el usuario, normalmente apoyándose en el uso de formularios para que el usuario pueda demostrar que es él y obtener acceso al sistema. A diferencia de la anterior, es mucho más costosa de implementar, pero mucho más flexible, permitiendo establecer diferentes permisos entre usuarios y niveles de acceso. Los datos, normalmente, son guardados en una base de datos que luego se consulta para saber si es el usuario correcto o no.

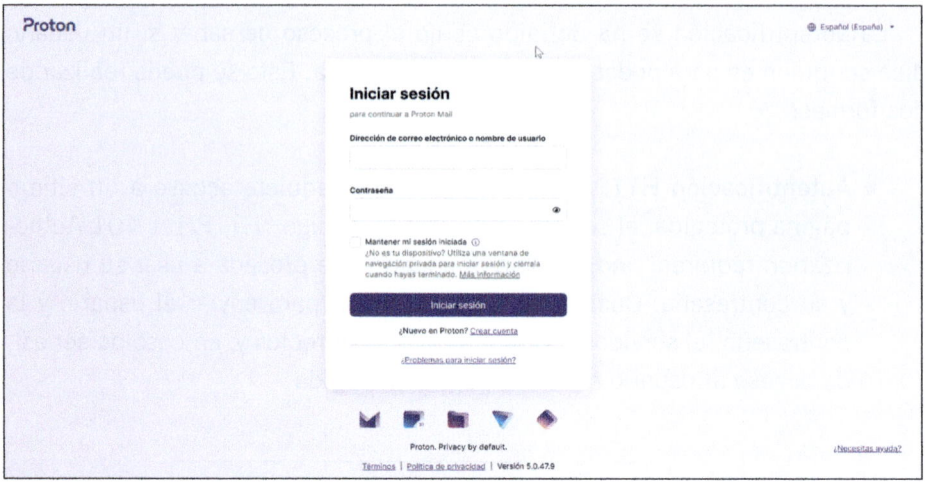

Ejemplo de sitio web con autentificación basada en aplicación

 Actividades

9. Realice un listado con tres sitios que usen autentificación HTTP.
10. Busque tres sitios que usen autentificación basada en la propia aplicación.

Actualmente, se están desarrollando otras técnicas de identificación de usuarios basadas la mayoría de ellas en la biometría. La biometría se basa en estudiar métodos automáticos para tratar de reconocer únicamente a un humano a través de uno de sus rasgos de conducta o bien físicos. Para lograr lo anterior, se emplean las matemáticas y la estadística. La huella dactilar, la retina, el iris, las pecas o manchas en la piel/cara, etc., son muchas de las técnicas en las que se basa la biometría.

Hoy en día, son muchos los equipos personales que incorporan *hardware* biométrico, por ejemplo un dispositivo *hardware* que reconocer las huellas dactilares (parecido a lo que se hace para obtener por primera vez el DNI o cuando se va a renovar), llamado lector de huella dactilar o también se apoyan en el uso de la *webcam* para ofertar el reconocimiento facial (aunque el *software* deja mucho que desear).

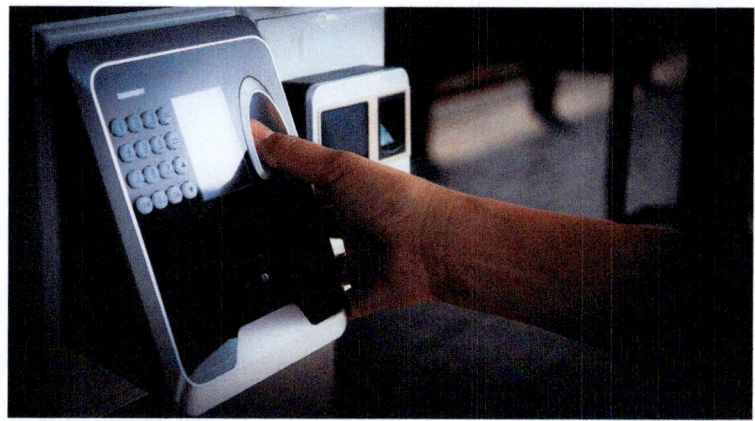

Lector de huellas digital USB

6.3. Identificación y autentificación avanzadas. Certificados digitales

Por identificación se entiende el proceso en el que el usuario se acredita ante un sistema para ser quien dice ser. Autentificación es comprobar que el usuario es quien dice ser. Cuando se habla de identificación y autentificación avanzadas, se hace referencia a usar herramientas tales como:

- **DNI electrónico:** documento emitido por una autoridad oficial (en España corresponde a la Dirección General de la Policía la expedición del DNIe) para permitir la identificación de personas virtualmente. Su diseño es parecido a una tarjeta de crédito y tiene un microchip que es el que permite firmar digitalmente los documentos en Internet.
- **Certificados electrónicos:** también conocidos como certificados digitales. Documento firmado electrónicamente por un prestador de servicios de certificación (por ejemplo la Fábrica Nacional de Moneda y Timbre), el cual vincula ciertos datos de verificación de firma a una persona y así confirma su identidad.

DNI electrónico y Certificado Digital

Para el DNIe, se puede consultar la siguiente dirección www.dnielectronico.es y ver los pasos para poder solicitarlo. Imagínese que se es trabajador en activo y que se quiere realizar la campaña de la renta correspondiente; mediante un DNIe o bien un certificado emitido por una autoridad correspondiente es posible autentificarse y realizar ciertas operaciones ante la Agencia Tributaria.

En el caso del certificado, es posible tenerlo de dos formas:

- En forma de tarjeta (similar a la del DNIe), en cuyo caso se introducirá en el lector de tarjetas correspondiente y se procederá a la identificación/autorización.
- En caso de tener un certificado *software,* habrá que proceder a instalarlo en el navegador que se use para que este pueda reconocerlo y hacer uso de él. Por ejemplo, para el caso de *Mozilla Firefox* dentro de **Ajustes → Privacidad y Seguridad → Certificados → Ver certificados,** y ahí se almacenan e importan los certificados de *software* a dicho navegador.

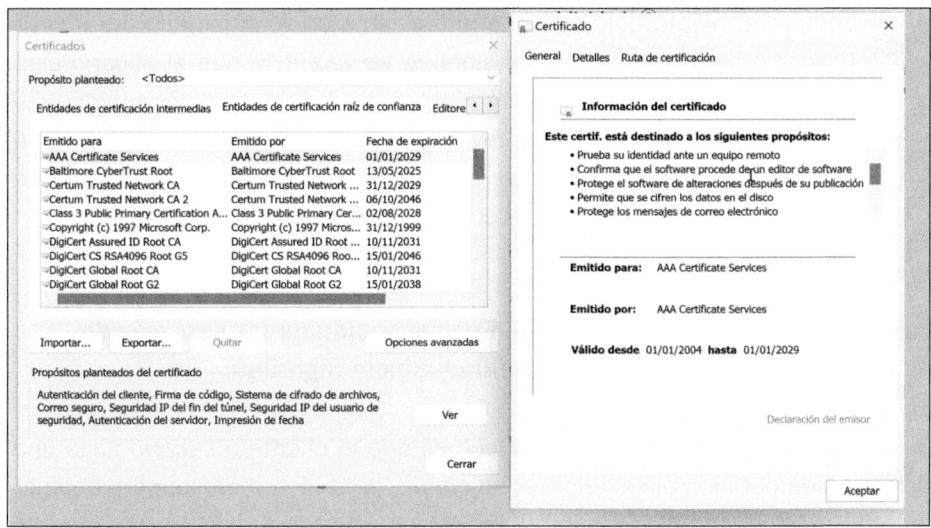

Certificados dentro del navegador Microsoft Edge

6.4. Concepto de sesión. Conversación de sesiones

Se entiende por sesión el tiempo de una conexión a un sistema o red particular. Normalmente, se lleva a cabo entre un usuario y un servidor, debiendo el usuario introducir un nombre de usuario y una contraseña válidos para poder iniciar sesión en el servidor (a este proceso se le suele denominar *login).*

Obviamente, antes de que un usuario pueda iniciar sesión debe registrarse conforme a las especificaciones que le ofrezca el servidor. Esto es debido a que en el momento de registro es cuando el servidor almacena en su sistema de almacenamiento (aparte de más información del usuario) su nombre de usuario y su contraseña de acceso al servidor; así, la próxima vez, puede iniciar sesión si usa ese nombre de usuario y esa contraseña almacenada en el servidor.

Cuando se inicia una sesión, se producen los siguientes pasos:

- El usuario se autentifica ante la aplicación y se asocia al usuario un identificador de sesión.

- Cada movimiento del usuario en el sistema es acompañado del identificador de sesión, con lo cual siempre se garantiza que el usuario está autentificado en el sitio.

- Este identificador de sesión es almacenado en forma de *cookie* en la máquina del usuario o cliente; solo se almacena este dato, el resto de datos son almacenados en el servidor.

6.5. Sistemas de uso común para la conversación de las sesiones en aplicaciones web. Single Sign-On y Single Sign-Out

Lo más normal en un aplicación web es que el cliente o usuario haga una determinada petición al servidor (por ejemplo: para identificarse, para obtener un determinado listado, para imprimir, etc.) y este toma nota del trabajo que ha pedido el cliente para procesarlo internamente y cuando tenga los resultados se los devuelve al cliente.

Cada vez que ocurre esta situación, se produce el concepto de sesión (tiempo o duración de una conexión a un sistema o red particular y que normalmente se lleva a cabo entre un usuario y un servidor). Dentro de la sesión, se produce una conexión uno a uno entre cliente y servidor (una pequeña parte del servidor es reservada para que trabaje con el cliente).

 Sabía que...

La principal diferencia entre un equipo de sobremesa (PC personal) y un servidor radica en la capacidad que tienen para que se conecten a él clientes o usuarios: mientras que el PC, con la tecnología que usa, da soporte a varios o cientos de clientes, un servidor puede dar servicio a miles de clientes en un momento dado.

Luego cuando se produce una sesión entre el cliente/usuario y el servidor se abre un proceso de comunicación (a través de algún protocolo para la comunicación de datos seguro; generalmente es usado SSL), en el cual el cliente/usuario pasara los datos al servidor y este los procesara para devolver un determinado resultado. Normalmente, a estas comunicaciones se les conoce como transacciones.

Una transacción se define como una interacción con una determinada estructura de datos compleja, la transacción a su vez consta de una serie de procesos (instrucciones) que se han de aplicar de forma secuencial uno tras otro para obtener los resultados esperados. Como particularidad, una transacción solo puede ser ejecutada una vez (y normalmente desde principio a fin sin que pueda interrumpirse, excepto en el caso de que se encuentre ante una autentificación y no se realice con éxito el proceso de identificación ante el servidor) y sin que dicha transacción pueda afectar al resto de componentes o clientes/usuarios que en ese momento interactúan con el servidor.

Llegados a este punto, cabe pensar en el tiempo de duración de una sesión, que seguramente puede ir desde los pocos segundos hasta horas o días.

 Ejemplo

Un usuario, mientras está identificado u autentificado en un sistema, recibe una llamada telefónica de varias horas de duración; pero ¿y si se ausenta de su ordenador y lo deja en manos de otro usuario con la sesión iniciada?

La *cookie,* como ya se ha dicho, se deja en el ordenador del cliente/usuario. Lo más normal es que esta *cookie* tenga un determinado tiempo de vida (5 minutos, 10 minutos, 1 hora, etc.), de tal forma que cuando la *cookie* expire y el usuario quiera interactuar con el servidor web tendrá que identificarse y autentificarse de nuevo para evitar futuros problemas de seguridad en la aplicación.

Ahora bien, puede pensarse en un usuario que constantemente está accediendo a servidores o aplicaciones web (estén alojadas en un mismo servidor o no). Este cliente/usuario tendrá que identificarse y autentificarse en cada aplicación web que quiera usar. Imagínese que está usando *Facebook,* y, mientras lo usa, quiere acceder a *Badoo* y, mientras está en los dos anteriores, quiere acceder a *Twitter*. Obviamente, tendría que realizar tres introducciones de las credenciales a dichas aplicaciones web para poder usarlas.

El concepto de *sign-on* cambia un poco el escenario descrito anteriormente. Más conocido como *Single Sing-On* (SSO), es una arquitectura que se basa en sistema y permite a un usuario acceder a distintas aplicaciones (alojadas o no en un mismo servidor) con una sola identificación o autentificación (validación). Justamente, el *sign-out* es todo lo contrario al *sign-on,* desconecta automáticamente todas las sesiones que se tengan abiertas con las credenciales.

Esta técnica de SSO actualmente se ha hecho muy popular en el uso de las redes sociales, fundamentalmente. A continuación, se verá en qué se fundamenta la arquitectura SSO desde varios puntos de vista a que tener en cuenta.

 Nota

Mientras más rápido sea un servidor procesando peticiones de un cliente, de más capacidad para atender a otros clientes dispondrá y estos lo agradecerán al obtener un sistema rápido y ágil.

SSO en el mismo servidor

Se parte de que los sitios o aplicaciones web se encuentran alojadas en el mismo servidor, pero ahora se pueden tener dos posibles casos:

- Que compartan el dominio.
- Que no compartan el dominio.

En este caso, se van a analizar las que están alojadas en el mismo servidor y que comparten el mismo dominio. Por ejemplo, imagínese que el dominio de un determinado servidor es "primero.com"; posibles subdominios de ese dominio pueden ser "segundo.primero.com" o bien "tercero.primero.com". En este caso, para que SSO pueda realizar correctamente su trabajo, hay que tener en cuenta una serie de requisitos a la hora de realizar la *cookie:*

- Hay que modificar el dominio que soporta la *cookie,* para lo que se hará que cada *cookie* contenga el dominio principal (en el ejemplo anterior sería "primero.com").
- Hay que asegurarse de que las *cookies* que controla el servidor se almacenen todas en el mismo sitio (lugar, carpeta, directorio, recurso, etc.).
- El nombre que se genere (nombre que está relacionado con la sesión que se va a generar entre cliente/usuario y aplicación web) debe ser el mismo en cualquier aplicación (si este nombre de sesión es distinto, entonces no vale de nada el uso de SSO).

De esta forma, el usuario solo almacenará una *cookie* en su ordenador y el servidor otra. Cuando el usuario intente acceder a un sitio nuevo, el sistema validará que ya tiene una sesión iniciada (la *cookie* es la que le indica esto) y automáticamente le dará paso a la aplicación, saltándose el proceso de identificación y autentificación (dado que ya está hecho anteriormente). Obviamente, puede darse el caso de que el usuario intente acceder y le sea denegado, probablemente porque la *cookie* haya expirado (es decir, el primer inicio de sesión ha durado mucho en el tiempo y para evitar problemas de seguridad se cierra la conexión o sesión entre cliente/usuario y servidor). Bastará con iniciar sesión nuevamente para poder entrar a la aplicación.

 Importante

Intentar siempre facilitar la tarea al usuario final de una aplicación web es el mayor cometido, por eso siempre que diseñemos una aplicación tenemos que tener presente el concepto SSO.

SSO en distintos servidores

Al estar las aplicaciones en el mismo servidor, lo que se hace es reservar un espacio para guardar en él las *cookies* que se van generando y poder dar paso automático al cliente. En este caso, como se tienen las aplicaciones en diferentes servidores, no se pueden almacenar las *cookies* en la misma ubicación (dado que un servidor lo realizará de una forma y el otro de otra).

En este caso, habría que reservar un espacio que sea compartido por ambos servidores y donde se almacenarán las *cookies* para que estos puedan acceder y ver si dan sesión automática al usuario o no. Para ello, se recurre a algún *software* que sirva para tal; en el entorno *Linux* y en los sistemas operativos de la familia *Windows,* existe la herramienta *Memcached,* que se puede instalar en los servidores que se quieran automatizar. Tras la instalación de este programa, se deberán configurar los servidores para que, en vez de almacenar las *cookies* donde lo hacen normalmente, lo hagan en el sitio que *Memcached* indique (dado que será el espacio que compartirán los servidores).

Uno de los servidores donde está instalado el *Memcached* será el encargado de almacenar la *cookie* en *Memcached,* el resto de servidores primero recurrirán a ver si el cliente/usuario tiene sesión iniciada (en cuyo caso le darán paso automático) y, si no la tiene, pide credenciales. Este programa también debe instalarse de forma automática (sin que el cliente lo detecte) en la máquina del "cliente/usuario.SSO" entre distintos dominios

En este punto, es posible encontrarse aplicaciones web que comparten el servidor pero que tienen distintos dominios o bien aplicaciones que están bajo servidores distintos y dominios distintos. Este es el peor de los casos y para poder gestionarlo se va a hacer uso de una base de datos para guardar las sesiones de los usuarios/clientes. Uno de los problemas al usar una base de datos de por medio es que hay que lanzar una consulta para saber el estado de la sesión del cliente/usuario y recibir esta información (dado que la base de datos debe estar centralizada en un *host* para que los servidores puedan consultarla), frente a los casos anteriores que, con un par de accesos, se tenía la información correspondiente.

Si se está en entornos *Windows,* de la misma forma que hay el *Memcached* para *Linux,* está el *Active Directory* para conseguir las funciones anteriores.

Actividades

11. Realice un esquema del funcionamiento de *sign-in* y *sign-out.*

Aplicación práctica

Imagine que pertenece al departamento de programación de una empresa a la que le han encargado realizar dos aplicaciones web basadas en redes sociales (por ejemplo: parecidas a *Facebook* y a *X)* con la peculiaridad de que si un usuario tiene cuenta en una aplicación también la tendrá en otra.

¿Qué consideraciones tomaría a la hora de configurar la aplicación para que el usuario sufriera lo menos posible a la hora de identificarse en ambas aplicaciones?

SOLUCIÓN

De primeras, se podría pensar en una aproximación que puede ser diseñar ambas aplicaciones para que convivan en el mismo servidor y usar SSO para el mismo servidor. Pero, claro, son aplicaciones tipo redes sociales, de partida tendrán pocos usuarios, pero sufrirán un crecimiento exponencial en usuarios a medida que vaya aumentando el ciclo de vida de estas aplicaciones.

Luego lo ideal sería diseñar una aplicación para un servidor y otra aplicación para otro servidor, y a continuación usar SSO con distintos servidores, de tal forma que si el usuario inicia sesión en una aplicación tendrá acceso a la otra automáticamente.

7. Despliegue de aplicaciones web

Cuando se habla del proceso de despliegue de la aplicación web se está haciendo referencia al momento en que se decide que está lista y verificada y que puede comenzar a ser instalada para que los usuarios hagan uso de ella.

Obviamente, en este momento de la instalación de la aplicación web se han de tener en cuenta una serie de características que se verán a continuación.

7.1. Características del proceso de despliegue

Cuando se habla del proceso de despliegue de la aplicación web, se está en el punto en que se va a hacer *pública* para que los clientes/usuarios puedan interactuar con ella. Quizás el proceso de despliegue sea al que mayor atención deba prestarse en todo lo que implica el desarrollo de una aplicación web, dado que, si no se realiza este proceso correctamente, no se tendrá la aplicación lista para que el usuario pueda trabajar con ella, aparte de los costes que ello implicaría en el proyecto.

Nota

Que una aplicación esté ya inmersa en el proceso de despliegue no implica que esté libre de errores.

Siempre que se esté inmerso en un proceso de despliegue, hay que realizar una planificación del mismo y seguir rigurosamente dicha planificación. Algunos puntos a tener en cuenta en este proceso de la planificación del despliegue son:

- **Si el cliente necesita características especiales.** No es lo mismo diseñar una aplicación para profesionales de la informática que para usuarios menos avanzados, con lo cual en el proceso de instalación habrá que tener en cuenta las capacidades del usuario y adaptarse a ellas de forma amigable.

- **Características internas de la zona de despliegue.** Tanto si la aplicación va a servidores propios como a servidores externos habrá que tener en cuenta las características que ofrecen y ver si la aplicación se adapta a dicho servidor (lo mismo la aplicación realiza una determinada tarea que puede ser no soportada por el servidor).

- **Personal en disposición.** Dado que durante el proceso de despliegue se va a configurar el servidor para que la aplicación funcione correctamente, es importante dejar esto en manos de personal cualificado y autorizado para ello, dado que no realizar bien una configuración en un servidor implica tener que volver a realizar toda la planificación del despliegue.

- **Equipamiento.** Obviamente, solo se va a desplegar lo que la aplicación necesite y no más. Por ejemplo, si la aplicación no conlleva el uso de base de datos, no se va a planificar una instalación de un servidor de base de datos; pero, si hace uso del servidor de correo electrónico, deberá incluirse en la fase de planificación.

- **Soporte.** Por muy correctamente que se realice el desarrollo de la aplicación web y por muy bien que se planifique el despliegue, es imposible evitar que una vez que la web esté en funcionamiento por parte de los usuarios/clientes no aparezcan errores o fallos que directamente no se han controlado; lo ideal sería facilitar un canal de soporte al usuario para que pueda hacer llegar esta información y someter o no (dependiendo de las estrategias que se adopten) la aplicación a una modificación (para solucionar estos problemas) y realizar de nuevo el proceso de despliegue (este punto implica documentar de nuevo toda la aplicación y realizar las correspondientes pruebas para garantizar que la parte que se ha modificado está libre de errores).

 Actividades

12. Resuma los puntos a tener en cuenta en un proceso de despliegue de la aplicación web.

7.2. Definición del proceso de despliegue de aplicaciones web. Verificación

Una vez que se ha realizado correctamente el proceso de despliegue sobre el servidor seleccionado (ya esté en la propiedad o ya sea propiedad de terceros), será el personal especializado el que tendrá que comprobar que se realizan correctamente las tareas que implica y que se ha quedado instalado correctamente sobre el servidor.

En caso de que se detecten posibles errores o malfuncionamientos, habrá que volver sobre el código de la aplicación web, solucionar dicho problema y volver a realizar el proceso de despliegue con las verificaciones correspondientes.

En el caso de que no se detecte ninguna incidencia, simplemente se dejara ya el acceso libre a los usuarios a la aplicación que se ha diseñado y desplegado.

8. Resumen

El modelo vista controlador está basado en la arquitectura del *software,* cuya misión principal es la división de los datos y la lógica de negocio en la parte correspondiente a la interfaz de usuario de una aplicación. Se compone de tres elementos que son: modelo, vista y controlador.

También se sabe que los Entornos de Desarrollo Integrado van a dar soporte para poder desarrollar las aplicaciones web a través de herramientas tales como: editor de texto, compilador, intérprete, depurador, cliente, sistema de control de versiones, etc. Así pues, cuando se usa una IDE, se va a pasar por tres entornos fundamentales:

- Entorno de desarrollo (donde se realiza la aplicación web).
- Entorno de preproducción o pruebas (donde se comprueba mediante test que la aplicación se ha diseñado correctamente y cumple las expectativas).
- Entorno de producción (que es donde los clientes van a usar la aplicación web que se ha desarrollado).

Se ha abordado la seguridad en la aplicación web con conceptos tales como:

- Identificación (momento en el que el usuario da a conocer al sistema sus credenciales).
- Autentificación (momento en el que el sistema comprueba las credenciales facilitadas por el usuario en la identificación).
- Control de acceso o autorización (basado en la identificación y autentificación para obtener acceso a un determinado recurso del sistema).

Ejercicios de repaso y autoevaluación

1. **De las siguientes afirmaciones, diga cuál es verdadera o falsa.**

    a. A la hora de desarrollar aplicaciones web, lo más común es optar por un IDE particular.

        ☐ Verdadero
        ☐ Falso

    b. Los IDE ofrecen todos la misma configuración y funcionalidades, aparte de compartir el mismo aspecto gráfico.

        ☐ Verdadero
        ☐ Falso

    c. Todos los IDE son gratuitos.

        ☐ Verdadero
        ☐ Falso

2. **Nombre, al menos, cuatro componentes de un IDE.**

_____
_____
_____
_____

3. **Cite, al menos, cuatro ejemplos de IDE.**

_____
_____
_____
_____

4. **Complete el siguiente texto.**

El Modelo Vista Controlador es un modelo fundamentado en la _____ del software cuya misión principal es la división de los datos y la lógica de negocio en la parte correspondiente a la _____ de usuario de una aplicación. Aparte, el MVC también se encargará de gestionar eventos y atender las _____.

5. **Se corresponde con la información o datos que maneja el sistema. Se habla de...**

    a. ... modelo.
    b. ... vista.
    c. ... controlador.
    d. ... IDE.

6. **De las siguientes afirmaciones, diga cuál es verdadera o falsa.**

    a. Inicialmente, MVC fue desarrollado para aplicaciones de escritorio.

          □ Verdadero
          □ Falso

    b. El MVC convierte la aplicación en un modelo modular.

          □ Verdadero
          □ Falso

    c. No se puede modificar una parte sin que afecte al resto en el MVC.

          □ Verdadero
          □ Falso

7. **Programa más conocido desarrollado por Adobe y que se basa en la creación y la modificación de gráficos vectoriales y está totalmente orientado a la creación de contenido interactivo. Se habla de...**

    a. ... ActionScript.
    b. ... JavaScript.
    c. ... Flash.
    d. ... Php.

8. Lenguaje de programación del lado del servidor diseñado para el desarrollo de aplicaciones web con contenido dinámico. Se habla de...

    a. ... ActionScript.
    b. ... JavaScript.
    c. ... Flash.
    d. ... Php.

9. Complete el siguiente texto.

El entorno de desarrollo es el usado por los _____ de la aplicación web cuando hay una modificación en la misma (bien porque hay que añadir nuevas características o _____ su potencialidad) y poder solucionar los _____ que se deriven de la misma.

10. El entorno donde se realizan pruebas a la aplicación web se corresponde con...

    a. ... el estándar.
    b. ... la producción.
    c. ... la preproducción.
    d. Todas las opciones son incorrectas.

11. Este entorno es el que van a utilizar los usuarios para los que se diseña la aplicación web, es decir, será el entorno donde se ejecute la aplicación. Se habla de...

    a. ... preproducción.
    b. ... producción.
    c. ... diseño.
    d. Todas las opciones son incorrectas.

12. El entorno desde el cual se recibe información por parte de los usuarios que usan la aplicación web es:

    a. El estándar.
    b. El desarrollo.
    c. La preproducción.
    d. La producción.

13. Conjunto de instrucciones que se ejecutan en el ordenador para resolver una determinada tarea o programa. Se habla de...

    a. ... programa.
    b. ... hoja de estilos.
    c. ... ficheros de configuración.
    d. ... otros documentos.

14. Una hoja de estilos tiene la extensión...

    a. ... ".ide".
    b. ... ".css".
    c. ... ".pdf".
    d. ... ".log".

15. "web.config" pertenece a la categoría de...

    a. ... ficheros de configuración.
    b. ... programas.
    c. ... hojas de estilo.
    d. ... otros documentos.

Capítulo 5

Verificación de aplicaciones web

Contenido

1. Introducción

Una vez que se ha concluido el proceso de diseño de la aplicación web y antes de entregarla al cliente o de realizar el proceso de despliegue de la misma, hay que garantizar que se encuentra libre de errores. Por ejemplo, es importante que si la aplicación incorpora un proceso de registro de usuarios, dicho proceso no falle cuando un usuario intenta darse de alta en la aplicación.

Para garantizar ejemplos como el anterior hay que apoyarse en los procesos de pruebas, mediante los cuales se va a asegurar que la aplicación que se desarrolla se encuentra libre de errores para los procesos que se han diseñado.

Dado que los procesos de prueba son una parte fundamental e importante en el proceso de desarrollo de una aplicación, generalmente recaerán sobre programadores expertos y con mucha experiencia en el diseño de pruebas, dado que mientras más experiencia se tenga en procesos de prueba, más riguroso será el diseño.

2. Características de un proceso de pruebas

Un proceso de pruebas consiste en una verificación de cómo se comporta el código con el que se ha diseñado el proyecto o aplicación web mediante un conjunto finito de pruebas. Estas pruebas no tienen por qué ser las mismas para dos aplicaciones, sino que cada aplicación tendrá sus propias pruebas particulares en función de cómo se haya desarrollado.

Por tanto, las pruebas van a ser una serie de actividades pre-diseñadas para la aplicación en concreto y que van a permitir encontrar, localizar y modificar los posibles errores que tenga el diseño, aparte de probar el correcto funcionamiento de la aplicación.

Obviamente, cuando se desarrolla un proceso de pruebas sobre una aplicación web, se persiguen unos objetivos, tales como:

- Detectar posibles defectos en el *software*.
- Verificar la integridad de los componentes que forman la aplicación o proyecto.
- Verificar la correcta implementación de los requisitos.
- Identificar posibles errores de *software* antes de entregar el proyecto al cliente.
- Diseñar procesos de prueba que sirvan para obtener posibles errores con el menor tiempo y esfuerzo (lo cual requerirá una amplia experiencia como programador de procesos de prueba).

 Nota

Mientras más pulcro y más específico sea lo que se quiere obtener del proceso de pruebas (más ajuste de parámetros), más casos de error será posible detectar y por tanto se tendrá un mayor afinamiento en el diseño de pruebas.

Dado que los procesos de prueba tienen una serie de objetivos particulares, su diseño se basa en una serie de reglas que se han convertido en estándares a la hora del diseño de procesos de prueba. Estas reglas son las siguientes:

- El proceso de pruebas está diseñado para que arroje luz sobre los errores cometidos. Lo que no puede es predecir una ausencia de error.
- La mayor dificultad al diseñar un proceso de pruebas radica en cuando hay que parar ese proceso. Obviamente, si se hace a mitad del mismo, se puede cometer la torpeza de no analizar todo el proyecto y dejar más errores en la aplicación. Lo ideal es que un proceso de pruebas alcance el final de su ejecución.
- Hay que seguir el diseño que se ha planificado, es decir, no se debe caer en el error de usar pruebas que no han sido diseñadas en concreto para la prueba de la aplicación.

- Todo proceso de prueba tiene que producir un final estable, es decir que, como se ha dicho antes, tiene que llegar a su final. Es aconsejable que cuando finalice muestre un informe con los posibles fallos detectados.

- Cuando se diseñe el proceso de pruebas, hay que pensar en diseñar no solo para encontrar errores, sino también para observar condiciones que no sean válidas (por ejemplo: es muy común para un programador que, si compara dos valores de dos variables, debería usar el símbolo "==" y, en vez de usar la comparación, se usa la asignación "=").

- Siempre que se encuentren errores, el objetivo es solucionarlos (generalmente mediante la recodificación del código que se ve afectado por el error) y volver otra vez al principio del proceso de pruebas, hasta que cuando se ejecute el proceso de pruebas este dé un informe libre de errores.

Están claros, hasta ahora, los objetivos y cómo llevar a cabo un diseño de proceso de pruebas; pero un proceso de pruebas lleva asociado implícitamente una serie de etapas por las que pasa. Dichas etapas son:

- Selección del objetivo de la prueba: ¿qué debe hacer exactamente o qué se debe comprobar?

- Decisión de la prueba en sí, es decir, de qué se va a componer la prueba para poder cumplir con el objetivo anterior.

- Desarrollo del proceso de prueba. Se parte de un conjunto de datos de prueba (no reales, es decir, no son de usuarios/clientes, sino que son definidos por el profesional para trabajar con ellos) y se observa el comportamiento del proceso de prueba sobre ellos.

- Obtención del informe y creación de la documentación del proceso de prueba (se debe indicar cómo se ha realizado el proceso de prueba, las características de los datos, los resultados arrojados por el informe, etc.).

- Ejecución del proceso de prueba en un instante determinado (es probable que la aplicación ya esté siendo usada por los clientes y se reciba información sobre algo que no funciona bien; habrá que realizar el proceso de prueba sobre una réplica de la aplicación).

Sabía que...

Lo normal no es diseñar un caso de prueba para muchos objetivos, sino ir diseñando tantos casos de prueba como objetivos se quieran testear de una aplicación.

3. Tipos de prueba

Anteriormente, se comentó que los procesos de prueba cumplen con una serie de objetivos, tienen una serie de principios para su diseño y pasan por una serie de etapas. Dependiendo de a qué parte de la aplicación se esté aplicando el proceso de pruebas, se tendrán varios tipos de procesos de prueba, tales como:

- Funcionales.
- Estructurales.
- De integración con sistemas externos.
- Usabilidad y accesibilidad.
- De detección de errores. Pruebas de caja negra.
- De seguridad. Evaluación de la protección frente a los ataques más comunes.
- De rendimiento. Pruebas de carga o estrés. Estadísticas.
- De integridad de datos.

3.1. Funcionales

Cuando se habla de proceso de pruebas funcionales, se hace referencia a pruebas que se basan en la ejecución y revisión de las funcionalidades con las que se ha diseñado el proyecto o aplicación. Se trata grosso modo de una serie de pruebas que van a comprobar y validar que el *software* que se ha diseñado hace lo que debe hacer de forma correcta. Los procesos de prueba funcionales pueden tener dos modalidades, dependiendo de la forma en que se ejecuten:

- **Manuales:** requiere de la intervención en la prueba (como si se fuera un usuario que está probando la aplicación) para garantizar que hace lo que debe. Se llevará a cabo el proceso diseñado con la intervención y, si se producen errores, se detallarán una vez se haya finalizado dicho proceso.
- **Automáticas:** son justamente lo contrario a las anteriores, no requieren de la intervención y lo que hay con ello es un ahorro de tiempo considerable.

Aparte de la forma en la que se ejecute el proceso de prueba funcional, se pueden dar varios tipos de procesos de prueba funcional, que se pasan a ver a continuación.

 Nota

La potencialidad de los procesos de prueba funcionales radica en la posibilidad de poder crearlos automáticamente, de tal forma que se ejecutan y solo hay que esperar al reporte.

Pruebas de exploración

Gracias a estas pruebas, se obtiene una radiografía completa de la aplicación que se está testeando. El objetivo de estas pruebas es identificar y explorar los distintos módulos de los que consta la aplicación y realizar una serie de pruebas sobre ellos como si fuera un usuario real el que está interactuando.

Pruebas de regresión

Estas pruebas son muy útiles y es muy importante tenerlas en cuenta en el diseño de planificación de procesos de prueba, dado que, cuando se realice una modificación a la aplicación, esta prueba va a ser la encargada de comprobar que dicha modificación no afecta negativamente a otra parte o componente de la aplicación. También se conocen con el nombre de pruebas de choque.

Pruebas de compatibilidad

Normalmente, este tipo de pruebas se realizan directamente sobre los navegadores *(Microsoft Edge, Mozilla Chrome,* etc.) para garantizar el correcto funcionamiento de la aplicación en dicho *software.* Hay que anotar, por ejemplo, que un documento HTML no es tratado igual en *Microsoft Edge* que en *Mozilla Firefox* (cada cual tiene sus propias reglas de representación que se deberán tener en cuenta).

Pruebas de integración

Este tipo de pruebas consiste en comprobar la correcta interactuación entre dos o más componentes de la aplicación. Es muy importante que, antes de aplicar una prueba de integración (que implica a dos o más componentes de la aplicación), los componentes que intervienen hayan sido probados individualmente.

Pruebas de aceptación

Este tipo de pruebas son generadas por los usuarios y generalmente dan información de que la aplicación cumple con el funcionamiento para el cual ha sido diseñada.

 Actividades

1. Realice un esquema conceptual de los procesos de prueba funcionales.

3.2. Estructurales

Este tipo de pruebas también son conocidas bajo el sobrenombre de "pruebas de caja blanca". Su objetivo es analizar el procedimiento del *software* (con lo cual implica una unión al código fuente que forma la aplicación). Por procedimiento del *software,* se entienden los flujos de los que se compone el código, tanto flujos de entrada y salida como de comunicación con otros módulos o componentes.

Como en las pruebas funcionales, hay varios tipos, que se pasan a ver a continuación.

Pruebas de flujo de control

Controlar el flujo es poder determinar el orden en que se ejecutarán las instrucciones que componen el código fuente de la aplicación. Es lo que se conoce como programación secuencial (empieza por la primera instrucción y acaba ejecutando la última instrucción de un código fuente).

Pruebas de flujo de datos

Este tipo de pruebas lo que hacen es comprobar que los datos o variables de las cuales consta el código fuente fluyen correctamente, es decir, si se declara una variable de tipo entero, no puede asignársele un *string* (a no ser que se realice un *casting* correspondiente), que a un entero no se le sume un carácter, etc.

Pruebas de bifurcación

Estas pruebas lo que hacen es ir tomando las bifurcaciones y bucles que se encuentran en el código fuente y comprobar que se han diseñado correctamente, es decir, que la condición del bucle *while* es correcta, que termina y no cae en una espera indefinida, etc.

Pruebas de caminos básicos

Las pruebas de caminos básicos se suelen basar en el uso de grafos para medir la complejidad del código fuente. Lo que se hace es pasar el código fuente a un modelo de representación gráfica, que es el grafo, y se analiza dicho grafo para obtener unas medidas, garantizando que siempre se inicia y acaba correctamente (es decir, que no se cae en un bucle anidado del que nunca se sale).

Equivalencia entre código fuente y grafo

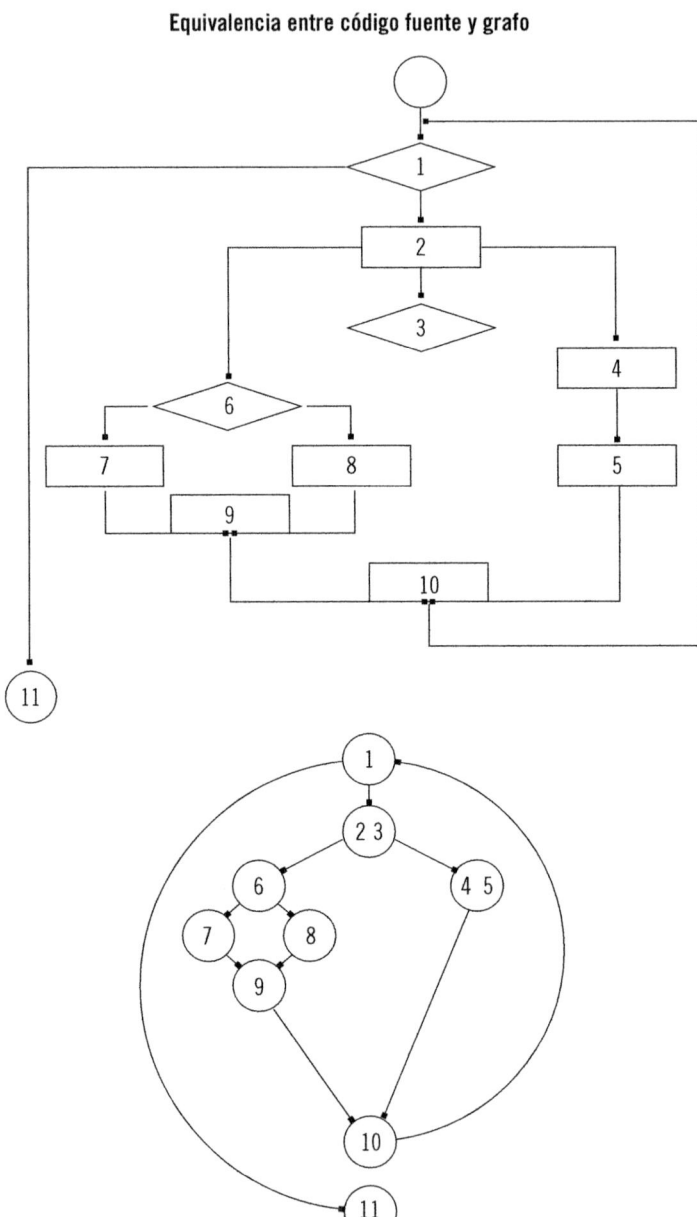

A continuación, se puede ver una imagen en la que se basa para codificar el código fuente y poder pasarlo a modo gráfico mediante un grafo.

Correspondencia entre código fuente y grafo

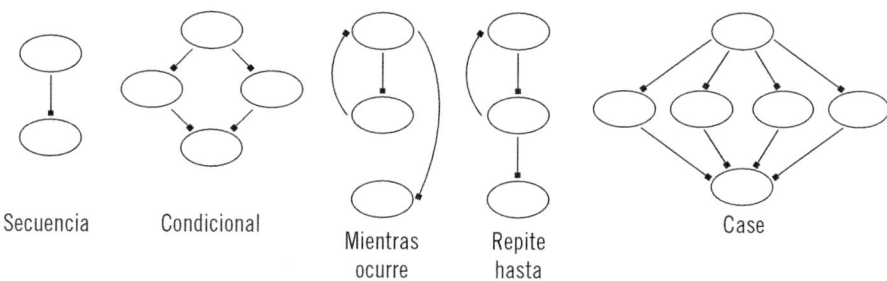

| Secuencia | Condicional | Mientras ocurre | Repite hasta | Case |

Véase un ejemplo partiendo del código fuente (escrito en pseudocódigo) y al que se le asociará su grafo correspondiente. El código es:

1. suma=0;
2. leer_tabla;
3. para i=0 hasta 100 hacer
4. suma = suma + tabla[i]
5. fin_para
6. Imprimir_suma

Si se observa, lo primero que se ha realizado ha sido etiquetar el código fuente mediante la numeración que va del 1 al 6.

Paso 1: lo primero que hay es una secuencial tanto en el punto 1 como en el punto 2.

Paso 2: hay una estructura "repetir hasta que" (da lo mismo decir para i = 0 hasta 100 que repetir hasta que i sea 100) y cuando se sale lo hace hacia una estructura secuencial (6).

A continuación, se pueden ver los dos pasos de manera gráfica.

Grafo 1   Grafo 2

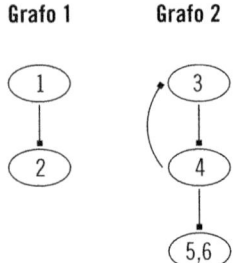

Uniendo todos los pasos, quedaría el grafo correspondiente a este código fuente.

Grafo correspondiente al código fuente

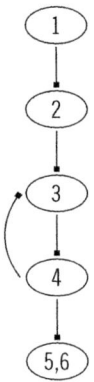

 Aplicación práctica

Al código que tiene a continuación, va a aplicarle una prueba de caminos básicos.

Divídalo en pasos para ir obteniendo de cada paso su grafo, para luego unirlos y dar el grafo general.

1. mientras queden_registros
2. leer_registros;

Continúa en página siguiente >>

<< Viene de página anterior

3. Si (registro == 0)
4. eliminar_registro;
5. sino
6. guardar_registro;
7. finsi
8. finmientras

SOLUCIÓN

Si se observa, lo primero que se ha realizado ha sido etiquetar el código fuente mediante numeración que va del 1 al 8.

Paso 1: lo primero que se encuentra es una estructura mientras (while), para la cual se usará su estructura etiquetando el primer círculo con el estado 1, del cual se pasa al estado 2 y, cuando se sale de la estructura (el último círculo), se pasa a la instrucción 8, pero, si no se sale, se pasa del estado 7 al 1.

Paso 2: de la sentencia 2 se pasa a la 3, que es una bifurcación (if), para la cual se usa su estructura. En el primer círculo se ponen las instrucciones 3, 4 y a izquierda y derecha 4 y 6 respectivamente y, cuando se sale de la estructura (el último círculo), se pasa a la instrucción 7.

Paso 3: de la instrucción 7 se pasa a la 8, se usa la estructura secuencial.

A continuación, se pueden ver los tres pasos de manera gráfica:

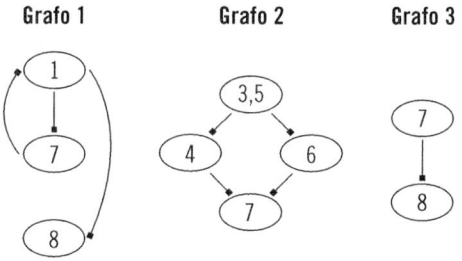

Grafo 1   Grafo 2   Grafo 3

Continúa en página siguiente >>

<< Viene de página anterior

Uniendo todos los pasos, quedaría el grafo correspondiente a este código fuente:

Solución al código mediante grafo

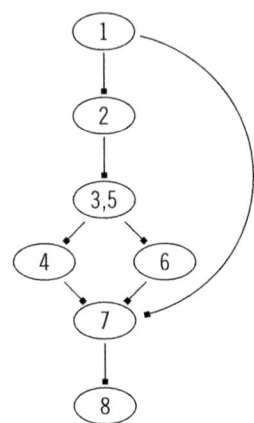

 Actividades

2. Realice un esquema conceptual de los procesos de prueba estructurales.

3.3. De integración con sistemas externos

Cuando se realizan este tipo de pruebas lo que se hace es en primer lugar ir comprobando todos los componentes que forman a la aplicación uno por uno para luego ir subiendo (comprobar la comunicación entre los componentes) y acabar comprobando la aplicación por completo.

Dentro del diseño de procesos de prueba incrementales, hay dos tipos de integración:

- **Integración incremental:** en este tipo de integración, se compara un componente con el conjunto de componentes que ya han sido comprobados. Hay dos formas de realizarlo:

  - **Ascendentemente:** se comienza por el módulo menor que conforma el sistema.
  - **Descendentemente:** se comienza por el módulo que engloba a todos los demás.

- **Integración no incremental:** en este tipo de integración, lo que se hace es comprobar cada componente por separado y a continuación se comprueba la aplicación por completo.

Aparte, también puede darse el caso de que la aplicación que se ha desarrollado se comunique con un servidor (sistema) externo, en cuyo caso también se deberá comprobar que el módulo que compone esa comunicación es correcto.

3.4. Usabilidad y accesibilidad

Cuando se habla de pruebas de accesibilidad, se hace referencia a pensar en un grupo muy concreto de usuarios: los que tienen algún tipo de discapacidad. Tanto la usabilidad como la accesibilidad hacen referencia a cómo los usuarios que presentan alguna discapacidad pueden hacer uso del sitio web y cómo se puede pensar en ellos para futuros diseños de aplicaciones web. Luego se puede decir que los objetivos básicos de estas pruebas van a ser:

- Responder ante personas con discapacidad.
- Aplicar técnicas óptimas.
- Uso de un lenguaje claro y conciso.
- Equilibrio entre las necesidades de una persona con discapacidad y una que no tiene.

Los puntos que hay que tener en cuenta a la hora de diseñar una prueba de usabilidad o accesibilidad son:

- Asegurarse de que las instalaciones son accesibles.
- Preparar materias de prueba.
- Instalar y probar las configuraciones.
- Familiarizarse con la tecnología.
- Realizar las pruebas antes para poder afinar más.

3.5. De detección de errores. Pruebas de caja negra

Las pruebas de detección de errores se centran fundamentalmente en localizar código que no es correcto o bien código que puede ser inestable (que si se ejecuta produzca errores en el sistema en el que se está ejecutando). Obviamente, todos los errores que sean detectados con estas pruebas tienen que ser modificados para liberar la aplicación de ellos.

Por caja negra se entiende un dispositivo que se estudia desde el punto de vista de las entradas que recibe y las salidas que produce, sin tener en ningún momento en cuenta su funcionamiento interno. Se analiza qué es lo que hace, pero no cómo lo hace.

Cuando se realizan procesos de prueba de caja negra, se estudia la función que tiene que desarrollar la aplicación y lo que se hace es diseñar pruebas para garantizar que está bien realizada. Dichas pruebas se centran en las funciones que tienen que realizar o llevar a cabo dicha tarea.

3.6. De seguridad. Evaluación de la protección frente a los ataques más comunes

Con el diseño de procesos de pruebas de seguridad, lo que se intenta es buscar fallos en la aplicación web que se ha diseñado, fallos que, de no ser encontrados, localizados y solucionados, pueden poner en riesgo la seguridad de la aplicación desarrollada. Se analizan aspectos tales como:

- **Escaneo de posibles vulnerabilidades:** caso de un *software* mal configurado o no actualizado. También las inyecciones de SQL son consideradas como vulnerabilidad.
- **Pruebas de penetración:** localizar entradas que puedan usarse, entradas tanto desde fuera como desde dentro de la red (si la aplicación se moviera en dicho entorno).
- **Ataques DoS *(Denial of Service – Denegación de Servicio):*** ver cuánto volumen de cantidad de solicitudes puede recibir la aplicación antes de caer en modo inaccesible (bloquearse).

También es importante, cuando se habla de seguridad, tener en cuenta el Control de Acceso que realiza la aplicación. Se ha de asegurar que la información no pueda ser accedida por usuarios que no estén autorizados por el sistema y también se debe asegurar que cada usuario cumple con su rol (es decir, un usuario con privilegios normales no debería ser posible que tuviera acceso a la configuración del servidor que está reservada para el usuario que tenga privilegios de administrador).

Nota

No está de más pensar en diseñar una o varias pruebas tipo de cada posible ataque que se puede encontrar en las aplicaciones; mientras más pruebas de seguridad se lleven a cabo, más garantías se pueden ofrecer.

3.7. De rendimiento. Pruebas de carga o estrés. Estadísticas

Cuando se habla de proceso de pruebas de rendimiento, se hace referencia a lo rápido (en tiempo) que ejecuta la aplicación una determinada tarea con unas determinadas condiciones de trabajo. Con las pruebas de rendimiento, también se pueden testear conceptos como la escalabilidad de la aplicación y la fiabilidad de la misma.

Dentro de las pruebas de rendimiento, se pueden establecer una serie de tipos de prueba de rendimiento, que son las siguientes.

Pruebas de carga

Las pruebas de carga van a permitir obtener información de cómo se comporta la aplicación cuando hay un número determinado de usuarios trabajando al mismo tiempo en ella (realizando su trabajo cotidiano).

Normalmente, estas pruebas de carga son programadas y suelen ser monitorizadas para conocer el estado de las bases de datos, del servidor de aplicaciones, etc., y con esto poder encontrar donde radican los *cuellos de botella* de la aplicación (dónde es más lenta).

Pruebas de estrés

Una prueba de estrés está íntimamente unida con la prueba de carga, debido a que la prueba de estrés lo que hace es ejecutar una prueba de carga y, cuando ha transcurrido un tiempo establecido, se dobla la cantidad de usuarios conectados a la aplicación hasta que esta no es capaz de soportar dicha carga de trabajo y termina por desbordar la aplicación.

Permitirá saber, con más o menos exactitud, la cantidad de carga que puede soportar la aplicación y cuando se corre el riesgo de que se desborde porque no puede atender a más usuarios (en cuyo caso, si la carga de trabajo fuera tal, se optaría por ampliar las capacidades *hardware* del servidor donde está alojada o contratar otro con mayor potencia).

Pruebas de picos

Este tipo de pruebas van a permitir conocer cómo se comporta la aplicación que se ha diseñado cuando se produce una variación en los usuarios que están conectados a ella.

Ejemplo

Se comienza con 10 usuarios conectados y a continuación se pasa a 10.000 y, pasado un tiempo, se baja a 1.000 para ir analizando la aplicación y su comportamiento (por ejemplo: si cuando un usuario se desconecta libera totalmente su memoria asociada, porque si no es así llegará un momento en que el servidor no tenga memoria y vaya muy lento).

Pruebas de estabilidad

Este tipo de pruebas se emplean para determinar cuánto tiempo es capaz de aguantar la aplicación a carga máxima antes de desbordarse.

Todas las pruebas anteriores, lo ideal es monitorizarlas para obtener una serie de valores (estadísticos) que indicarán el porcentaje del comportamiento de la aplicación que se ha diseñado.

Aplicación práctica

Imagine que se encuentra con un cliente que le comenta que su sitio web (un comercio con tienda *online* que distribuye productos) va muy lento y muchas veces los usuarios se quejan de que tienen problemas para poder acceder al *login*.

¿Qué puede plantearle al cliente desde la experiencia?

Continúa en página siguiente >>

<< Viene de página anterior

SOLUCIÓN

Dado que el cliente no facilita muchos datos de cuándo se dan esas dos situaciones anómalas: lentitud y problemas de logeo de usuarios, podría pensarse en las siguientes pruebas:

▪ Prueba de carga: con el fin de investigar si cuando hay muchos clientes (100, 1.000 o más) la aplicación se comporta como se tiene que comportar o entra en fallos y por eso la lentitud y los problemas de *logeo* de usuarios. Si esta prueba de carga pasara sin problema, se podría apostar por una prueba de estrés y comprobar cuándo dicha aplicación se vuelve inestable al tener X usuarios conectados.
▪ Prueba de picos: con ella se conseguirá saber qué pasa en el sistema cuando hay o pocos o muchos usuarios; el problema de la lentitud puede aparecer si no se ha programado bien la salida de un usuario.
▪ Prueba de estabilidad: para saber cuánto tiempo es aplicable dicho sistema de forma estable.

Si con este tipo de pruebas no se da con el problema, se pensaría en hacer una auditoría de pruebas y, si esta fallara, se pasaría a comprobar los elementos *hardware*.

3.8. De integridad de datos

Cuando se hace referencia a los procesos de prueba de integridad de datos, lo que realmente se va a hacer es comprobar los datos con los que trabaja la aplicación. Por ejemplo, si almacena correctamente los datos de un usuario que se acaba de dar de alta (libre de errores, es decir, si el usuario introduce como nombre "Antonio" se debe almacenar "Antonio" más el carácter de fin de cadena y nada más).

También se comprobará con este tipo de pruebas cómo la aplicación brinda los datos al usuario, es decir, si el usuario pide consultar por ejemplo un registro de un libro determinado que realmente ofrezca dicha información. Además, también comprueba que la información sea situada donde debe ser situada (imagínese que por error se muestra en la caja de texto asociada al nombre del autor el nombre del libro).

En estas pruebas también se suelen incluir un conjunto de datos corruptos para que la aplicación trabaje con ellos, así se podrá ir analizando qué va ocurriendo cuando la aplicación no obtiene el tipo de dato que está esperando y qué hace con él.

Actividades

3. Exprese con sus propias palabras las principales diferencias entre las pruebas de caja blanca y las de caja negra.
4. Localice en Internet las principales vulnerabilidades web a las que se enfrenta el programador.

4. Diseño y planificación de pruebas. Estrategias de uso común

El proceso de diseño y codificación de pruebas puede suponer tanto o más esfuerzo que el realizado en el diseño y puesta a punto de la aplicación web que se está probando o testeando.

Se debe recordar el objetivo fundamental de las pruebas para poder diseñarlas de forma que tengan la probabilidad más alta de encontrar el mayor número de ellos con la menor cantidad de esfuerzo y tiempo posible. Para ello, se va a apoyar en:

- **El documento de Análisis Funcional:** dicho documento describirá qué es lo que debe realizar la aplicación.
- **El documento de Diseño (Análisis Orgánico):** este documento contiene la forma en la que tiene que llevar a cabo las tareas la aplicación.
- **Información:** sobre la aplicación.
- **Plan de pruebas y test de pruebas:** para encontrar los fallos.

Atendiendo a estas premisas, se va a elaborar el plan de pruebas basándose en:

- **Pruebas de caja blanca:** para realizar la comprobación interna de cada una de las entidades *software* de la aplicación.
- **Pruebas de caja negra:** para comprobar que la entidad *software* de la aplicación cumple con los requisitos funcionales.

Normalmente, las estrategias que suelen usarse son las siguientes (aunque dependerá fundamentalmente del tipo de aplicación que se tenga que testear o probar):

- **Pruebas de unidad:** tocan aspectos tales como interfaces, estructuras de datos, condiciones límites, caminos independientes y caminos para el manejo de errores.
- **Pruebas de integración:** se realizarán paso a paso y tanto de forma ascendente como descendente.
- **Pruebas de validación:** documentación completa de la aplicación (manuales de usuario, manuales de explotación, manuales de especificaciones técnicas, etc.) y configuración del sistema acorde a las necesidades de la aplicación. Dentro de este tipo de pruebas, destacan dos fundamentalmente:

  - **Pruebas alfa:** se realizan en el entorno donde se desarrolla la aplicación y es un conjunto de pruebas que antes de ser aplicadas a la aplicación ya conocemos el resultado que tienen que arrojar. Este tipo de pruebas suelen prolongarse en el tiempo (varios días si se habla de aplicaciones potentes).
  - **Pruebas beta:** se realizan en el entorno donde el usuario está explotando o trabajando con la aplicación. Si se pone de ejemplo a Microsoft se puede observar como lanza al mercado versiones beta de ciertos productos con el objetivo de que sus clientes consumidores las prueben en sus equipos e informen (bien manual o automáticamente) sobre los errores que van produciendo. Suelen ser de mayor duración que las alfa.

Si este guion produce algún tipo de error, obviamente se deberá proceder a la depuración de la aplicación para solucionar dichos errores y proceder de nuevo con el plan de pruebas propuesto para asegurarse de que la aplicación está libre de errores.

Actividades

5. Busque en el sitio web de *Microsoft* al menos tres versiones beta de sus productos.

5. Consideraciones de confidencialidad. Pruebas con datos personales

Cuando se trabaja con datos de carácter personal, como pueden ser los datos asociados a una persona (nombre, apellidos, dirección, población, correo electrónico, cuenta bancaria, tarjeta de crédito, compras efectuadas, etc.), se debe tener mucho cuidado, dado que, si se produce un ataque y consiguen entrar al sistema, tienen disponibles los datos sin esfuerzo relativo alguno.

Para que lo anterior no se produzca, una buena opción es optar por cifrar o codificar los datos que almacena la aplicación. Normalmente, los Sistemas Gestores de Base de datos ofrecen esta posibilidad en sus Bases de datos. Cuando se trabaja con datos personales, también hay que tener presente el Reglamento General de Protección de Datos (RGPD) de la Unión Europea y la LOPGDD, Ley Orgánica de Protección de Datos Personales y garantía de los derechos digitales, que establecen las obligaciones relativas a la recogida de datos, consentimiento, almacenaje, conservación, uso, datos especialmente protegidos, cesión de los mismos, etc. El RGPD establece que:

El responsable del tratamiento es la persona que trata datos o información personal de personas físicas que permitan su identificación, utilizándola con fines determinados y que toma decisiones relacionadas con los fines para los que se utilizan estos datos personales o los medios en los que se almacenan y se procesan los datos.

El encargado del tratamiento de los datos es la persona que almacena o procesa los datos o información de las personas físicas siguiendo las instrucciones del responsable del tratamiento.

Otro punto a tener en cuenta son las políticas de privacidad de la web que tienen por objeto dar a conocer el modo en que un sitio web recaba, trata y protege la información (datos de carácter personal) que se utiliza en dicho sitio con el fin de que un usuario pueda determinar libre y voluntariamente si desea facilitar sus datos a través de los medios del sitio web (generalmente formularios). El acceso y uso de un sitio web por parte de un usuario implica que acepta en su totalidad y se obliga a cumplir por completo con los términos y condiciones recogidos en esa política. En la misma línea, el sitio web debe ofrecer los recursos adecuados para que un usuario, previamente a la cumplimentación de datos personales, pueda acceder a dicha política y consultarla.

También es obligatorio el cumplimiento de la LSSICE Ley de Servicios de la Información y Comercio Electrónico que establece que en todo sitio y página web se encuentre accesible un enlace en el que se recojan los datos del propietario y las condiciones de uso del sitio o página. Habitualmente se encuentra bajo un enlace denominado "Aviso Legal". Entre los apartados que suele contener este enlace se encuentran:

- Breve introducción y datos del sitio web o la compañía que lo gestiona.
- Objeto y ámbito del sitio web.
- Acceso.
- Derechos de propiedad intelectual e industrial.
- Utilización de las páginas.
- Licencias.
- Responsabilidades y garantías.
- Enlaces.
- Políticas de privacidad y *cookies.*
- Tratamiento de los datos.
- Otros datos de interés.

La Ley Orgánica de Protección de Datos Persaonales y derechos digitales y el RGPD regulan las medidas de seguridad en todas las organizaciones, empresas e instituciones que almacenen y traten datos de carácter personal en sus sistemas de información, siendo primordial la protección de estos ante accesos no autorizados. Tanto esta ley como el Reglamento de Medidas de Seguridad hacen especial atención a los siguientes conceptos, unidos al concepto de seguridad en datos:

- **Confidencialidad:** se tienen que hacer accesos autorizados a los datos.
- **Exactitud:** la información no puede sufrir alteraciones en cuanto a su contenido.
- **Disponibilidad:** solo las personas autorizadas pueden tener acceso a dicha información.

De los conceptos anteriores, surgen otros dos fundamentales:

- **Medidas organizativas:** establecen los procedimientos, normas, reglas y estándares de seguridad. Se aplican principalmente sobre los ficheros de datos.
- **Medidas técnicas:** establecen la integridad de la información y la confidencialidad de los datos personales.

Pero ¿sobre qué elementos se va a aplicar esta seguridad?:

- Ficheros automatizados.
- Centros de tratamiento (servidores).
- Equipos y sistemas locales.
- Personas que acceden a los datos (personal laboral).

6. Automatización de pruebas. Herramientas

La automatización de pruebas se basa, generalmente, en el uso de un *software* (externo a la aplicación a la que se va a someter a prueba) que va a ir controlando de forma automática las pruebas y va a arrojar una serie de resultados (la mayoría de estos *software* ofrecen una comparativa entre el resultado esperado y el resultado real obtenido).

A este *software* se le puede brindar el conjunto de pruebas que se ha diseñado anteriormente o bien realizar nuevas pruebas con las opciones que ofrezca.

A continuación, se van a ver algunas herramientas disponibles para la automatización de pruebas de *software* de aplicaciones:

- **Selenium:** entorno de pruebas de *software* para las aplicaciones basadas en web. Dichas pruebas son soportadas por la mayoría de los navegadores web actuales.

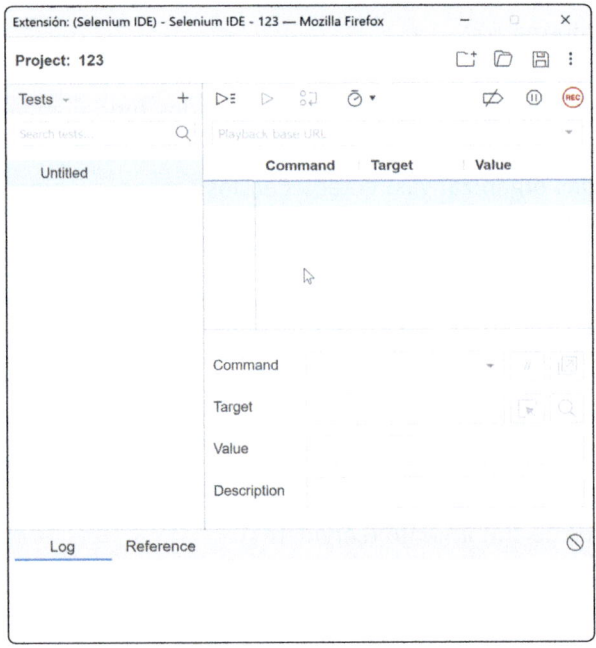

Ventana de la extensión Selenium IDE para Mozilla Firefox

- **TestNG:** es una solución basada en JUnit (Java) y NUnit (.NET), fácil de utilizar y con funcionalidades que reducen el tiempo usado en el desarrollo de pruebas de *software*. Es compatible con diferentes entornos de desarrollo (IDE) tales como Eclipse, IntelliJ Idea, etc. Lleva a cabo un amplio abanico de pruebas desde las unitarias hasta las de integración.

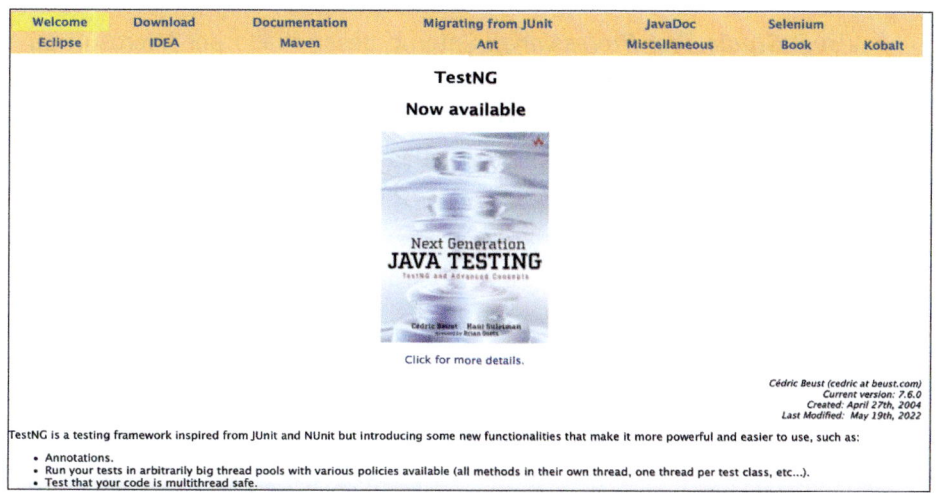

Página de descarga de la aplicación TestNG

- ■ **Watir:** familia de bibliotecas desarrolladas para el lenguaje de programación RUBY y que permite automatizar las operaciones de los navegadores web tales como: *Microsoft Edge, Mozilla Firefox, Google Chrome y Safari.*

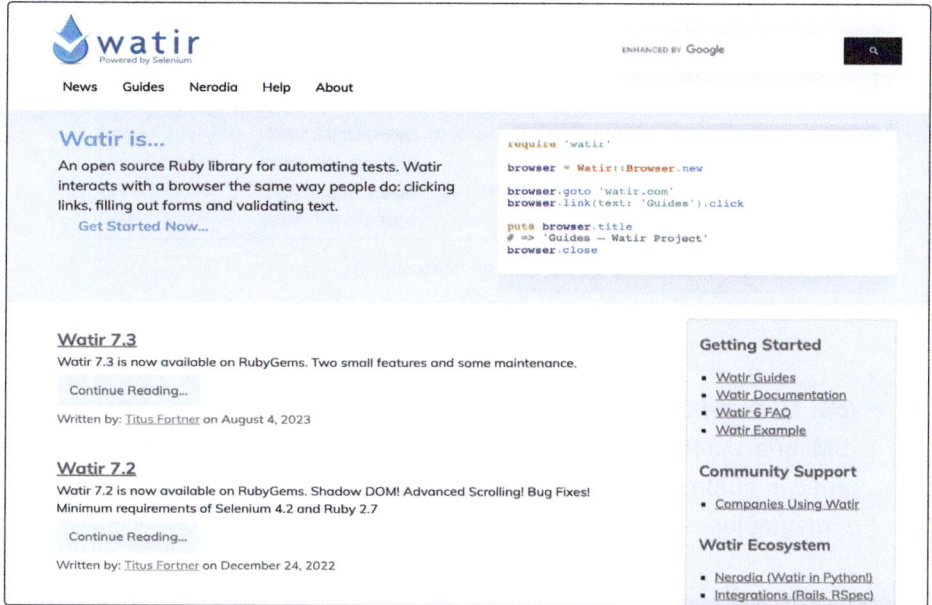

Página de descarga de la aplicación Watir

■ **Visual Studio Test Professional:** entorno desarrollado por Microsoft cuyas principales características son: realizar, registrar y repetir pruebas manuales, usar administración de casos de prueba, aportar valores de forma regular y predecible a las pruebas e integrar la visión del cliente.

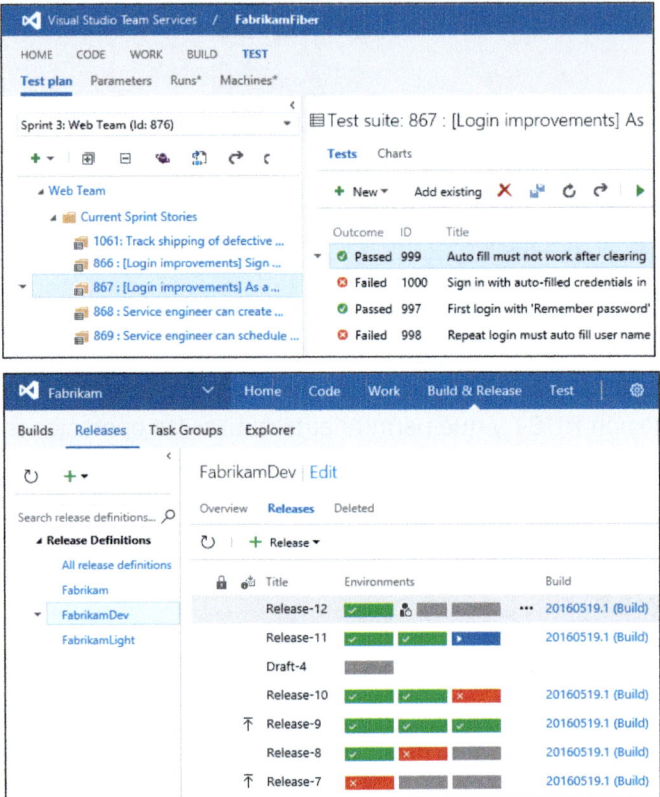

Ventana de la aplicación Visual Studio Test Professional.
Fuente <https://visualstudio.microsfot.com>

■ **IBM Rational Functional Tester:** *software* desarrollado por la compañía IBM que aporta características tales como: prueba de guion gráfico, pruebas automatizadas, pruebas basadas en datos, *scripts* de pruebas e integraciones.

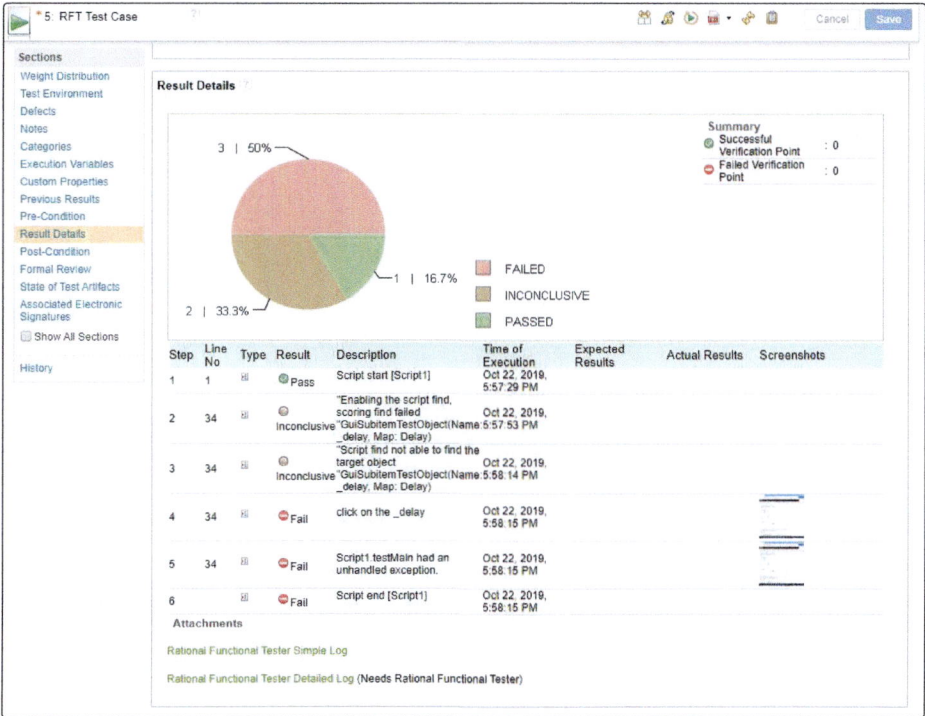

Ventana resultado de ejecución de la aplicación IBM Rational Functional Tester. Fuente <https://www.ibm.com>

7. Resumen

En el proceso de pruebas de una aplicación o de cualquier *software* que se desarrolle, se va a partir siempre de dos tipos de pruebas fundamentales:

- Las de caja blanca: ayudan a realizar las comprobaciones internas de cada una de las entidades *software* que aparecen en el diseño *software* y además analizan todos los detalles de la lógica interna de la aplicación.
- Las de caja negra: con este tipo de pruebas se pueden realizar las comprobaciones de que el *software* cumple con las funciones para las que ha sido diseñado.

Aparte, también hay otro tipo de pruebas que ayudarán a saber cómo se comportará la aplicación que se ha diseñado cuando se producen determinadas condiciones en ella (estrés, picos, carga, etc.).

Ejercicios de repaso y autoevaluación

1. **De las siguientes afirmaciones, diga cuál es verdadera o falsa.**

   a. Cuanta más experiencia se tenga en el desarrollo de pruebas, con más precisión se realizará el diseño de estas.

   ☐ Verdadero
   ☐ Falso

   b. Los procesos de prueba garantizan que se entrega la aplicación que se ha diseñado libre de errores.

   ☐ Verdadero
   ☐ Falso

   c. Un diseño de proceso de pruebas es menos complicado que el desarrollo de una aplicación específica.

   ☐ Verdadero
   ☐ Falso

2. **Nombre los tipos de pruebas que hay.**

   _____
   _____
   _____
   _____

3. **Nombre los tipos de pruebas funcionales que hay.**

   _____
   _____
   _____
   _____

4. **Complete el siguiente texto.**

El _____ de estas pruebas es _____ y _____ los distintos _____ de los que consta la _____ y realizar una serie de _____ sobre ellos como si fuera un _____ real el que está _____.

5. **Este tipo de pruebas son generadas por los usuarios y generalmente dan información de que la aplicación cumple con el funcionamiento para el cual ha sido diseñada. Se habla de...**

    a. ... pruebas de aceptación.
    b. ... pruebas de integración.
    c. ... pruebas de estrés.
    d. ... pruebas de rendimiento.

6. **Relacione los componentes primeros con los correspondientes de más abajo:**

    a. Estructura "repetir hasta que".
    b. Estructura "mientras".
    c. Estructura "bifurcación".
    d. Estructura "secuencial".

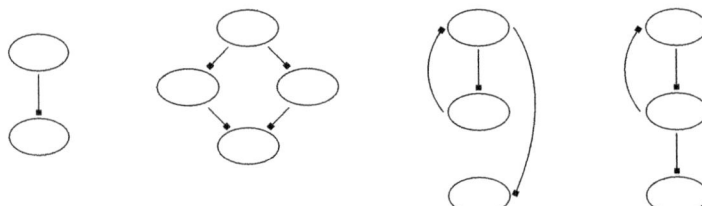

7. **Este tipo de pruebas también son conocidas bajo el sobrenombre de "Pruebas de Caja Blanca". Se habla de...**

    a. ... integración.
    b. ... rendimiento.
    c. ... estructurales.
    d. ... de carga.

8. Las pruebas de caminos básicos pertenecen a...

    a. ... carga.
    b. ... rendimiento.
    c. ... integración.
    d. ... estructurales.

9. Complete el siguiente texto.

Es lo que se conoce como _____ _____ (empieza por la _____
_____ y acaba _____ la última _____ de un _____
fuente).

10. En este tipo de integración lo que se hace es comprobar cada componente por separado y a continuación se comprueba la aplicación por completo. Se habla de...

    a. ... integración no incremental ascendente.
    b. ... integración incremental descendente.
    c. ... integración no incremental.
    d. ... integración no incremental descendente.

11. Nombre los objetivos básicos de las pruebas de usabilidad y accesibilidad.

_____
_____
_____
_____

12. Se centran fundamentalmente en localizar código que no es correcto o bien código que puede ser inestable (que si se ejecuta produzca errores en el sistema en el que se está ejecutando). Se habla de...

    a. ... pruebas de caja blanca.
    b. ... pruebas de caja marrón.
    c. ... pruebas de caja azul.
    d. ... pruebas de caja negra.

13. **Cuando se habla de escaneo de posibles vulnerabilidades, se hace referencia a pruebas de...**

    a. ... seguridad.
    b. ... integridad.
    c. ... control.
    d. ... carga.

14. **Nombre los tipos de pruebas de rendimiento que hay disponibles.**

_____
_____
_____
_____

15. **Sirven para realizar la comprobación interna de cada una de las entidades software de la aplicación. Se habla de...**

    a. ... pruebas de caja blanca.
    b. ... pruebas de caja negra.
    c. ... plan de pruebas.
    d. ... test de pruebas.

Capítulo 6

Control de versiones

Contenido

1. Introducción

Siempre que uno se enfrenta a desarrollar una aplicación nueva, hasta que se tiene la aplicación totalmente lista para poder ofrecerla a los usuarios y que trabajen con ella, se habrá modificado y variado el diseño original miles de veces, por lo que es conveniente llevar un control de las versiones.

Es normal, cuando se diseña, ir dotando la aplicación de ciertos componentes, que pueden no funcionar o no ser los adecuados para la aplicación o simplemente, por cuestiones de diseño, se procede a cambiarlos porque se han quedado obsoletos. Para ello, un buen control de versiones ayudará a saber por qué se descarta tal componente o por qué se actualiza la aplicación.

Al igual que los procesos de prueba, llevar un buen proceso de control de versiones va a ser vital, sobre todo a la hora de consultar las características de una determinada versión de la aplicación (dado que otra versión puede incorporar nuevas funcionalidades en la aplicación).

2. Definición

Cuando en informática se habla de versión de una aplicación se está haciendo referencia a un *software* con un determinado nivel de desarrollo. Muchas veces se pueden ver los programas acompañados de una numeración tipo 1.2 o 2.1.1, que brinda información muy importante sobre una versión de un *software.*

Normalmente, las versiones se numeran mediante dos números X.Y, y si el *software* sufre grandes cambios y se aumenta el primer número X, pero si el *software* sufre pequeños cambios se modifica la segunda X. Por eso, si de una misma aplicación dispone de las versiones 1.3 y 4.1, obviamente entre ambos *software* habrá grandes cambios y mejoras.

Por control de versiones se entiende el proceso en el que se realiza modificaciones sobre el *software* o la aplicación. Este control de versiones se puede realizar de forma manual o bien apoyándose en el uso de herramientas destinadas a tal fin.

Algunas de las herramientas más importantes o populares son:

- *CVS.*
- *SVN.*
- *Subversion.*
- *AccuRev.*
- *Autodesk Vault.*
- *IBM Rational ClearCase.*
- *CodeBeamer.*
- *Perforce.*
- *StearTeam.*
- *Bazaar.*
- *Git.*
- *LIbreSource.*
- *Mercurial.*
- *Monotone.*
- *SVK.*

El principal objetivo de usar un Sistema de Control de Versiones es disponer de información de cualquier elemento que pueda ser editado en la aplicación o *software*. Con esto también se facilita la tarea de la persona que tenga que aprender cómo funciona el *software* para luego poder modificarlo (un *software* y su versionado pueden pasar por miles de personas hasta desaparecer).

Pero ¿cuál será el modelo de trabajo con un sistema de control de versiones? El siguiente:

1. El usuario que trabaja con el sistema de control de versiones obtiene una copia del fichero del repositorio para trabajar con él (a este proceso se le conoce con el nombre de *Check-out).*
2. De la copia que ha obtenido el usuario también se obtienen los metadatos, los cuales indican cómo está definida la copia a la versión mantenida en el repositorio.
3. El usuario realiza su trabajo con la copia.
4. Puede ocurrir que el usuario pase demasiado tiempo trabajando con su copia (imagínese que mantiene una conversación telefónica y deja

el trabajo esperando en el ordenador). En estas situaciones, la copia del repositorio se actualiza mediante *Update.*

5. El usuario termina su trabajo y quiere guardar los cambios en el repositorio, para ello se actualiza la versión del repositorio con los cambios del usuario. Este proceso se conoce como *Commit* o *Check-in.*

 Importante

Los pasos anteriores es fundamental seguirlos en el orden dado a la hora de trabajar con un sistema de control de versiones y evitar posibles problemas.

3. Características generales

Un control de versiones tiene tres características fundamentales, que son las siguientes:

- Disponer de un mecanismo para almacenar los elementos que deba gestionar el control de versiones.
- Disponer de herramientas adecuadas para poder modificar los elementos que anteriormente han sido almacenados.
- Disponer de un registro de historial con las acciones realizadas en cada elemento, añadiendo la posibilidad de devolver a dicho elemento al estado original con el que fue almacenado la primera vez.

Dado que normalmente las acciones que se van a realizar son almacenar y modificar estos elementos, sería propicio disponer de un generador de informes que vaya marcando los cambios que se van produciendo en dicho elemento (entre sus versiones, dado que, cuando se modifica, lo que realmente se está haciendo es versionarlo), así como un informe de estado con el objetivo de conocer en qué situación se encuentra un elemento o conjunto de elementos cualesquiera.

Nota

Las características principales de un sistema de control de versiones dependerán fuertemente de la aplicación *software* con la que se esté trabajando, ofreciendo unas aspectos más destacados que otros.

4. Tipos de control de versiones

Actualmente, se tienen dos tipos de control de versiones que se basan en el tipo de arquitectura que llevan implementada. Estos tipos son:

- **Centralizados:** en este escenario se tiene un repositorio, el cual está centralizado para los usuarios y al que solamente tienen acceso una serie de usuarios con privilegios para su administración.
- **Distribuidos:** en este escenario es cada usuario el que tiene su propio repositorio. Además, cuenta con la ventaja de que dicho repositorio puede interactuar con otros o servir de nodo a un repositorio en concreto.

4.1. Centralizados

Cuando se habla de un control de versiones centralizado, en realidad se está hablando de conceptos que ya se conocen, dado que al tratarse de un modelo centralizado se basa en el concepto de arquitectura cliente/servidor:

- **Cliente:** normalmente, es el que dispone en su ordenador de la aplicación instalada, la cual se conectará al servidor, y mantiene una copia del repositorio en forma de repositorio local (el cual se aloja en la máquina del cliente).
- **Servidor:** encargado de recibir los datos por parte de los clientes y de añadirlos al repositorio para cuando sean consultados o requeridos.

Se tiene que anotar que el servidor es el que contiene el repositorio principal o maestro (el resto de repositorios de los clientes son copias de dicho repositorio) y está perfectamente sincronizado respecto de los clientes. Siempre que se quieran consultar datos del repositorio se deberá hacerlo sobre el que contiene el servidor, el repositorio maestro, y con esto se asegura que los datos que se tienen son fiables.

Cuando un usuario quiere realizar una modificación sobre el repositorio, en principio no lo hará sobre el repositorio maestro alojado en el servidor; lo hará en su propia copia local y a la hora de publicarlo es cuando esta copia local se mezclará con el repositorio maestro del servidor para actualizar cambios.

De este modelo se tiene que destacar que es muy normal que se den conceptos tales como:

- Ramificaciones.
- Versiones.
- Etiquetas.

Todo ello con el fin de poder tener varias copias de seguridad y poder hacer frente a una recuperación del repositorio ante situaciones imprevistas.

Control de versiones centralizado

Recuerde

Los sistemas de control centralizados se basan en el concepto de arquitectura cliente/servidor.

4.2. Distribuidos

En este tipo de sistemas de control de versiones no se dispone, como en el tipo centralizado, de un repositorio maestro, sino que cada cliente conectado aporta su propio repositorio; luego, mientras más clientes conectados haya en un momento dado formando el sistema distribuido, mejor conectividad habrá.

Un ejemplo bien claro de este tipo de sistemas son las aplicaciones basadas en P2P, en las cuales los datos no están centralizados, sino distribuidos entre miles de usuarios y el resto de usuarios, a medida que consumen datos de los otros, los van compartiendo con otros usuarios, formando así redes bastante complejas.

La mayor complejidad de este sistema radica en cuando un usuario hace un cambio en algún elemento del repositorio. En ese instante, hay que mandar una réplica al resto de usuarios que comparten ese repositorio para que todos estén actualizados y se evite redundancia o pérdida de información.

Este tipo de sistemas de control de versiones se basan en conceptos tales como:

- Ramificación.
- Unión central.
- Liberaciones.

Control de versiones distribuido

Actividades

1. Realice un resumen con las características más importantes de los tipos de control de versiones (tanto distribuidos como centralizados).

5. Mecanismos de control de versiones

Para entender mejor la manera en que funciona el control de versiones, se tienen que ver una serie de conceptos, tales como:

- Repositorios.
- Publicación de cambios.
- Desprotección.
- Ramificaciones.
- Fusiones.

- Etiquetado.
- Líneas de base.
- Actualizaciones.
- Congelaciones.
- Gestión de conflictos.

5.1. Repositorios. Gestión y administración

Por repositorio se entiende un archivo o fichero (o cualquier otra entidad destinada a almacenar datos, como una base de datos) donde se almacenan y se mantiene información digital. Estos datos almacenados pueden ser tratados a través de una red y pueden ser de acceso público o bien privado (se necesita una autentificación para poder trabajar con ellos). Casi todos los repositorios suelen contar con un sistema de copia de seguridad o respaldo que permite recuperar la información en caso de que el repositorio principal se vea dañado.

Dentro del repositorio, se dispondrá de alguna herramienta que permita gestionar los permisos, las conexiones de los usuarios, leer o escribir archivos y, sobre todo, mantener un registro sobre las modificaciones que se realizan en los datos que contiene el repositorio.

5.2. Publicación de cambios *(check-in* o *commit)*. Operaciones atómicas

Cuando se habla de publicación de cambios, se hace referencia al momento en que el usuario ha terminado de editar un fichero y procede a subir los cambios efectuados para que se reflejen en el repositorio. A este concepto se le conoce con el nombre de *check-in* o *commit.*

Ya se sabe que la publicación de cambios conlleva ciertos problemas de inconsistencia que se deben evitar a toda costa. Para ello, aparece el concepto de Operación Atómica. Se entiende por operación atómica aquella en la que un microprocesador puede simultáneamente leer datos de una determinada ubicación y escribirlos en la misma operación del bus, con lo que se obtiene la indivisibilidad del proceso y que este se realice entero o que no se realice nada.

Las operaciones atómicas son muy usadas en el entorno de los sistemas gestores de base de datos (imagínese que varios usuarios quieren modificar un mismo registro de la base de datos al mismo tiempo).

 Actividades

2. Explique con sus propias palabras los siguientes conceptos:

a. Repositorio.
b. Operación atómica.
c. Check-in o commit.

5.3. Tipos de desprotección, despliegue o check-out: exclusivos y colaborativos

Cuando se habla de despliegue o *check-out,* se hace referencia al momento en que una copia de los cambios que se han realizado a la copia local (obtenida del repositorio) es devuelta (actualizada, modificada, sobrescrita, etc.) al repositorio.

Obviamente, cuando se obtiene la copia ciertos documentos son protegidos o bloqueados (dependiendo del modo de funcionamiento que se esté usando). Por eso se necesita desprotegerlos para poder subir esta modificación de la copia local al repositorio.

Cuando se habla de los conceptos de exclusión y colaboración, se hace referencia a la forma de colaboración que se puede presentar a la hora de trabajar un proyecto mediante un sistema de control de versiones. Cuando se colabore de esta forma, lo primero será realizar una copia local para trabajar con la información que se necesita del repositorio y, a continuación, se trabajará sobre la copia (esto debe realizarse siempre así). Una vez se está trabajando con la copia, es cuando se tienen dos posibles formas de ir haciendo las modificaciones (colaboraciones):

- **Exclusivamente:** trabajando de esta forma se tiene que comunicar al repositorio el documento que se desea modificar y el mismo se encargará de impedir que otro usuario pueda modificar dicho documento. Cuando se finaliza la modificación, está se comparte con el resto de colaboradores y la liberación del documento se produce cuando se termina de modificar el mismo. *SourceSafe* es un ejemplo de control de versiones exclusivo.
- **Colaborativamente:** al trabajar de esta forma, cada usuario lo que hace es modificar la copia local que ha obtenido del repositorio y es el mismo usuario quien decide cuándo hacerla pública al resto de colaboradores. En el momento en que la hace pública, el sistema de control de versiones realiza la combinación de todas las modificaciones de los usuarios colaboradores del proyecto. El problema al trabajar de este modo es la **inconsistencia de datos** (surge de la modificación de un mismo fichero entre varias personas sin esquema alguno o coordinación). Un ejemplo de programas de este tipo se puede localizar en *Git* o *Subversion*.

5.4. Ramificaciones *(branching)*

Cuando se habla de versiones de un *software,* se hace referencia al estado en que se encuentra el código en un momento dado del *software.* Dado que un programa puede tener muchas versiones, si se representan dichas versiones de forma gráfica usando un modelo jerárquico se obtiene lo que se conoce por el concepto de ramificación. A continuación, se puede ver un ejemplo de ramificación de un *software.*

```
+-------+
| trunk |
+-------+
 |
 | 1.3.0RC1  r158 2003-09-21
 | 1.3.0RC1  r181 2003-10-05
 | 1.3.0     r205 2003-10-12
 |
 +-------- branch 1.3 ----------+
 |                              | 1.3.1    r379   2004-02-28
 |                              | 1.3.2    r448   2004-06-29
 |                              | 1.3.3    r551   2004-10-03
 | 1.4.0RC1 r683 2005-01-09     |
 |                              | 1.3.4    r713   2005-01-20
 | 1.4.0RC2 r718 2005-01-21     |
 | 1.4.0RC3 r741 2005-02-13     |
 | 1.4.0    r750 2005-03-12     |
 |
 +-------- branch 1.4 ----------+
 |                              | 1.4.1    r790   2005-05-14
 | 1.5.0RC1 r871 2005-09-21     |
 | 1.5.0RC2 r907 2005-10-22     |
 |
 +-------- branch 1.5 ----------+
 |                              | 1.5.0    r929   2005-11-08
 |                              | 1.5.1    r978   2005-12-10
 |                              | 1.5.2    r989   2005-12-25
 |
```

Ramificación de un software

Una versión correspondiente a un *software* se va a componer generalmente de tres numeraciones, A.B.C, de tal forma que:

- A corresponde al número de versión principal. Se suele partir de 1.
- B corresponde con el número de versión menor.
- C corresponde con el número de corrección, es 0 cuando esta es omitida.

Aunque es menos habitual, también es posible encontrarse con:

- **Micro:** indica que se ha aplicado una corrección al *software* para solventar ciertos problemas y que a su vez ha sufrido cambios muy ligeros.
- **Fase de desarrollo:** indica si una determinada versión se encuentra en fase de desarrollo, es decir, que no es ni final ni estable (visto de otra forma: que es una versión inestable o en pruebas).

Luego el esquema o sintaxis general de una versión quedaría de la siguiente forma: **A.B.C.micro.fase_de_desarrollo.**

Aplicación práctica

De las siguientes versiones, identifique las partes correspondientes a A, B, C, micro y fase de desarrollo:

a. 1.2.
b. 2.5.7.
c. 2.4 Beta.
d. 1.2.1 Alpha.

SOLUCIÓN

A continuación, se va a ir viendo cada versión e identificando sus partes:

A	B	C	Micro	Fase de desarrollo
a)	1	2		
b)	2	5	7	
c)	2	4	Beta	
d)	1	2	1	Alpha

Gracias a trabajar en ramas o hacer ramificaciones, se pueden desarrollar nuevas versiones del *software* para realizar correcciones o mejoras de versiones (ramas o ramificaciones) antiguas. Por ejemplo, imagínese que en la versión 1.6.2 se localizan errores; en la versión 1.6.3, dichos errores deben ser solventados y solucionados. Es posible encontrarse con varios tipos de ramas o ramificaciones:

■ **Ramas estables:** cuando un *software* no contiene ningún tipo de error, se dice estable. Las ramas inestables corresponden al *software* que está pendiente de revisión porque contiene errores en su código. Cuando se tiene una rama estable, se fusiona (concepto que se denomina *merge)* con el *trunk.*

- **Rama para el desarrollo:** generalmente conocida con el nombre de *trunk* (tronco), es gracias a esta que se generan ramas estables. Se puede ver el *trunk* como la versión base de un proyecto cualquiera.
- **Ramas de largo recorrido:** se encuentran siempre abiertas, dado que van indicando el grado de estabilidad que contienen. Un ejemplo de estas ramas son las versiones Alfa y Beta del *software* informático.
- **Ramas puntuales:** también se les conoce con el nombre de ramas de soporte. Son ramas que se crean de forma puntual para realizar una determinada funcionalidad, como puede ser añadir una nueva característica al *software.* Este tipo de ramas permiten centrarse única y exclusivamente en el desarrollo.

Luego trabajar con ramas va a permitir tener en paralelo dos o más versiones del repositorio y los usuarios del repositorio podrán elegir entre trabajar con una u otra. Se tiene que anotar que, si se produce una ramificación en el *software,* cada rama tendrá su propio ciclo de vida e implementará sus propios elementos, es decir, no tienen por qué ser iguales, pero sí compartirán ciertas características base.

 Actividades

3. Explique con sus propias palabras los siguientes conceptos:

a. Despliegue exclusivo.
b. *Chekc-out.*
c. Ramas estables.

Aplicación práctica

En la siguiente imagen, puede ver cómo se representa el ciclo de vida de una determinada aplicación *software* (da igual cuál sea dicha aplicación). ¿Qué podría decir de la siguiente imagen? Imagine que en la versión 1.3 se detectan fallos muy importantes y se tiene que producir una ramificación, ¿a qué versión ramificaría?

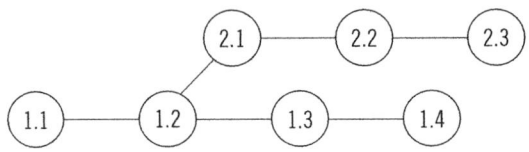

SOLUCIÓN

Se puede observar cómo el *software* comienza en su versión 1.1, la cual se revisa, se detectan ciertos leves errores y se actualiza a la versión 1.2. A partir de esta versión, dicho *software* evoluciona con modificaciones leves a la 1.3 y con modificaciones mayores hacia la versión 2.1. La versión 1.3 se actualiza con leves modificaciones a la 1.4 y así sucesivamente. De la versión 2.1 se actualiza a la 2.2 y a la 2.3, con leves modificaciones.

Si en la versión 1.3 se producen cambios importantes, se ramificaría a la 3.1, tal y como puede verse en la siguiente imagen:

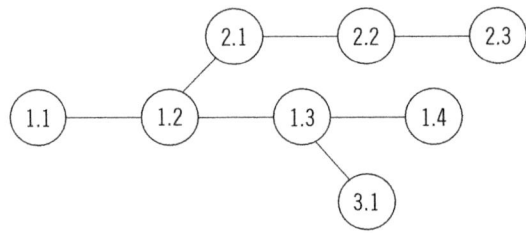

5.5. Fusiones *(merging)*

Por fusión (aunque también se denomina integración) se entiende una relación que une dos o más conjuntos de cambios sobre un fichero o conjunto de estos en una revisión de dicho fichero o ficheros.

Una vez que se conoce en qué consiste la fusión *(merge),* cabe preguntarse cuándo se puede producir esta. Hay tres opciones posibles en las que puede aplicarse una fusión:

1. Un usuario trabaja con los archivos de su copia local (que ha sido obtenida del repositorio de datos) y cuando se produce la actualización de su copia local (añadiéndolo al repositorio). También puede suceder cuando internamente en el repositorio se produce el *check-in* de dichos ficheros.
2. Cuando un código es ramificado *(branch),* normalmente sucede cuando se detecta un problema en el código y este se ramifica para atender dicho problema mediante ramificaciones.
3. Puede ocurrir justamente después de la ramificación, porque un grupo de ficheros se ha desarrollado independientemente del resto y ahora se necesita su fusión para que compartan un tronco unificado.

Muchas veces, cuando se hacen ramificaciones sobre el código, puede ser que se necesite que estos cambios que se han realizado sobre la rama estén disponibles para poder desarrollarlos paralelamente a la rama que se tiene.

Para ello, se utilizará la fusión o integración *(merge),* que va a aplicar todos los cambios que se han producido entre dos revisiones en una rama cualquiera del conjunto de ramificaciones del repositorio. Luego se puede afirmar que las fusiones las va a realizar siempre que se haya finalizado un desarrollo en paralelo el cual afecta a una rama en particular.

5.6. Etiquetado *(tagging)*

Una etiqueta o *tag* sirve fundamentalmente a modo de rama "firmada" que no cambia y que se mantiene siempre igual, es decir, se mantiene inalterable con el paso del tiempo. Se pueden ver las etiquetas o tags como puntos específicos que marcan la historia de un repositorio.

Las etiquetas resultan bastante eficientes para marcar puntos de progreso o bien para marcar el estado en que se encuentra un proyecto, usando para ello nombres adecuados (es decir, que el nombre tenga sentido con la parte del proyecto que se está etiquetando, tarea que simplifica bastante la operativa de trabajo).

5.7. Líneas de base *(baselines)*

Las líneas de base, más comúnmente conocidas con el nombre de *baselines,* hacen referencia a una especificación de un producto o a un producto en sí mismo que ha sido revisado formalmente y sobre el que se ha llegado a un determinado acuerdo. A partir de este momento, esa referencia sirve como base desarrolladora y solamente puede cambiarse con los denominados procedimientos formales.

La definición anterior es la que establece el estándar IEEE/ISO/IEC 24765-2017, de difícil entendimiento. Para poder entender dicho concepto de líneas de base, se va a poner un ejemplo. Imagínese que se está desarrollando determinado *software,* este *software* pasará por una etapa en la que podrá modificarse libremente y sin impedimento alguno. Una vez acabado el desarrollo de este *software,* se le pasará una revisión formal (cuya arquitectura dependerá de la aplicación que se esté desarrollando en sí) y será aprobada su calidad para poder ser entregada al cliente y comenzar su uso. Una vez que ocurre esto, el usuario puede localizar fallos que o bien no han sido localizados en la etapa oportuna o bien han derivado de solucionar otros fallos y se han pasado por alto. En esta situación, no se puede modificar libremente el *software* que se ha diseñado, lo que se tiene que hacer es seguir un plan de control de cambios realizados con el objetivo de tener correctamente documentado dicho *software.*

Luego una línea de base se va a definir como un producto que ha sido aprobado y que define el molde o la base de ese producto. Además, si se quiere modificar, se debe actuar mediante un protocolo de control de cambios.

También es posible encontrar definiciones que aseguren que una línea de base es un punto de inflexión en un proyecto *software* que hace que dicho proyecto alcance un estado estable.

Pero ¿cómo se va a trabajar con las líneas de base? Desde que comienza el proyecto hasta que se acaba, se van insertando en él mismo líneas de base. Estas líneas de base se insertan en función de:

- Requisitos del usuario.
- Requisitos *software.*
- Requisitos *hardware.*
- Diseño del proyecto.
- Código fuente.
- Procedimientos.
- Pruebas de funcionamiento.

Cuando se pasa de una línea de base a otra en el proyecto, se garantiza coherencia y calidad del *software* (junto con la estabilidad).

 Actividades

4. ¿Podría explicar con sus propias palabras los siguientes conceptos?:

   a. Líneas de base.
   b. Fusión.
   c. Etiquetado.

5.8. Actualizaciones

Una actualización integra los cambios que se han producido en el repositorio y lo hace sobre la copia de trabajo local de los usuarios.

Con esta actualización lo que se obtiene es que los usuarios, al trabajar con sus copias locales, las cuales son obtenidas por estos usuarios a través del repositorio, las tengan siempre actualizadas lo más pronto posible; así, cuando el usuario vaya a volcar el contenido de su copia local ya modificada sobre el repositorio, no habrá problemas de inconsistencia, dado que contiene la misma actualización que el repositorio.

Esta actualización se hace a través del uso del comando **Update,** aunque en muchos sistemas de control de versiones se puede encontrar el comando **sync.**

5.9. Congelaciones

Con la congelación lo que se va es a permitir los últimos cambios que se han producido *(commits)* para resolver ciertos problemas que han sido detectados en una revisión y suspender el resto de cambios antes de producir una entrega del código, a fin de poder obtener un código o versión estable.

Si un repositorio es congelado, no se permite que un usuario acceda al repositorio para resolver cierto problema, problema al que no está previsto darle solución principalmente porque el repositorio está congelado para que no se produzcan inconsistencias e imprevistos.

5.10. Gestión de conflictos

Dentro de los mecanismos de control, se debe permitir un acceso colaborativo al repositorio (sobre todo en lo que se refiere a la modificación y lectura).

Este acceso colaborativo se produce siempre que dos o más usuarios intentan trabajar sobre el mismo archivo o fichero. Al terminar su trabajo se corre el peligro de que se sobrescriban el resto de modificaciones de los usuarios. Para evitar estos problemas, se dispone de los modelos a aplicar que se describen a continuación.

Modelo bloquear-modificar-desbloquear

En este modelo de estrategia de control, solamente se permite que un usuario pueda modificar un archivo, con lo cual lo primero que se hace cuando un usuario quiere modificar un archivo es comprobar que no está bloqueado (si lo está, directamente no se le da permiso) y si es así se bloquea para poder modificarlo el usuario. Una vez que este usuario ha terminado de modificar, se desbloquea y se da paso al resto de usuarios que antes pidieron el acceso a este fichero (para eso se lleva una lista). Este modelo origina una serie de desventajas, como:

- **Tiempos muertos:** puede darse el caso de que un usuario bloquee un archivo para trabajar con él y olvide desbloquearlo (guardarlo), mientras que haya otros usuarios que lo necesiten usar.
- **Esperas injustificadas:** si un usuario quiere modificar por ejemplo las 2 primeras líneas de un archivo y otro quiere modificar por ejemplo las 2 últimas líneas del mismo archivo, si el primero bloquea el fichero, el segundo espera hasta que el primero lo desbloque cuando no actúan en las mismas partes del fichero.
- **Seguridad escasa:** dado que no garantiza la exclusión de inconsistencias en el sistema o tiempos muertos.

Modelo copiar-modificar-combinar

Este modelo, al contrario que el anterior, permite que varios usuarios trabajen simultáneamente sobre el mismo fichero o dato del repositorio mediante la creación de copias locales.

A la hora de guardar un archivo, el sistema del repositorio se encarga de comparar y de combinar las versiones que hay del fichero modificado. Aun con esta técnica, no evitamos que si dos usuarios modifican la misma parte de un fichero se guarde o actualice de forma exitosa.

Actividades

5. Realice un esquema conceptual con los datos más importantes y característicos de:

   a. Repositorios y publicación de cambios.
   b. Tipos de desprotección, despliegue y ramificaciones.
   c. Fusiones y etiquetado.
   d. Líneas de base y actualizaciones.
   e. Congelaciones y gestión de conflictos.

6. Buenas prácticas en control de versiones

Cuando se trabaja en equipo (una colaboración entre dos o más personas que modifican el código fuente), se tienen que garantizar y cumplir una serie de prácticas habituales para evitar posibles problemas.

Se cuenta con tres *buenas prácticas* a la hora de sincronizar el código trabajado con el del repositorio:

1. *Check-out* procederá a descargar una copia local del código alojado en el repositorio. Esto se debe realizar para poder comenzar el trabajo.
2. *Update* procederá a descargar al entorno de trabajo únicamente las modificaciones que se hayan producido desde la última sincronización que se ha realizado. Esta operación solo se puede realizar si se ha pasado por el punto anterior.
3. *Commit* se encargará de actualizar al repositorio con los cambios que se han producido en el/los entorno/s local/es. Está operación solamente se realizará si no surgen conflictos en el repositorio (por ejemplo, imagínese una modificación paralela de dos usuarios con el mismo código y sin sincronizar).

Aparte de unas buenas prácticas, cuando se está colaborando con un grupo en un proyecto, se debe tener presente la forma en la que se va a realizar el trabajo.

Para ello, no se puede dejar pasar por alto que:

4. Antes de empezar a resolver una determinada tarea, se tiene que comprobar que las sincronizaciones con el repositorio (mediante el uso del comando **Update** o **Chek-out)** en función de si se ha descargado antes o no el código a modificar en el entorno a trabajar del repositorio.
5. En el momento que la tarea se considera resuelta, se deberán traer los cambios del entorno de trabajo hacia el repositorio, lo que se puede hacer mediante el comando **Update.**
6. Una vez que ha sido actualizado el repositorio, se deberá informar al resto de colaboradores, haciendo público el código que se ha modificado y depositado en el repositorio. Esta acción se puede efectuar mediante la operación *commit.*

7. Herramientas de control de versiones de uso común

A continuación, se van a ver las herramientas disponibles (tanto gratuitas como de pago) para poder realizar control de versiones, herramientas que se van a clasificar para el modelo cliente-servidor y para el modelo distribuido. En la medida en que sea posible, se hará uso de las herramientas libres (las cuales ofrecen prácticamente las mismas posibilidades que las de pago); si se encuentra alguna herramienta de pago, se puede usar su versión demostrativa o de evaluación (una versión totalmente funcional, pero limitada en tiempo de uso o bien restringida en ciertas funciones que, cuando se compra la licencia, desaparecen tanto las restricciones de las funciones como la limitación en el tiempo).

7.1. Características

Como se ha apuntado anteriormente, se van a clasificar las herramientas dependiendo de si son para el modelo cliente/servidor o para el distribuido.

Modelo cliente/servidor

A su vez, dentro de esta clasificación, se van a clasificar las herramientas que se pueden usar en código libre y de pago.

Dentro de las herramientas de código libre, se pueden encontrar:

- **CVS (Concurrent Versions System):** se basa en el uso de un servidor para almacenar las versiones de un proyecto y su historial. Cliente y servidor se conectan mediante el uso de Internet, sacando el cliente una copia para trabajar con ella y, una vez que ha terminado su trabajo, devuelve la copia al servidor para que este la actualice. De este modelo, se puede destacar que soporta el trabajo ramificado de un mismo proyecto o versión.

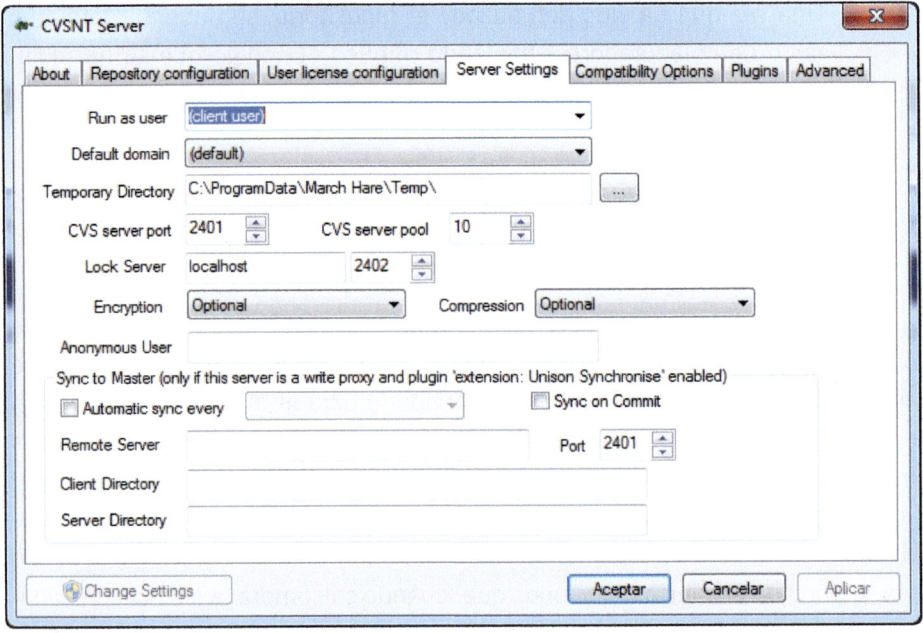

Ventana de la aplicación CVS – Concurrent Versions System

- **SVN (Subversion):** basado en CVS y diseñado para reemplazarlo. Esta herramienta destaca por acceder al repositorio de datos a través de la red (permite que el repositorio pueda ser accedido en un instante dado por varios usuarios). Permite la creación de ramas y etiquetas, así como permitir el bloqueo o no acceso a determinados archivos (un archivo que se está editando se bloquea hasta que el usuario termina su edición).

Dentro del *software* comercial, se pueden encontrar los siguientes productos:

- **AccuRev:** su característica principal es que tiene integrado un gestor de incidencias basado en flujos, así como un servidor de replicación.

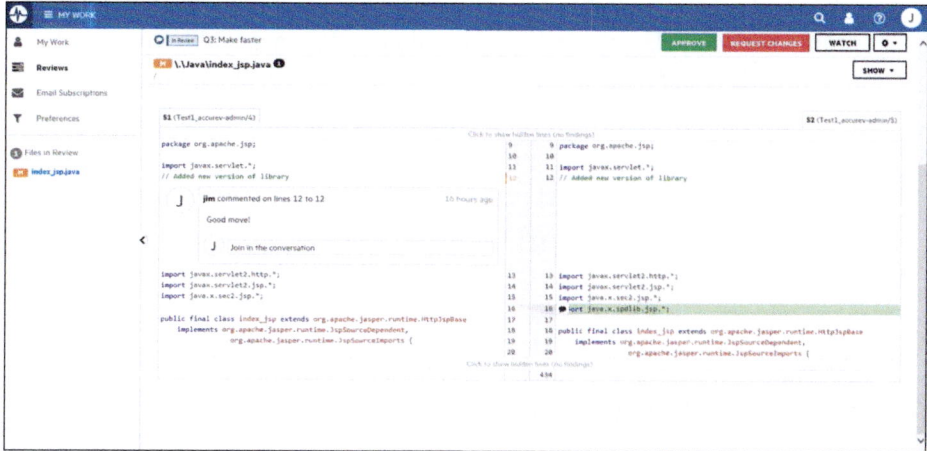

Ventana de la aplicación AccuRev

- **Autodesk Vault:** herramienta de control de versiones orientada a aplicaciones *autodesk* que gestiona los ficheros elaborados con *AutoCaD* y *Autodesk Inventor.*

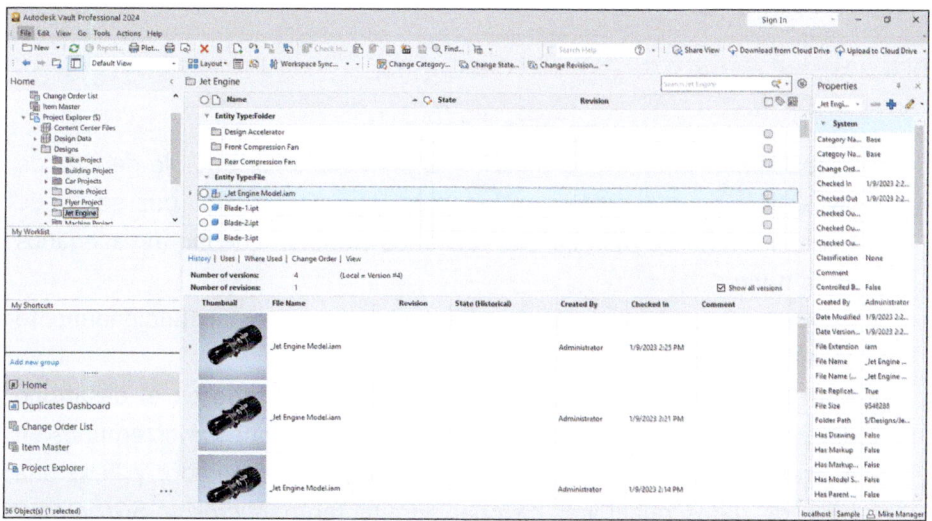

Ventana de la aplicación Autodesk Vault. Fuente: Autodesk

- **ClearCase:** solución desarrollada por IBM que ofrece soporte para control de versiones y gestión de espacios de trabajo (gestiona los archivos, directorios y cualquier archivo de desarrollo en todo el ciclo de vida del *software),* gestión de cambios de colaboración integrada (gestiona los problemas y les da solución), desarrollo paralelo avanzado (ramificación automática, fusión avanzada y tecnología de diferenciación), seguridad IP (firmas electrónicas, autentificación de usuarios para acceso seguro y controlado y seguimientos de gobierno y conformidad), auditoría de compilaciones fiable (soporte para el ciclo de edición-compilación-depuración y a reproducir versiones de *software).*

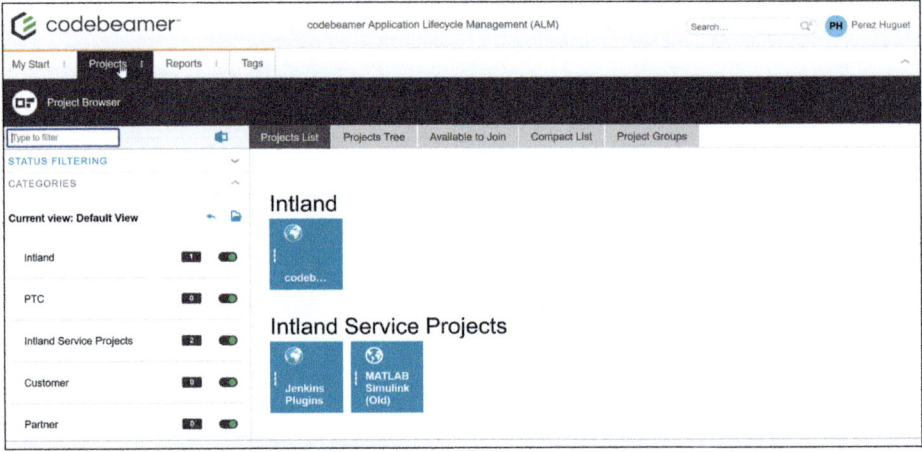

Ventana de la aplicación codeBeamer online

- **codeBeamer:** integra una plataforma para gestionar el ciclo de vida de las aplicaciones de *software.* Incorpora la característica que se puede trabajar online de manera que todos los cambios quedan almacenados en la nube.
- **Perfoce:** ofrece funciones avanzadas para gestionar el funcionamiento en arquitecturas de red complejas.
- **StartTeam:** sistema de control de revisiones utilizado en el desarrollo del *software,* sobre todo cuando el proyecto contiene varios equipos en diferentes ubicaciones. Esta aplicación es cliente-servidor y lleva una base de datos relacional, la cual admite tanto *Microsoft SQL Server* como base de datos *Oracle.*

■ **Azure DevOps Server:** herramienta de desarrollo de Microsoft que permite la automatización y control de seguimiento de versiones en las plataformas *Windows, macOS* y *Linux* desde una única ubicación sita en la nube. Permite la incorporación del repositorio de GitHub lo que facilita la colaboración.

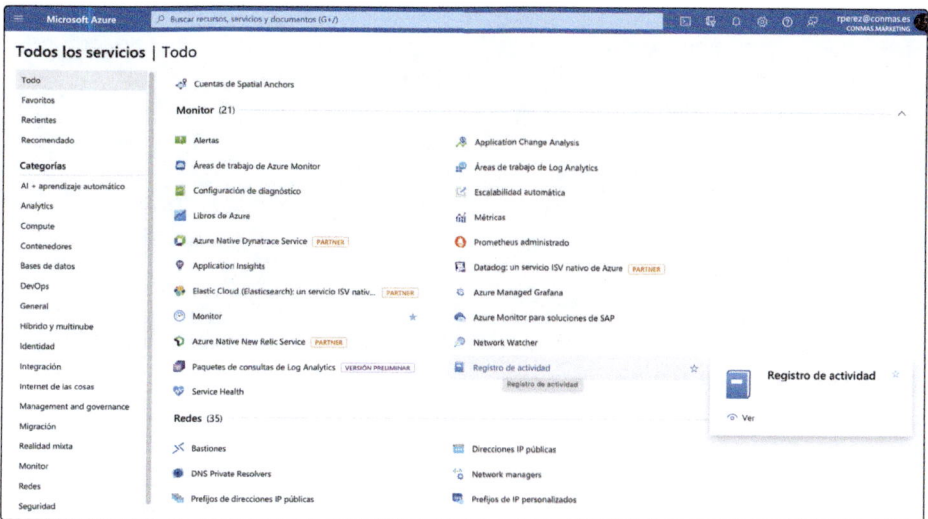

Ventana de acceso a Azure DevOps Server

Actividades

6. Localice en Internet más *software* para control de versiones que esté basado en el modelo cliente-servidor (tanto comercial como de pago).

Modelo distribuido

Al igual que en el modelo cliente-servidor, se van a dividir las herramientas en código libre y comerciales (de pago).

Las herramientas de código libre disponibles son:

- **Bazaar:** sistema de control de versiones diseñado principalmente para facilitar la participación en proyectos de *software* libre y *opensource*. Puede ser usado por un único usuario que trabaje con múltiples ramas de una copia local o bien a través de un equipo que colabora en la red.

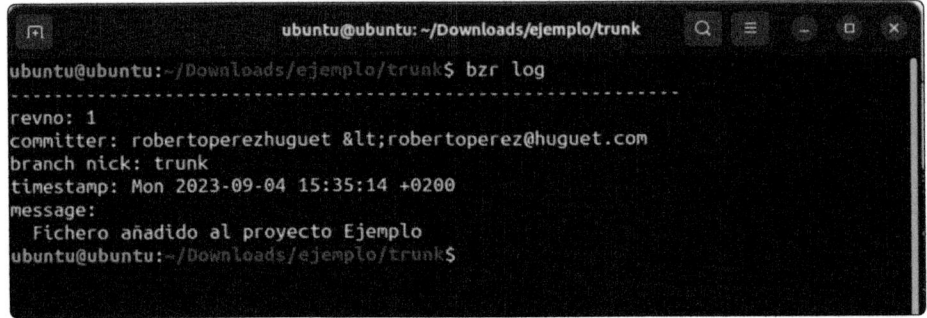

Ventana de la aplicación Bazaar usada en Ubuntu mediante el terminal

- **Git:** *software* de control de versiones diseñado para ser eficiente y garantizar confiabilidad del mantenimiento de las versiones de aplicaciones cuando estas se caracterizan por tener una gran cantidad de archivos de código fuente. Se puede destacar que el grupo de programación del núcleo de *Linux* usa este *software*.

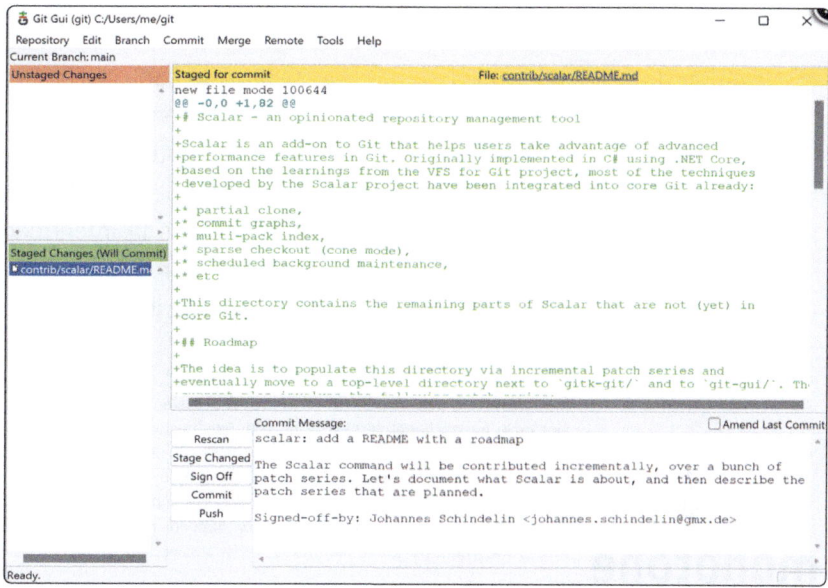

Ventana de la aplicación Git

- **LibreSource:** plataforma colaborativa polivalente además de modular y altamente amigable. Está destinada al desarrollo colaborativo de programas, gestión de comunidades, gestión de datos y la publicación en Internet.
- **Mercurial:** sistema de control de versiones multiplataforma y está implementado mediante *Python.* Sus principales características son su gran rendimiento y su escalabilidad. Cuenta con un desarrollo totalmente distribuido sin necesidad de servidor y con interfaz web gráfica.

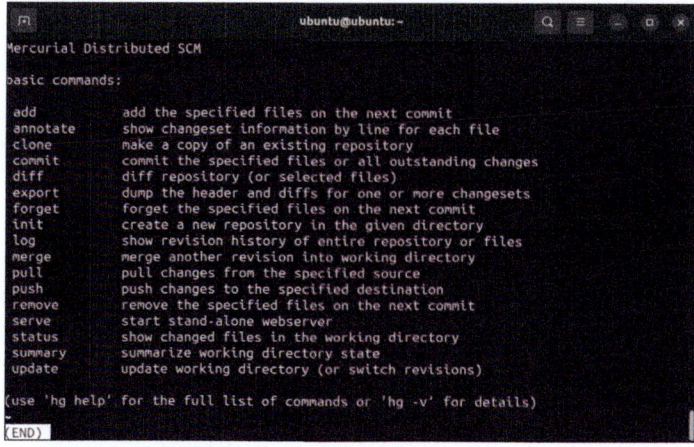

Ventana de la aplicación Mercurial en Ubuntu

■ **Monotone:** herramienta *software* de código abierto para el control distribuido de versiones. Se tiene que destacar que cada participante del proyecto cuenta con su propio almacén de revisiones históricas que es soportado por una base de datos *SQLite* localmente. De este *software* destaca su soporte para separación/integración que hace la operación *commit* antes de integrar. Este *software* trata antes la integridad como concepto en el *software* que el rendimiento del mismo. *Monotone* se caracteriza porque está disponible para distintas distribuciones de Linux.

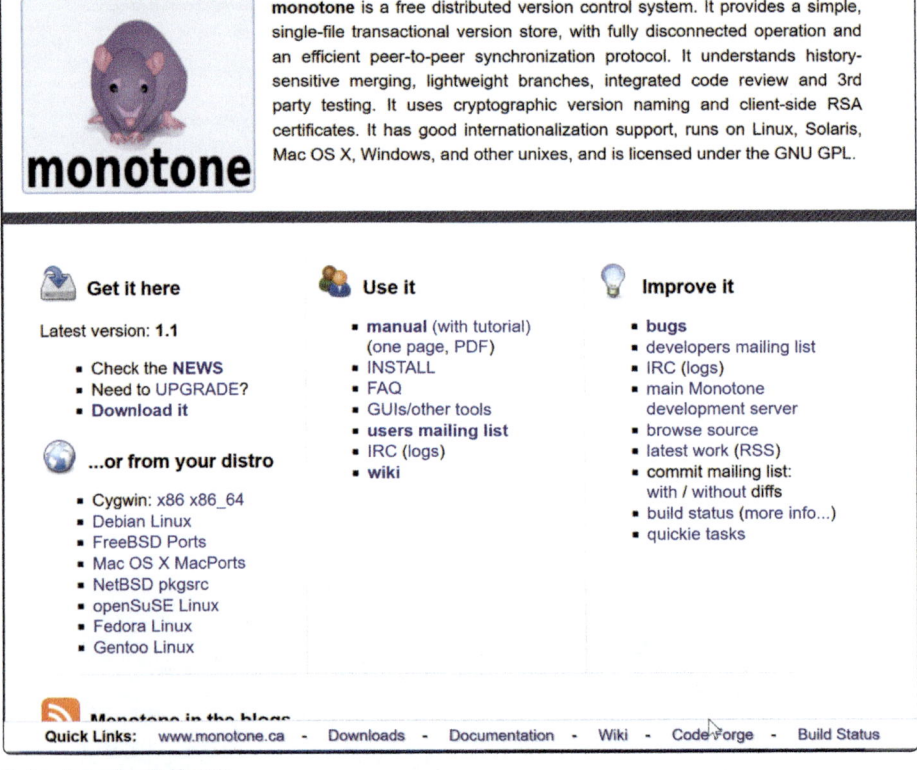

Ventana de la aplicación Monotone

■ **SVK:** *software* de sistema de control de versiones descentralizado y que está implementado en *Perl,* y consta de un diseño jerárquico distribuido. Ofrece las siguientes características: operaciones fuera de línea (como registro y fusión), sucursales distribuidas, administración de copias, combinación de algoritmos, firma y verificación.

Actividades

7. Localice en Internet otros *softwares* para control de versiones que esté basado en el modelo distribuido (tanto comercial como de pago).

7.2. Comparativa

No se puede decir que una herramienta sea mejor que otra, dado que dependerá del proyecto que se esté gestionando y de cómo se esté gestionando fundamentalmente. Lo que sí se puede decir es que las herramientas de control de versiones más utilizadas o más populares entre los usuarios de este tipo de *software* son las siguientes:

- **Subversion:** se considera el padre de todos los sistemas de control de versiones y, por lo tanto, en su época, fue el más usado por todos los usuarios.
- **Git:** es bastante común su uso, pero se tiene que destacar que es bastante difícil de manejar o aprender. Quizá *Mercurial* ofrece las mismas herramientas y es más fácil de asimilar.
- **CVS:** junto con *Subversion,* es uno de los más usados y ello gracias a su escasa pulcritud interna. Usa la arquitectura cliente/servidor.

Actividades

8. Acceda al servidor principal de *Mercurial* y consulte las características técnicas que ofrece esta aplicación.
9. Acceda al servidor principal de *Tortoise* y consulte las especificaciones de este *software*. ¿Es multiplataforma?

8. Integración del control de versiones en herramientas de uso común

Normalmente, la mayoría de IDE (Entorno de Desarrollo Integrado) cuenta con algún módulo (programa) incluido en su entorno para tratar el control de versiones. Obviamente, cada IDE integrará su propio sistema de control de versiones y no tiene por qué ser el mismo que el de otro IDE.

Se tiene que anotar que algunos IDE directamente incluyen (cuando se instalan para trabajar con ellos) el sistema de control de versiones (se instala junto con el IDE) y otros IDE ofrecen un *plugin* (complemento que se puede instalar al IDE y que no se instala junto con este en el proceso de instalación) que se puede descargar y adjuntarse al IDE para poder tener el sistema de control de versiones.

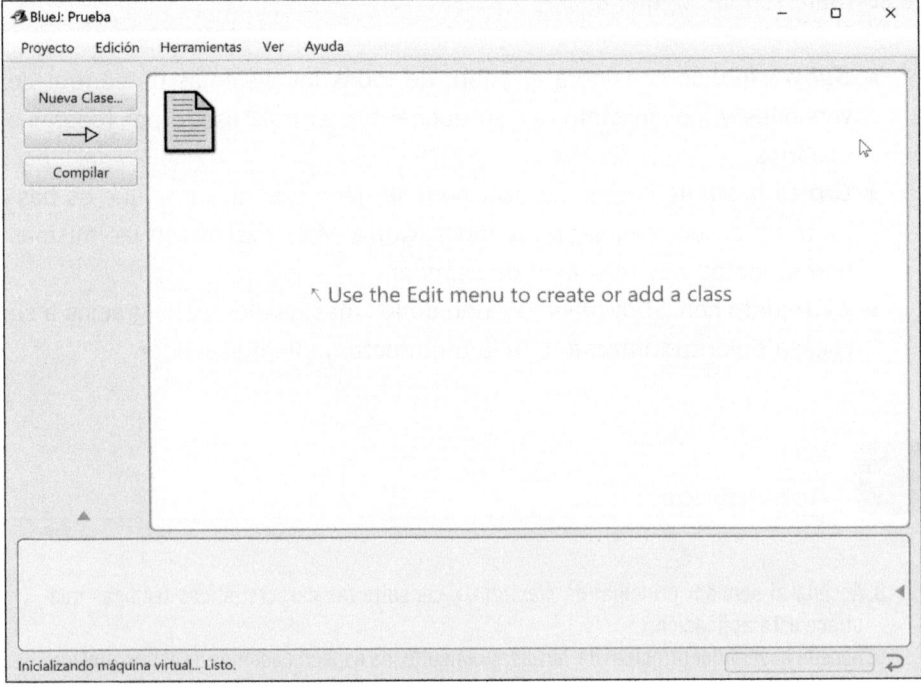

IDE JBuilder bajo Linux

A continuación, se van a ver los IDE más utilizados por los usuarios y los sistemas de control de versión que incluyen:

- **CVS:**

  - **Eclipse:** IDE que incluye un *plugin* CVS ya incorporado en su proceso de instalación (con lo cual no se tiene que instalar nada para trabajar con el sistema de control de versiones CVS).
  - **Kdevelop:** entorno de desarrollo integrado diseñado fundamentalmente para sistemas *GNU/Linux* y otros *UNIX,* ofrece un uso bajo entorno gráfico KDE (aunque es posible que no se encuentre bajo entornos *Gnome).* Este IDE depende del comando **gcc** para producir compilaciones y código binario.

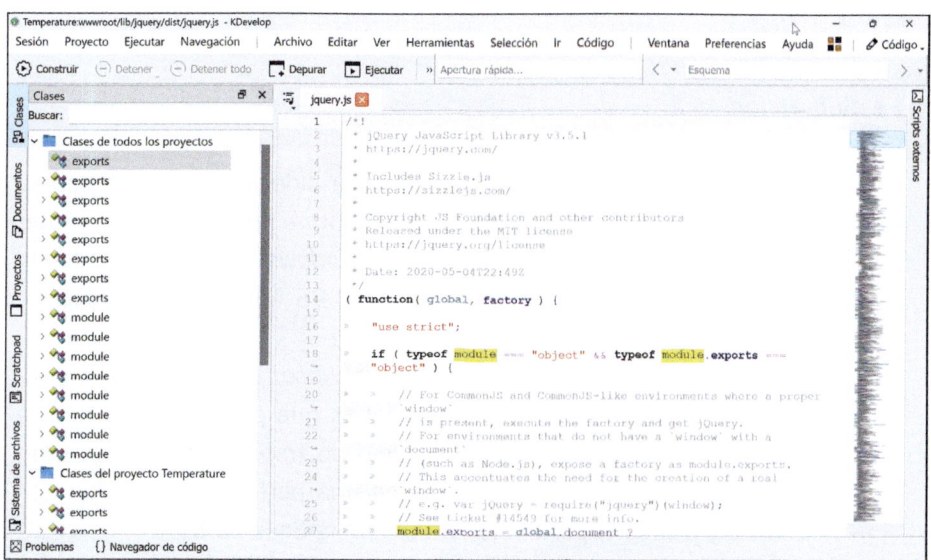

IDE KDevelop

  - **TortoiseCVS:** aplicación *software* diseñada fundamentalmente para la familia de sistemas operativos *Windows* y que permite trabajar directamente con el sistema de control de versiones desde el explorador de *Windows.*

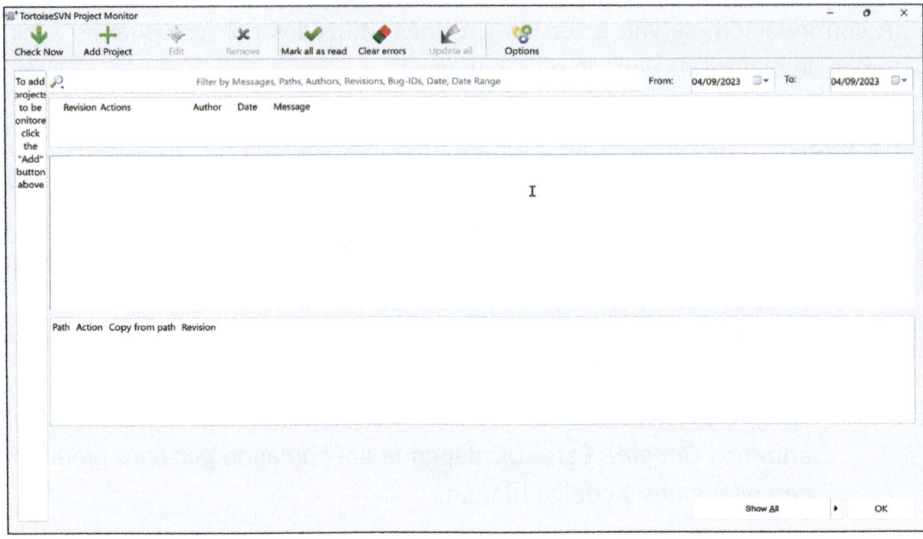

Ventana del IDE TortoiseSVN

■ **Subversion:**

> ▪ **TortoiseSVN:** Cliente *Subversion* que ha sido implementado como una extensión al *Shell* de *Windows*. *Software* libre que incluye integración con la línea de comandos de *Windows,* puede ser usado sin un entorno de desarrollo, disponible en 28 idiomas y es capaz de manejar documentos de la familia *Office.*
>
> ▪ **Plugin para Eclipse:** denominado *Subclipse,* es muy utilizado actualmente, su característica principal es que proporciona acceso a repositorios desde el banco o espacio de trabajo de *Eclipse,* ofrece una escala completa *SVN,* ofrece una perfecta integración con *Eclipse* y brinda soporte a las últimas versiones de *SVN.*

■ **WinCVS:** aplicación *software* diseñada para obtener la máxima potencia y flexibilidad de los usuarios avanzados en *CVS. WinCVS* cuenta con acceso a todas las operaciones de *CVS* desde una interfaz amigable, diseñado para un uso interactivo.

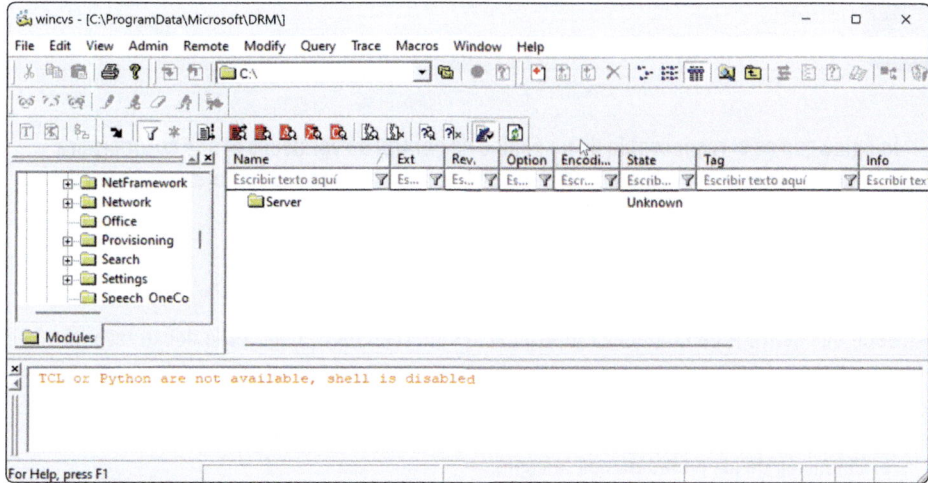

Ventana del IDE WinCVS

- **Cervisia:** corresponde a una aplicación o interfaz gráfica que ha sido desarrollada y pensada para trabajar con *CVS (Concurrent Versions System)* y que implementa las funciones de añadir, eliminar y cometer archivos. Incluye el trabajo con árboles y vistas de la lista del registro de modificaciones para un determinado archivo.

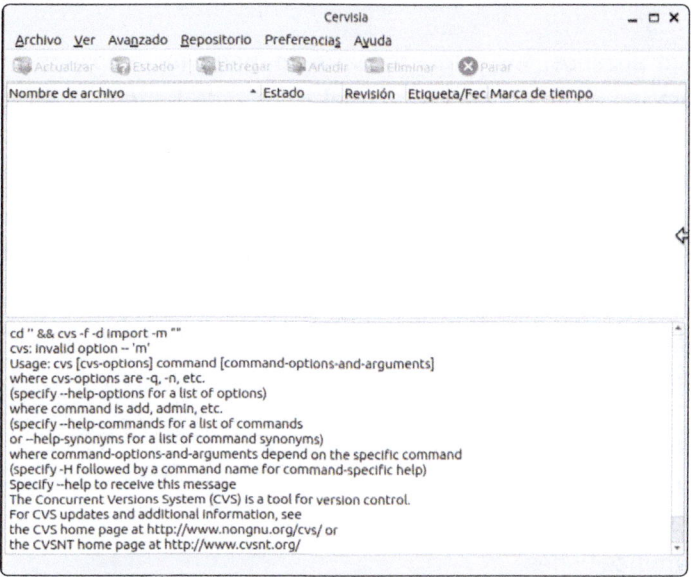

Ventana de la aplicación Cervisa en Ubuntu

Aplicación práctica

Imagine que es el responsable de un equipo de control de versiones al que se incorpora un nuevo empleado. ¿Qué cinco características importantes le haría saber antes de comenzar a trabajar con el equipo?

SOLUCIÓN

Dado que se trata de una nueva incorporación al grupo de trabajo, se le deben recordar las 5 normas básicas:

I Obtener una copia del fichero del repositorio para trabajar con él.
I Obtención de los metadatos de la copia.
I El usuario realiza su trabajo con la copia.
I Si el usuario tarda mucho tiempo en realizar el trabajo, se realiza un *update.*
I Al terminar el usuario su trabajo, se realiza un *commit* o *check-in.*

9. Resumen

Un sistema de control de versiones puede ser de dos tipos:

- Centralizados: en este escenario se tiene un repositorio centralizado para los usuarios y sobre el cual solamente tienen acceso una serie de usuarios con privilegios para su administración.
- Distribuidos: en este escenario es cada usuario el que tiene su propio repositorio y además cuenta con la ventaja de que dicho repositorio puede interactuar con otros o servir de nodo a un repositorio en concreto.

De entre los mecanismos que se tienen para poder trabajar con el sistema de control de versiones, destacan:

- Repositorios.
- Publicación de cambios.
- Desprotección.
- Ramificaciones.
- Fusiones.

- Etiquetado.
- Líneas de base.
- Actualizaciones.
- Congelaciones.
- Gestión de conflictos.

Ejercicios de repaso y autoevaluación

1. **De las siguientes afirmaciones, diga cuál es verdadera o falsa.**

    a. Un buen control de versiones ayudará a saber por qué se descarta tal componente o por qué se actualiza la aplicación.

        ☐ Verdadero
        ☐ Falso

    b. No es normal cuando se diseña ir dotando la aplicación de ciertos componentes.

        ☐ Verdadero
        ☐ Falso

    c. Por control de versiones se entiende el proceso en el que se realizan modificaciones sobre el *software* o la aplicación.

        ☐ Verdadero
        ☐ Falso

2. **Liste al menos cuatro mecanismos de control de versiones.**

    _____
    _____
    _____
    _____

3. **Puede darse el caso de que un usuario bloquee un archivo y se olvide de desbloquearlo. Se habla de...**

    a. ... tiempos exclusivos.
    b. ... tiempos muertos.
    c. ... tiempos colaborativos.
    d. ... tiempos neutros.

4. **Complete el siguiente texto.**

   Cuando se habla de un _____ de versiones _____, en realidad se está hablando de _____ que ya se conocen, dado que al tratarse de un _____ centralizado se basa en el _____ de arquitectura _____/servidor.

5. **El principal objetivo de usar un Sistema Control de Versiones es:**

   a. Disponer información de cualquier elemento que pueda ser editado en la aplicación o software.
   b. Poder usar el repositorio de datos para proceder a descargarse las copias locales a la máquina y realizar el trabajo correspondiente.
   c. Obtener únicamente la copia del trabajo del repositorio.
   d. Crear y gestionar un repositorio de datos para que los usuarios puedan modificarlos.

6. **Por repositorio se entiende...**

   a. ... entidad destinada a duplicar datos.
   b. ... entidad destinada a modificar datos.
   c. ... entidad destinada a almacenar datos.
   d. ... entidad destinada a organizar datos.

7. **Nombre los tipos de ramas o ramificaciones que conoce.**

   _____
   _____
   _____
   _____

8. **Generalmente, es conocida con el nombre de Trunck. Se habla de...**

   a. Ramas estables.
   b. Ramas puntuales.
   c. Rama de largo recorrido.
   d. Rama para el desarrollo.

9. Complete el siguiente texto.

Cuando un usuario quiere realizar una determinada _____ sobre el
_____, en principio no lo hará sobre el repositorio _____ alojado en
el servidor; lo hará en su propia _____ local y a la hora de _____ es
cuando esta copia local se _____ con el repositorio maestro del _____
para actualizar cambios.

10. Llamamos baseline a...

    a. ... el repositorio.
    b. ... la fusión.
    c. ... las líneas de base.
    d. ... el etiquetado.

11. ¿En base a qué se insertan las líneas de base?

_____
_____
_____
_____

12. Una actualización...

    a. ... elimina los cambios del repositorio.
    b. ... desintegra los cambios en el repositorio.
    c. ... congela los datos del repositorio.
    d. ... integra los cambios en el repositorio.

13. Cuando se habla del comando Sync, se hace referencia a...

    a. ... actualizaciones.
    b. ... etiquetado.
    c. ... fusionado.
    d. ... líneas de base.

14. Commit...

    a. ... se encarga de insertar datos iniciales en el repositorio.
    b. ... se encarga de actualizar el repositorio.
    c. ... no existe en el control de versiones.
    d. Todas las opciones son incorrectas.

15. Los sistemas centralizados...

    a. ... un sistema de control de versiones centralizado no existe.
    b. ... están distribuidos por una arquitectura compleja de máquinas.
    c. ... se basan en la arquitectura cliente/servidor.
    d. Todas las opciones son incorrectas.

Capítulo 7
Documentación de aplicaciones web

Contenido

1. Introducción

Cuando se está desarrollando un proyecto o aplicación *software,* no todo va a ser centrarse en escribir o *picar* código delante de un lenguaje de programación o plataforma de desarrollo (IDE) o preocuparse de aspectos gráficos (qué botones usar, dónde colocarlos, colores que darles, etc.).

Al igual que en el mundo real (y del cual se intenta copiar mediante el uso de aplicaciones informáticas), todas las aplicaciones o proyectos *software* pasan por una serie de estados:

- Nacen: en principio nacen de una idea o necesidad y responden ante una cierta planificación.
- Crecen: es donde el *software* es codificado para que cumpla con la planificación anterior.
- Se desarrollan: una vez creado, toca la fase de desarrollo, es decir, mantenerlo correctamente durante su fase de vida.
- Mueren: llegará un momento que, por X circunstancias, el *software* deje de usarse (normalmente por la aparición de aplicaciones que realizan más eficientemente su trabajo).

2. Características generales de la documentación. Importancia en el ciclo de vida del *software*

Cuando se habla de ciclo de vida, se hace referencia a toda una tecnología multicapa que es denominada Ingeniería del *software.* Esta Ingeniería del *software* se compone de un conjunto de elementos:

- **Métodos:** indican cómo se debe construir técnicamente el *software.* Estos métodos abarcan conceptos tales como planificación, estimación de proyectos, análisis de los requerimientos del sistema y del software, diseño de estructuras de datos, arquitecturas de programas, procedimientos algorítmicos, codificación, pruebas y mantenimiento.
- **Herramientas:** proporcionan un soporte para poder manejar los métodos. Dicho soporte puede ser automatizable o bien semimanual. Cuando se integran herramientas de forma que la información creada por una he-

rramienta puede ser usada por otra, se dice que se establece un sistema para el soporte de desarrollo de *software,* llamado comúnmente Ingeniería del *software,* asistida por computadora (CASE).

■ **Procedimientos:** resultado de unir métodos y herramientas (qué hacer y cómo hay que hacerlo). Además, los procedimientos definen la secuencia en que se aplican los métodos, documentos que se requieren, controles de calidad, coordinación de los cambios, etc.

Actualmente, se tienen muchas formas de hacer uso de los métodos, herramientas y procedimientos. Se va a denominar paradigma a las distintas formas de aplicar los pasos anteriores. La elección de un paradigma u otro para comenzar con el desarrollo de una aplicación o proyecto dependerá fuertemente de la naturaleza del proyecto y de la aplicación en sí (análisis profundo). Los modelos de paradigma que se tienen hoy en día son:

■ Ciclo de vida o modelo lineal secuencial.
■ Construcción de prototipos.
■ Modelo en espiral.
■ Técnicas de cuarta generación.

Este estudio se va a centrar en el paradigma de ciclo de vida o modelo lineal secuencial, viendo las características más importantes del resto de modelos.

2.1. El ciclo de vida o modelo lineal secuencial

También denominado modelo en cascada, exige un enfoque sistemático y secuencial del desarrollo de *software.* Gráficamente, puede verse de la siguiente forma:

Modelo en cascada

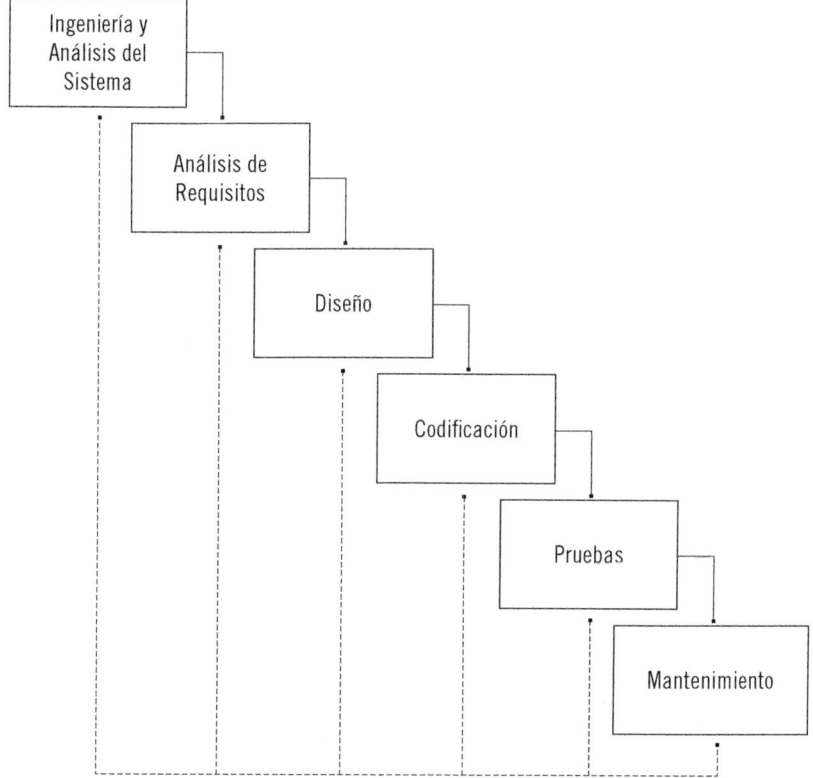

A continuación, se va a ir viendo cada una de las fases anteriores:

- **Ingeniería y análisis del sistema:** todo *software* que se desarrolla forma parte de otro *software* superior o mayor, con lo cual el trabajo comenzará por establecer los requisitos de todos los elementos del sistema y luego asignando algún subconjunto de estos requisitos al *software*. Este planteamiento es esencial cuando se desarrolla *software* que debe interrelacionarse con otros elementos.

- **Análisis de los requisitos del *software*:** este proceso de recopilación de requisitos se centra especialmente en el *software*. Estos requisitos se deben documentar y revisar junto con el cliente para el que se está desarrollando la aplicación. A grandes rasgos, se debe dejar plasmado en un documento lo que debe hacer el sistema que se va a diseñar.

- **Diseño:** en esta fase, se va a mostrar cómo se lleva a cabo lo definido en la fase anterior de análisis. Al igual que los requisitos, el diseño es documentado y forma parte de la configuración del *software*. Es un proceso que conlleva muchos pasos y que se centra en cuatro atributos básicos de un programa:

  - Estructura de datos.
  - Arquitectura del *software*.
  - Detalle procedimental.
  - Caracterización de la interfaz.

- **Codificación:** esta fase es en la que se pasa a implementar la aplicación o proyecto mediante un lenguaje de programación concreto o una herramienta IDE. Si el diseño es realizado de forma correcta y detallada, la codificación puede realizarse de forma mecánica.
- **Prueba:** en esta fase se trata de comprobar que la aplicación o proyecto ha alcanzado los objetivos definidos anteriormente libre de errores e inconsistencias.
- **Mantenimiento:** todo *software* que se desarrolle, conforme vaya pasando el tiempo, sufrirá cambios incluso cuando ha sido entregado al cliente para su uso (fundamentalmente debido a la aparición de errores, con lo cual hay que solucionarlos y dejar la aplicación libre de ellos).

Este ciclo de vida clásico es el paradigma más antiguo y más ampliamente usado y aceptado en la Ingeniería del *software*. Sin embargo, se deben tener en cuenta una serie de aspectos tales como:

- Raramente se suele seguir el flujo secuencial que propone dicho modelo, siempre surgen interacciones o problemas para aplicar dicho paradigma (con los cuales no se contaba a la hora de escoger este paradigma).
- Un análisis perfecto al 100 % es imposible, un cliente nunca establecerá sus prerrequisitos al inicio de un proyecto, estos fluirán a medida que el proyecto vaya tomando cuerpo.
- No se tiene disponible el proyecto directamente, sino que se va por etapas finales de desarrollo en las que se tiene disponible una versión operativa del programa que se está desarrollando para poder facilitársela al cliente y que este vaya guiando en cuanto a gustos y funcionalidad.

- Al ser un modelo lineal, implica esperas entre las distintas etapas del desarrollo del **software.** Obviamente, no puede aplicar pruebas hasta que no se tenga un código estable (con lo cual el departamento de pruebas estará a la espera de que el departamento de programación obtenga una versión estable del programa que están realizando para poder hacer ellos su trabajo: espera).

Recuerde

Para que un ingeniero de *software* tenga claro lo que tiene que construir, este debe comprender el dominio de la información del *software.*

2.2. Construcción de prototipos

Este método es usado cuando un cliente, a través de sus especificaciones para desarrollarle un programa o aplicación, no detalla puntos fundamentales, como son: entrada, proceso y salida de datos, lo cual puede llevar a un programador a no estar seguro de la eficiencia de su algoritmo (dado que no sabe realmente qué entra, cómo se procesa y qué hay que dar de salida). En estos casos es cuando se usará al método de prototipos.

Este método comienza con la recolección de los requisitos. Los técnicos y el cliente se reúnen y definen los objetivos generales del *software* a crear. A continuación, se crea un diseño rápido centrado sobre todo en el aspecto visual del usuario. Mediante la creación de este diseño rápido, se ha dado vida a un prototipo, el cual será evaluado por el cliente o usuario, produciéndose así un proceso interactivo entre estos últimos y los técnicos hasta dar con el prototipo final. A continuación, se puede ver gráficamente cómo trabaja este modelo.

Construcción de prototipos

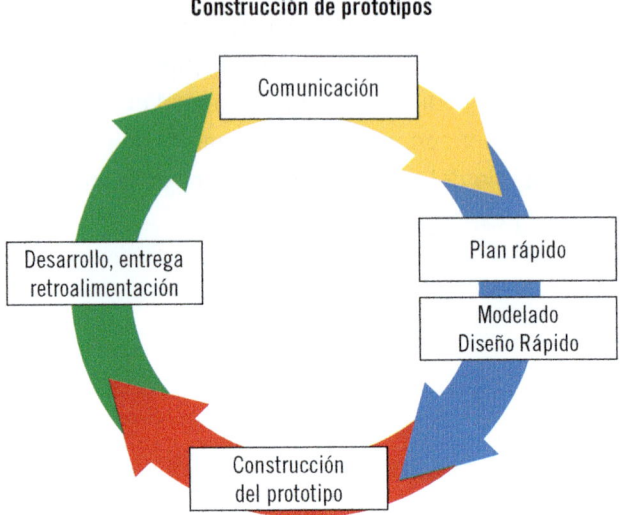

2.3. Modelo en espiral

Este modelo ha sido desarrollado para suplir las desventajas de los dos modelos anteriores. Se fundamenta en las siguientes etapas:

- **Planificación:** se engloban aspectos como comunicación con el cliente, determinación de objetivos, definición de recursos, tiempos, alternativas a tomar y restricciones.
- **Análisis de riesgo:** en esta etapa se evalúan riesgos técnicos y de gestión.
- **Ingeniería, construcción y adaptación:** esta etapa se compone de la construcción y adaptación. Es decir, de pruebas, instalaciones y de un soporte ante el cliente o el usuario.
- **Evaluación del cliente:** validación por parte del cliente de los resultados *software* que se le proponen, es decir, valida el *software.*

Modelo en espiral

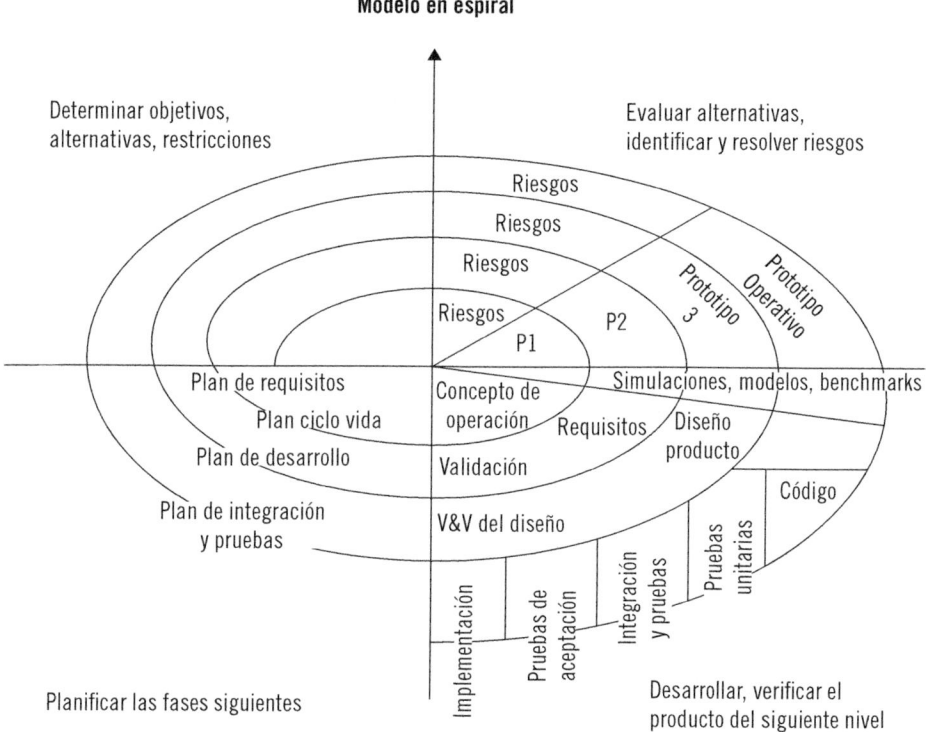

2.4. Técnicas de cuarta generación

Estas técnicas abarcan un amplio abanico de herramientas *software* que tienen un punto en común: todas facilitan la especificación de algunas características del *software* a alto nivel. Estas técnicas generan automáticamente el código fuente, basándose en la especificación técnica generada anteriormente. A continuación, se puede ver gráficamente cómo trabaja este modelo.

Técnicas de cuarta generación

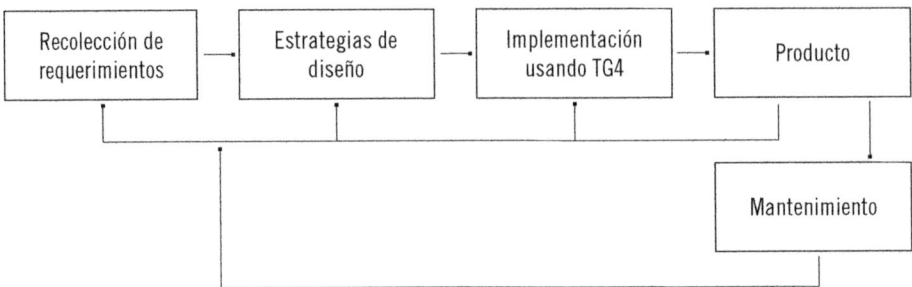

 Aplicación práctica

Imagine que se está desarrollando un sistema o aplicación web de la cual no se tiene mucha información por parte del equipo de desarrollo y de la cual el cliente tampoco tiene muy claro lo que quiere, de manera que los objetivos y requerimientos funcionales del sistema son inestables y difíciles de comprender.

¿Qué paradigma usaría para poder implementar dicha aplicación?

SOLUCIÓN

Se conocen cuatro modelos que puede aplicar:

I Ciclo de vida o modelo lineal secuencial: claramente se podría descartar, dado que en la fase de análisis de requisitos se quedaría parado; no se conocen ni el cliente lo aporta.
I Construcción de prototipos: es el modelo ideal, dado que se desconocen ciertos datos de entrada, proceso y salida. Con la poca información que se tiene, se construyen prototipos que son evaluados por el cliente y así se va aproximando a la solución exacta que quiere el cliente.
I Modelo en espiral: en este modelo se quedaría atrapados en la fase de planificación, dado que no se obtendría información ni por parte nuestra ni del cliente.
I Técnicas de cuarta generación: se tiene que partir de una especificación técnica que no es facilitada, con lo cual tampoco valdría este modelo.

Actividades

1. Realice un esquema conceptual de los paradigmas de la Ingeniería del *software*.

3. Organización y estructura básica de documentos

En cuanto a la organización y estructura de la que se debe componer un documento, se pueden destacar los siguientes puntos:

- **Introducción y enfoque:** se tratarán temas tales como problema que se resuelve, enfoque del problema, objetivos principales del problema, prerrequisitos del problema, etc. Se tiene que ver como una parte introductoria a modo de resumen para que la persona que lo lea pueda hacerse una idea de lo que se va a encontrar más adelante desarrollado.
- **Resumen del material que se espera recibir al final del proceso:** en este apartado, se deberán anotar los resultados que se deben obtener al finalizar el proyecto, pero, además, se incluirán datos como quién debe entregar cada parte (nombre de la persona y grupo o departamento al que pertenece) junto con un nivel de calidad.
- **Descripción detallada de las funciones y elementos:** en este apartado, se deberá incluir una lista con todos y cada uno de los elementos que conforman el proyecto y de las funciones y su uso en el mismo.
- **Fechas marcadas en objetivos:** es importante marcar fechas de relevancia para la consecución y entrega de resultados, dependiendo de la fase en la que se encuentre el proyecto. Esto suele realizarse de manera más cómoda gracias al uso de elementos visuales como los diagramas de Gantt.
- **Composición del equipo:** es muy importante identificar a las personas que van a intervenir en el proyecto y dejar claro siempre sus responsabilidades, tareas y forma de contactar con ellos; así se podrán evitar situaciones inesperadas.
- **Recursos clave:** en este apartado, se definirán las herramientas de comunicación y cómo se van a gestionar las tareas que tiene que resolver

el proyecto que se está diseñando. También está enfocado a que cualquier persona del grupo pueda entablar conversación con otra persona del mismo grupo.

■ **Control de versiones:** como se sabe que los documentos van cambiando en base a las versiones, a las ramificaciones, etc., se tiene que gestionar un buen sistema de control de versiones para poder tenerlo todo bien clasificado y asignado cada documento con su versión o ramificación. Normalmente, suele tirarse del complemento de fechas (la fecha en la que está disponible, se ha actualizado, se ha creado, etc.) en el nombre de los documentos junto con la versión a la que pertenecen.

 Sabía que...

Una buena organización, así como una buena estructura en los documentos que se vayan generando, es una pieza clave para el mantenimiento de los mismos.

4. Gestión de versiones de documentos

Ya se sabe que la documentación, sea del tipo que sea, nunca se mantiene invariable a lo largo del proceso de vida de una aplicación *software.* Lo más común es que, a medida que vaya cambiando el *software,* dicha documentación vaya cambiando también; de no hacerlo así, a medida que el *software* evoluciona no se produce esta evolución en los documentos, quedando estos obsoletos y probablemente la información que incluyan no tenga nada que ver con lo que realmente es la aplicación.

A la hora de la verdad, no se va a manejar un solo documento, sino que lo normal es manejar unos cuantos, y a esto se tiene que añadir que dichos documentos son modificados por otros usuarios que pertenecen al proyecto; la mejor forma de gestionar todo esto es apoyarse en un Sistema de Control de Versiones para poder tener gestionados, actualizados y modificados de forma segura los documentos que componen a una determinada versión de una aplicación web.

5. Tipos de documentación

A continuación, se van a ver los documentos que puede aportar a la aplicación web, documentos tales como:

- De requerimientos.
- De arquitectura y diseño.
- Técnica.
- De usuario: tutoriales, por temas y glosarios.
- Comercial.

5.1. De requerimientos

El documento de requerimientos se va a usar para poder comunicar de manera muy precisa los requerimientos y objetivos de la aplicación web. Aparte, este documento puede contener aspectos como bases estimatorias de tamaño, coste y tiempo; una planificación del proyecto; bases para la evaluación final del proyecto (verificación, validación, satisfacción de los requerimientos para los que fue diseñado) y base para el control de cambios (dado que el *software* evoluciona en el tiempo).

Ya se sabe de qué se compone el documento de requerimientos, pero ¿quién va a usarlo?:

- **Analistas de sistemas/requerimientos:** para ver cómo interactúa la aplicación con otros sistemas.
- **Desarrolladores:** encargados de implementar los requerimientos de la aplicación web.
- **Testers:** encargados de determinar el grado de satisfacción de los requerimientos de la aplicación web.
- **Clientes/usuarios:** encuentran en este documento objetivos del sistema y descripción detallada de su funcionalidad.

También cabe preguntarse por los ámbitos que tocará este documento:

- Funcionalidad (qué hace el *software).*
- Interfaces externas (cómo interactúan en el sistema, en el *hardware* y en el *software).*
- Atributos de calidad (disponibilidad, tiempo de recuperación, seguridad, mantenimiento, portabilidad, precisión, etc.).
- Restricciones en el diseño (posibles estándares a aplicar, lenguaje de programación que se va a usar, recursos disponibles, sistemas operativos que se aplican, *software* que interviene, etc.).

Recuerde

Dado que estos documentos son consultados por varios perfiles de personas, lo ideal es estructurar, organizar y dotarlos de coexistencia interna.

5.2. De arquitectura y diseño

Cuando se habla de diseño, se hace referencia al momento en que se toman las decisiones de cómo diseñar o rediseñar la aplicación web o el proyecto. Se tienen varios modelos a aplicar en el diseño de una aplicación web:

- **Modelo del usuario:** este modelo se basa en la documentación que ha sido obtenida en la fase de planificación de la aplicación web y sirve como base para aplicar el diseño de la misma. Esto consiste en definir clases y perfiles de usuarios en base a ciertos atributos que da la aplicación web en su fase de planificación. Gracias a esta clasificación, los programadores pueden programar pensando en quién va a hacer uso de ese diseño. Es posible que en este modelo se definan escenarios específicos para comprobar cómo el usuario interactúa con estos.
- **Modelo conceptual:** el objetivo de este modelo es poder dar una estructura válida a la aplicación, a su funcionamiento y a cómo se navega por

ella. Por lo tanto, no se va a centrar en el aspecto de su apariencia, sino en su arquitectura de información. Por estructura se entiende las conexiones y relaciones que hay entre las páginas. Dicha estructura puede definirse de dos posibles maneras:

- **Descendentemente:** se pasa del todo a las partes (el todo se va dividiendo en partes más pequeñas).
- **Ascendentemente:** justo lo contrario, se parte de las partes para poco a poco llegar al todo.

Una vez que se ha tomando la decisión de qué estructura usar, se debe documentar, para lo cual se va a basar en el uso de grafos y esquemas (que son de fácil y rápida comprensión para todos).

- **Modelo visual (definición del estilo):** en esta fase se va a encargar del aspecto visual de la aplicación o proyecto web. Cuando se hace referencia al aspecto visual, se habla de la composición de cada tipo de página, el aspecto que tendrá cada página, el comportamiento de los elementos que participan en una interacción con el usuario y cómo se van a presentar los elementos multimedia en las páginas. Se tiene que tener cuidado de no caer en la sobrecarga de información en las páginas, dado que provocará la huida de los usuarios (hay que ponerse en el lugar de la persona que abre una página y la encuentra llena de contenido: probablemente se agobie y no obtenga la información que contiene dicha página). Además, se optará por el diseño de menús de navegación con un número de opciones reducido para evitar una sobrecarga memorística. También se tiene que pensar en la coherencia y el estilo común que tienen que compartir las páginas: se debe proporcionar una consistencia visual. Para lograr todos estos aspectos, lo ideal es elaborar un documento o guía técnica en la que se reflejen todos estos puntos y que sea de referencia para todos los componentes (miembros) del proyecto o aplicación que se está realizando.
- **Modelo de contenidos:** en esta fase se trata de diseñar contenidos interrelacionados y vinculados, manteniendo siempre la coherencia de la aplicación. Algunos puntos a tener en cuenta cuando se diseñan contenidos son:

■ Hacer uso de una estructura piramidal: la parte más importante del contenido que se esté tratando va arriba y el resto va en función de su importancia, dejando la base de esta pirámide para la información menos relevante.

■ Permitir al usuario que explore fácilmente el contenido: esto se obtiene explotando el contenido visualmente antes de que el lector pueda leerlo; así puede decidir antes si el contenido a leer es de su gratitud o no.

■ Clasificar las ideas a transmitir a modo de párrafo: un párrafo una idea. Así es más fácil digerir cualquier información, en vez de todo junto como si fuera un pegote de letras.

■ Concisión y precisión: se tiene que pensar que leer en la pantalla del ordenador dependiendo de la edad del usuario puede llegar a ser una tarea complicada (cansando de la vista, pérdida de concentración, picor de ojos, dolor de columna, etc.).

■ Cuidar el vocabulario y lenguaje del mensaje o la información que se quiere transmitir. Hay que hablar a nivel de usuario, no a nivel técnico, y, sobre todo, transmitir conceptos fáciles de comprender.

■ Adoptar una expresión a la hora de redactar familiar, amigable, cercana, pero sin llegar a ser irrespetuoso o demasiado amigable. Por ejemplo, en vez de decir "si tú quieres imprimir en tu impresora", es mejor decir "si lo que deseamos es usar la impresora particular para imprimir".

■ Dar confianza: la mejor forma de ganarse a alguien es dando confianza sobre lo que se está transmitiendo. Al fin y al cabo la confianza puede verse como un conjunto unido de todos los puntos anteriores, luego cumpliéndolos se transmite esa confianza al lector.

 Recuerde

En la elaboración de contenidos a nivel digital, se debe ser lo más claro y conciso siempre que se pueda, evitando dar información redundante.

5.3. Técnica

La documentación técnica va a recoger todas las características, estándares y todos los componentes que aparezcan en la aplicación, de tal manera que con solo ver esta documentación se pueda ser capaz de ver qué es lo que se ha desarrollado. Este documento toca los siguientes aspectos de la aplicación:

- Arquitectura y estructura de la aplicación.

  - Flujo de datos.
  - Módulos de la aplicación.
  - Estructura de la aplicación web.

- Páginas web que componen la aplicación.

  - Componentes web que conforman cada página.

- Constitución y construcción de la página.
- Ventanas de diálogo.

  - Ventanas de errores.
  - Ventanas de confirmación.

- Control de acceso.
- Acceso a las bases de datos.
- Utilidades.
- Excepciones y su tratamiento.

 Actividades

2. Localice un documento técnico de alguna de las versiones de un sistema operativo de la familia *Windows.*

5.4. De usuario: tutoriales, por temas y glosarios

Quizás este tipo de documentación juega un papel importante en la aplicación, dado que es la forma que tiene el usuario de ir aprendiendo a manejar a la aplicación. Luego la documentación de usuario es la forma en la que se va a hacer que el usuario comprenda y entienda la forma con la que tiene que trabajar la aplicación.

Se puede definir el concepto de tutorial como un sistema instructivo de aprendizaje que pretende simular a un maestro (en este caso la aplicación web) y muestra al usuario el desarrollo de un determinado procedimiento (el cual puede listar los procedimientos o pasos a realizar para dar solución a una determinada tarea).

Por ejemplo, en la siguiente imagen, se puede apreciar cómo es un tutorial que está dedicado a *Facebook* y cómo comienza con unos primeros pasos, comentando qué es *Facebook,* la cantidad de usuarios que hay, cómo acceder y registrarse etc.

Tutorial sobre Facebook

Normalmente, los tutoriales suelen constar de cuatro fases bien diferenciadas:

- **Fase de introducción:** cuando se diseñen tutoriales, se debe hacer que la fase de instrucción sea motivadora para el usuario y que capte toda su atención. Si no se consiguen estos dos conceptos, es probable que el usuario abandone el tutorial.
- **Fase de orientación inicial:** en esta fase, se orienta sobre cómo realizar determinada actividad o ciertos escenarios o atributos que se deberían considerar para resolver la tarea. Se dará la codificación y el almacenaje y se hará hincapié en la retención de lo que se aprende.
- **Fase de aplicación:** en esta fase lo que se pretende es que el usuario ponga en práctica lo aprendido en la fase anterior, con lo que se consigue una transparencia en el aprendizaje del usuario.
- **Fase de retroalimentación:** en esta fase el usuario ya es capaz por sí solo de demostrar lo que ha aprendido anteriormente y no estaría de más dar cierto soporte de retroalimentación y refuerzo de lo aprendido.

 Nota

Puede usarse un tutorial para reforzar ciertos conocimientos sobre alguna aplicación que no se domine al cien por cien.

Los tutoriales que se pueden encontrar por Internet pueden ser de diversa índole: unas veces serán tutoriales desarrollados por la propia empresa que ofrece sus productos y otras veces son tutoriales de gente experta en dicho producto, pero que no pertenece a la empresa (con estos tutoriales se deberá tener cuidado, porque muchas veces dan solución a un determinado problema, pero quizás no sea ni la solución más eficiente ni la más correcta).

Aplicación práctica

Imagine que pertenece a un departamento que es el encargado de realizar tutoriales. ¿Qué temas podría destacar, por ejemplo para la elaboración de un tutorial sobre el ciclo de vida o modelo lineal secuencial? Indique solo los puntos, sin entrar en detalle en ellos.

SOLUCIÓN

Se podría elaborar el siguiente guión para un tutorial sobre el ciclo de vida o modelo lineal.

1. Introducción.
2. Definición del ciclo de vida o modelo lineal.
3. Fases de las que consta este modelo.

    3.1. Ingeniería y análisis del sistema.
    3.2. Análisis de requisitos.
    3.3. Diseño.
    3.4. Codificación.
    3.5. Pruebas.
    3.6. Mantenimiento.

4. Resumen o conclusiones finales.

 Actividades

3. Localice en Internet, usando para ello un buscador, al menos 2 manuales sobre el lenguaje de programación ASP.
4. Realice los mismos pasos de la actividad anterior, pero para encontrar un tutorial sobre la IDE *Visual Web Developer* de Microsoft Visual Studio.

La estructura lógica de un tutorial sería aquella en la que se comienza con un nivel muy básico (por ejemplo, puede describir la aplicación, las páginas que tiene, para que sirve cada una, etc.) hasta abordar conceptos más difíciles o dificultosos (por ejemplo realizar un mantenimiento de los registros de la base de datos). El tutorial puede estar formado de dos formas posibles:

- **Por temas:** cuando se aborda el concepto por temas, lo que generalmente se tiene es un índice donde se van abordando varios temas, de tal forma que se consulta este índice y se accede al tema del que se quiere obtener información (como si fuera un libro de texto).
- **Por glosarios:** un glosario es un documento en el que se incluyen todos los términos que son poco conocidos, raros, de difícil entendimiento o que generalmente no son muy utilizados. No se tiene que confundir el glosario con un diccionario, porque no lo es; el glosario proporciona términos desconocidos en un escenario particular, mientras que el diccionario engloba todos los términos en todos los escenarios.

 Nota

En la web de www.aulaclic.es hay cientos de tutoriales, sobre todo relacionados con el mundo de la informática (programación, ofimática, arquitectura, etc.).

5.5. Comercial

La documentación comercial la puede abordar desde dos puntos de vista bien diferenciados:

- Desde el punto de vista de la aplicación que se está desarrollando. Destacan las opciones o características más importantes de la aplicación, así como la especificación mínima de equipo que necesita para poder ejecutarse correctamente, aspectos como si el cliente necesita instalar algún tipo de *software* también serán especificados en este punto, además de las distintas versiones de que consta, si es que consta de más de una, así como sus variantes *software.* Se trata de dar una especificación formal para que el usuario la comprenda y muestre interés por el sitio web.

■ Desde el punto de vista de la empresa para la que se está trabajando. En este caso, se dispondrá de la mayor cantidad de información comercial de cada producto que la empresa ha ido desarrollando para ofrecerlo en forma de *book* junto con sus especificaciones a los posibles clientes que quieran contratar los servicios de la empresa para poder saber la forma en que dicha empresa trabaja y ofrece sus productos.

 Actividades

5. Imagine que desarrolla una aplicación web con tres características principales, que son que consume muy poca memoria (apenas 1 Mb), que no necesita instalación alguna en el equipo cliente y que la interfaz del usuario es muy simple, fácil y amigable. De los documentos vistos hasta ahora, ¿dónde colocaría esta información?
6. Realice un mapa conceptual de los tipos de documentos junto con sus principales características.

6. Formatos de documentación

Cuando se habla del formato de la documentación, se hace referencia a la forma que tiene la documentación. Para ello, se tratarán los siguientes puntos:

■ Documentos.
■ Documentos en aplicaciones: formatos de ayuda.
■ Documentación en línea: *wikis.*

6.1. Documentos

Un documento es un testigo material de un determinado hecho o acto que se ha realizado en el ejercicio de alguna función o en el registro de una unidad de información en cualquier tipo de soporte. Se van a utilizar estos documentos para registrar características importantes de la aplicación o proyecto web que se está desarrollando.

La cantidad de documentos que puede generar el desarrollo de un proyecto puede ser bastante amplia y se puede dividir en muchas partes:

- Documentación de usuario.
- Documentación técnica.
- Documentación de ayuda/soporte.
- Documentación comercial.
- Documentación de arquitectura y sistema.
- Otros.

6.2. Documentos en aplicaciones: formatos de ayuda

Normalmente, cuando se diseña una aplicación web también se participa en la creación del soporte de la misma, el soporte es la ayuda al usuario. La ayuda la puede localizar el usuario o bien en modo escrito, lo que viene a ser un libro o manual de una determina aplicación (hoy en día esta opción está prácticamente desapareciendo, sobre todo por la ayuda *online,* pdf, y los *e-books,* PDF, etc.), o bien en la propia aplicación: normalmente suelen disponer de algún menú de ayuda en el cual puede encontrarse un índice en el que se tratan los puntos de interés de la aplicación.

Cuando se habla de formato de ayuda, se hace referencia a la extensión que va a tener el archivo en el que se va a trabajar. Se pueden encontrar los siguientes formatos:

- **HTML:** generalmente, suele ser un tutorial que ha sido desarrollado bajo HTML y funciona a través de hipervínculos. Hay un guion general donde se puede seleccionar el hipervínculo a consultar y acceder a él con un *clic;* de la misma forma, desde la página del hipervínculo, se puede volver al menú principal para realizar más consultas.

■ **CHM (archivos de ayuda de *MS Windows*):** considerado como el archivo de ayuda de HTML Compilado y es un formato de ayuda en línea desarrollado por Microsoft y sucesor de *WinHelp*. Este archivo ".chm" consiste en un índice, una tabla de contenidos y un conjunto de páginas HTML que están enlazadas a la tabla; todo esto se compila dando lugar al archivo de ayuda.

■ **RTF:** *Rich Text Format* (Formato de Texto Enriquecido) es un archivo desarrollado por Microsoft para intercambiar documentación multiplataforma. Estos archivos pueden ser editados con cualquier procesador de textos.

■ **PDF:** realmente es como si fuera un tutorial, pero viene en formato PDF (generalmente solo puede consultarse para lectura y no puede modificarse). Normalmente, suelen constar de un guión general desde el cual se puede ir accediendo a sus distintos índices.

 Nota

El formato CHM es muy habitual encontrarlo sobre todo en aplicaciones de escritorio desarrolladas para los sistemas operativos de la familia *Windows.*

6.3. Documentación en línea. Wikis

Una *wiki* es un sitio web cuyo contenido o páginas pueden ser editadas por múltiples usuarios, utilizando para ello un navegador y una conexión a Internet. Los usuarios pueden realizar las siguientes operaciones con una *wiki:* crear, modificar y eliminar.

Normalmente, una página *wiki* tiene un título único que la diferencia del resto y puede contener palabras que estén marcadas, las cuales pertenecen a otra página *wiki* de la palabra en sí. Para poder hacer que una palabra se convierta en un enlace, solo se la tiene que encerrar entre dobles corchetes: [[perro]].

Aunque un usuario puede modificar una página *wiki,* hay posibilidad de devolverla a un estado anterior y ver los cambios que se han ido produciendo por parte de los usuarios. Una página *wiki* en sí se va a componer de las siguientes partes:

- **Código fuente:** aquel que pueden editar los usuarios, es almacenado en modo local en el servidor y solamente es visible a un usuario cuando está en modo edición (para evitar inconsistencias).
- **Plantilla:** define la disposición y qué elementos son comunes entre las páginas.
- **Código HTML:** es generado por el servidor cada vez que se produce una solicitud de página.

A continuación, puede verse una lista de aplicaciones *software* que permiten desarrollar documentación *online:*

- *UseModWiki:* desarrollado bajo el lenguaje de programación Perl, la principal curiosidad es que las páginas no se almacenan en bases de datos, sino en ficheros comunes.

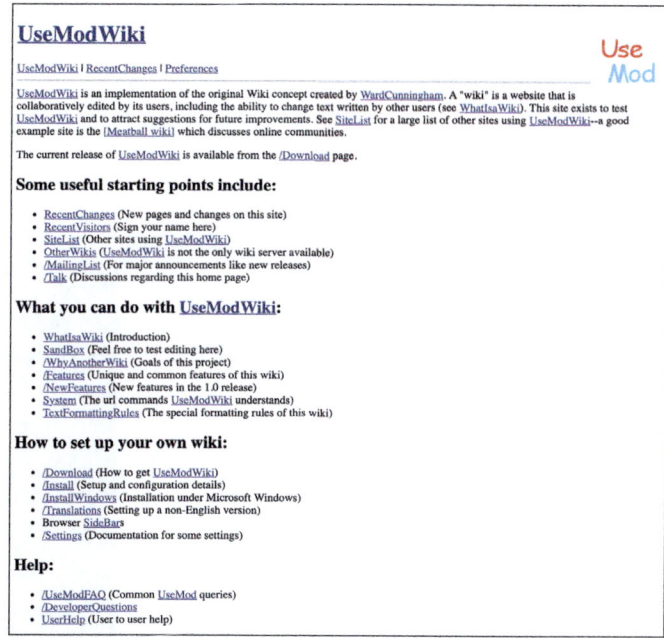

Página de inicio de UseModWiki

- **MediaWiki:** *software* libre desarrollado por Wikipedia usando para ello el lenguaje de programación PHP. Como ventaja, puede destacar que funciona bajo una multitud de servidores y que puede usar motores de base de datos como *MySQL, PostgreSQL* y *SQLite.*

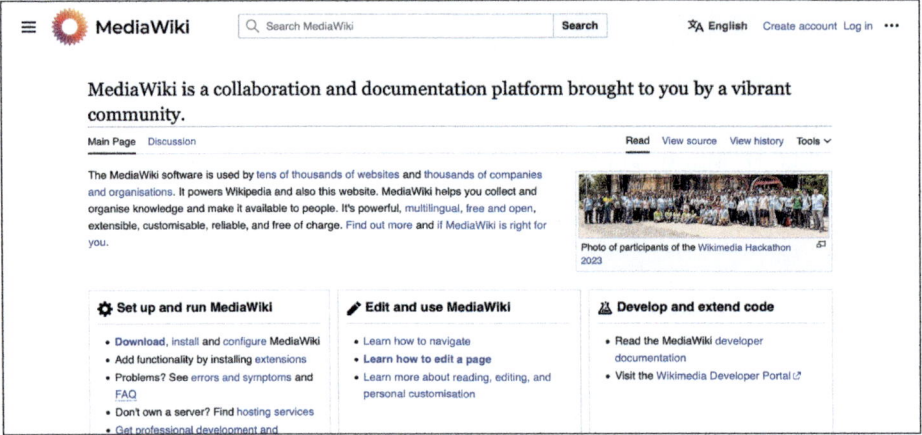

Página de inicio de MediaWiki

- **wiki.php.net:** esta aplicación es una copia o clon de la aplicación *WikiWiki-Web,* pero libre, desarrollada en el lenguaje de programación PHP, sus páginas web residen en bases de datos con copias de seguridad de versiones previas (almacenadas en un fichero secundario). Los vínculos *wiki* son generados de forma automática.

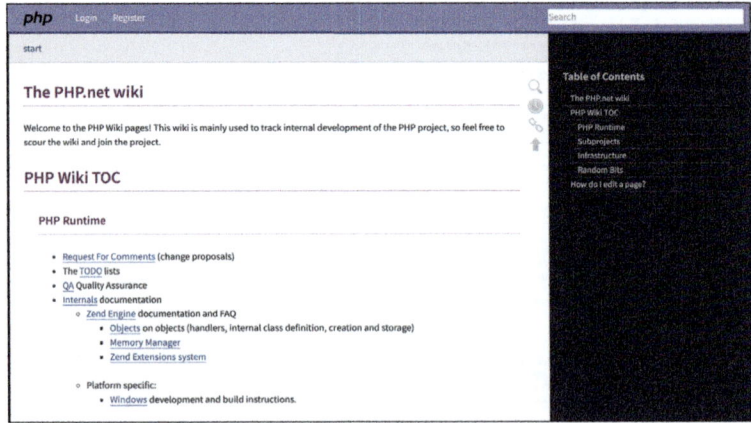

Página de inicio de wiki.php.net

- **TikiWiki:** sistema de gestión de contenidos colaborativo de configuración sencilla y fácil personalización. Su objetivo es la creación de portales, sitios comunes, intranets y aplicaciones destinadas a la web. Destaca por ofrecer gran cantidad de funcionalidades, que amplían enormemente su potencialidad. Funciona bajo cualquier sistema operativo.

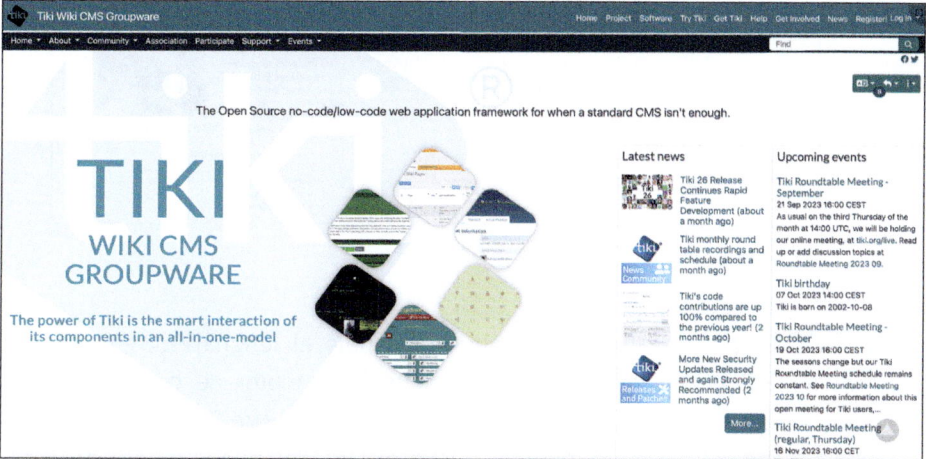

Página de inicio de TikiWiki

- **DokuWiki:** *software* para la gestión de webs colaborativas de tipo *wiki*, desarrollado bajo el lenguaje de programación PHP y de código abierto. Orientado para desarrolladores, grupos de trabajo y pymes. Es muy parecido a *MediaWiki*, pero se diferencia con este en que *DocuWiki* almacena la información en archivos de texto planos.

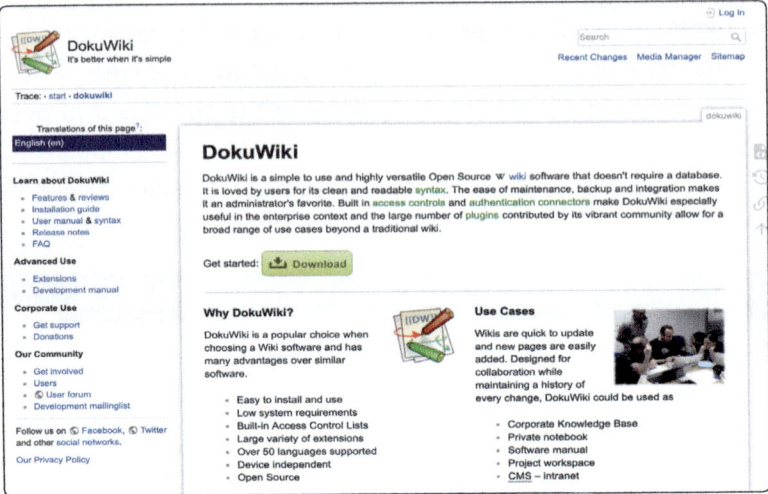

Página de inicio de DokuWiki

- **WikkaWiki:** *software* ligero desarrollado bajo el lenguaje de programación PHP y que se fundamenta en usar un motor de base de datos MySQL. Se trata de un *fork* de la aplicación *software WakkaWiki,* pero a la cual se le ha dotado de nuevas funcionalidades que la potencian para ser rápida, fiable y segura.

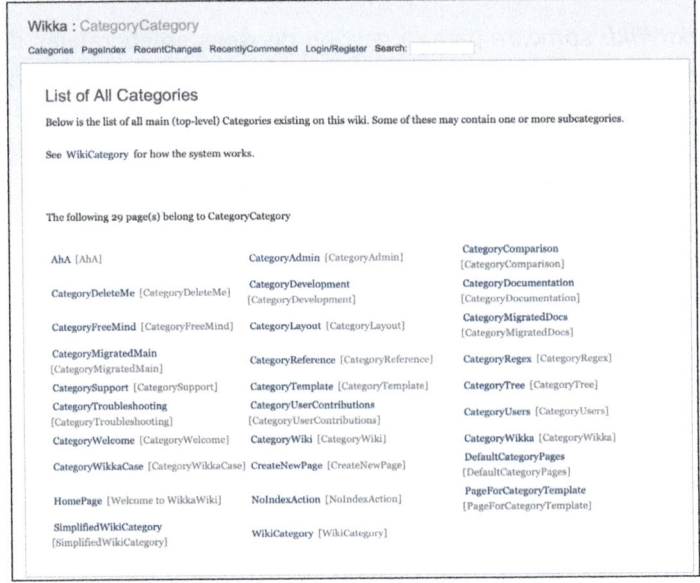

Página de inicio de WikkaWiki

- **MoinMoin:** aplicación *software* muy similar a *MediaWiki,* pero con un control de permisos más eficaz. Desarrollada bajo el lenguaje de programación Python y no está orientada a proyectos *wiki* muy extensos o complejos. Puede ser ejecutado en cualquier ordenador y está indicando para usuarios noveles.

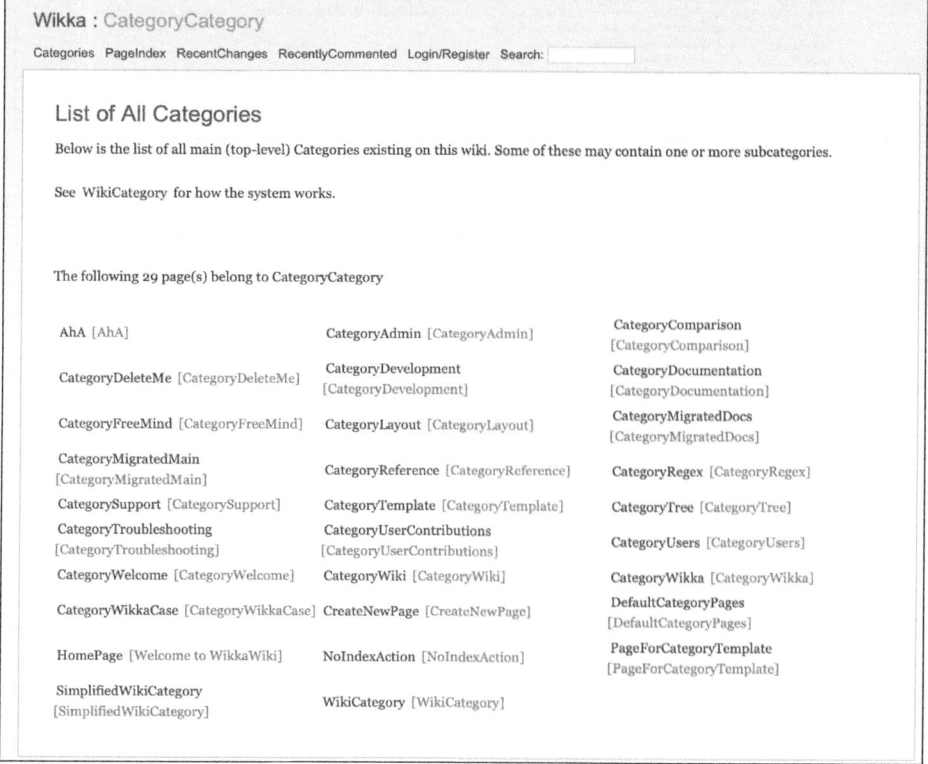

MoinMoin

- **Swiki:** aplicación *software* desarrollada bajo Squeak. Como características principales, se puede afirmar que es multiplataforma y abierto al uso del lenguaje de programación Smalltalk. Posee un servidor web propio e incorporado que puede convivir con otros servidores.

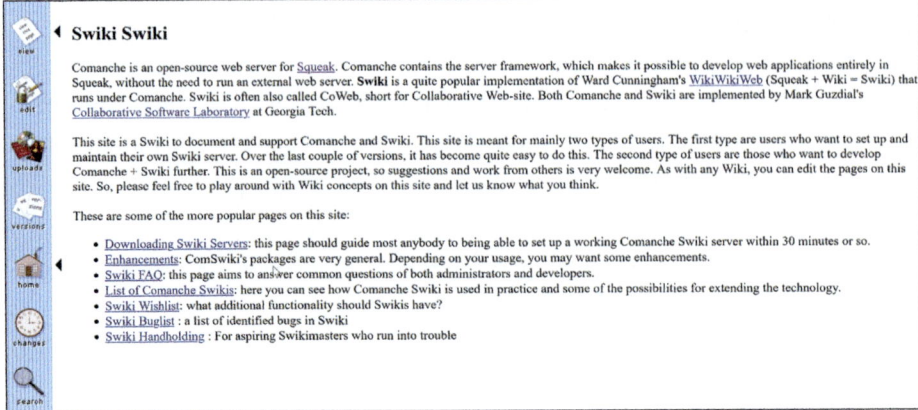

Página de descarga de Swiki

Actividades

7. Localice más aplicaciones *software* para usar *wikis* que no se hayan listado anteriormente. Consulte sus características técnicas.

7. Estándares de documentación

Un estándar se clasifica como un conjunto de reglas que están normalizadas y que indican los requisitos que se tienen que cumplir con el producto, proceso o servicio que se está diseñando con el fin de garantizar la compatibilidad entre los elementos que lo utilizan. La *World Wide Web Consortium* (W3C) es la encargada de desarrollar los estándares web (recomendaciones a seguir para conseguir interoperabilidad).

Las ventajas que aporta un estándar son:

- Código más sencillo.
- Compatibilidad.
- Mejora de la accesibilidad.
- Mejora del posicionamiento.

- Mejora de la adaptación al dispositivo final.
- Mejor adaptación al usuario.
- Mejora de la impresión.
- Mejora del mantenimiento.
- Ahorro en el ancho de banda y carga de páginas más rápida.
- Mayor confianza en la web.
- Mayor carga semántica.
- Compatibilidad.

En cuanto a los estándares que es posible encontrar, destacan:

- **XML:** describe los datos, frente a HTML, que los representa al usuario. Dentro de este, se pueden encontrar:

  - **XLS.** Familia de lenguajes del estándar XML.
  - **XLink.** Permite definir hipervínculos.
  - **XQuery.** Lenguaje de consulta parecido a SQL.
  - **XSchema.** Lenguaje usado para describir la estructura y contenido de los elementos.

- **CSS:** lenguaje de hojas de estilo para las presentaciones.
- **VoiceXML:** lenguaje para definir aplicaciones de voz.
- **HTML:** *HyperText Markup Language* (Lenguaje de Marcas de Hipertexto) es el lenguaje usado para la elaboración de páginas web. Define una estructura básica y un código HTML para la definición del contenido de una página web. Corresponde a un estándar desarrollado por W3C.
- **XHTML:** conjunto de documentos basados en XML que permiten la interoperabilidad entre aplicaciones basadas en XML.

8. Herramientas de documentación

A continuación, se van a ver las distintas herramientas disponibles en el mercado para poder:

- Generar automáticamente documentación técnica.
- Documentar código.

8.1. Generación automática de documentación técnica

Si actualmente se tienen lenguajes de programación, que, partiendo de unas premisas determinadas, son capaces de obtener el código fuente asociado al problema a resolver, también se tiene la posibilidad de que, a medida que se va desarrollando (creando) el código, se obtenga la documentación técnica de forma automática, liberando al programador de dicha tarea.

Sobre todo, se va a usar la generación automática de documentación técnica en el siguiente escenario: imagínese que se tiene que modificar una determinada clase desarrollada por otros programadores; en este caso, se trata de la clase "coche" y se la quiere convertir en clase "coche_híbrido"; para ello se tendrán que sobrecargar los métodos de la clase coche para poder modificarlos y adaptarlos a la nueva clase "coche_híbrido". Una vez realizada esta sobrecarga de métodos (en los cuales algunos serán totalmente código nuevo y otros serán código heredado de la clase coche), es cuando se procede a crear la documentación automática. En dicha documentación, se tendrán anotaciones como, entre otras:

- Nombre de la clase y variables que utiliza.
- Constructor de la clase.
- Destructor de la clase.
- Métodos que componen la clase.
- Parámetros de entrada y de salida, así como variables que componen al método.
- Relación entre un método y otro.

Normalmente, cualquier plataforma IDE suele incorporar herramientas para generar automáticamente la documentación del código. Por ejemplo, en *Visual Basic .Net* puede encontrarse el programa *VBCommenter,* que permite documentar en línea la documentación XML generada en un proyecto.

 **Actividades**

8. Localice aplicaciones o entornos de desarrollo que permitan generar automáticamente documentación técnica.

8.2. Documentación de código

El concepto de documentar el código es una regla considerada como buena práctica. El motivo fundamental de anotar comentarios o datos de carácter técnico es facilitar futuras modificaciones del código por el mismo o por otros programadores o desarrolladores. Por ejemplo: el algoritmo que ordena datos, denominado "burbuja", ordena los registros que hay en una tabla y de qué manera (lo lleva a cabo) es que, en un futuro, si se tiene que modificar dicho código para hacerlo más eficiente, se pueda saber qué quería hacerse con ese código y verlo rápidamente gracias a los comentarios que se dejaron.

Ante un problema matemático, es mucho más fácil de asimilar si se ofrece la solución comentada, por ejemplo, paso por paso y lo que se ha intentado obtener en cada paso. De lo contrario, si se ofrece dicha información sin comentar, debería dedicarse cierto tiempo para intentar comprender por qué se le ha dado dicha solución.

Documentar un código no solo hay que verlo como algo ventajoso para el programador. Otras personas pueden utilizar el código, por ejemplo para modificarlo y hacerlo más óptimo, con lo cual si se tiene bien documentado se está, además, facilitando la tarea a la persona encargada de modificar el código fuente. A la hora de documentar un código, puede hacer una serie de preguntas cuyas respuestas serían los comentarios a dejar escrito. Algunas preguntas son:

- ¿De qué se encarga una clase?
- ¿Qué hace un determinado método?
- ¿Cuál es el uso que se le va a dar al método?
- ¿Para qué se usa una determinada variable?

- ¿Qué algoritmo se usa y dónde se ha obtenido?
- ¿Qué limitaciones tiene el algoritmo y cómo se ha procedido a implementar en el código fuente?
- ¿Se tienen aspectos a mejorar o de cara a ser más eficientes?

Y ahora puede preguntar dónde se colocan estos comentarios en el documento del código. Se tienen varias opciones:

- Al principio de cada clase o paquete.
- Al principio de cada método.
- Antes de cada variable de la clase.
- Al principio de un trozo de código no legible claramente.
- A lo largo de un bucle.
- Siempre que se codifique código "raro".
- Siempre que el código no quede lo suficientemente claro o evidente.

9. Buenas prácticas en documentación

Las buenas prácticas en un proceso de documentación se van a centrar en los tres puntos siguientes:

- Actualizaciones de documentación.
- Documentación colaborativa mediante *wikis.*
- Uso de herramientas multimedia. Videotutoriales.

9.1. Actualizaciones de documentación

Como bien se sabe, las aplicaciones *software* nacen, crecen, viven y mueren, es decir, tienen un ciclo de vida *software.* Durante este ciclo, se sabe que lo más normal es que se produzcan revisiones del *software* (las ramificaciones) para mejorar ciertos aspectos (bien visuales, bien de código, etc.) o bien para solucionar un problema (un problema que a la hora del desarrollo no ha sido detectado y lo mismo implica tener que regenerar el código fuente). Es por esto que la documentación que lleva asociada un proyecto o aplicación web también estará en cambio constante, de la misma forma que el proyecto.

Luego cada vez que se revisa el *software* también se está obligado a revisar dicha documentación; por ejemplo: si se usa un gestor de base de datos que resulta muy complicado para instalar por parte de los usuarios/clientes, es normal recibir muchas consultas de soporte (dado que no saben instalarlo y necesitan ayuda). Ante este escenario, puede optarse por la solución de cambiar el gestor de base de datos por otro más simple y fácil de manejar de cara al usuario/cliente.

Un sistema de control de versiones es utilizado para ir gestionando la actualización de la documentación de la aplicación o proyecto web.

9.2. Documentación colaborativa mediante wikis

Ya se sabe lo que significa el concepto *wiki,* pero, además, una de las sus potencialidades es la posibilidad de que una misma *wiki* sea editada por muchas personas. Un claro ejemplo de esta información se puede encontrar en la aplicación web *Wikipedia.*

Wikipedia es una biblioteca *online,* cuyo principal objetivo es que sea una biblioteca libre, en la que su contenido es editado por los usuarios que la utilizan. Pero, claro, ¿quién garantiza que el contenido de una determinada página es veraz? Puede que un usuario escriba la biografía de Cristóbal Colón en la biografía de Julio Romero de Torres; ¡es un error claro!

La forma en la que se detectaría el error sería o bien a través de usuarios que se han dado cuenta de dicho error y proceden a modificarlo o bien a través de usuarios o *software* especializado que se dedica a comprobar que lo que un usuario edita sea correcto. Si se accede a la página de *Wikipedia,* se puede localizar un apartado correspondiente a **Notificación de errores,** un error puede ser notificado por alguien y será tratado por un equipo especializado para ver si es correcto (y darle la solución correspondiente) o bien el usuario está cometiendo un error anotando como inválido algo que es totalmente válido.

Página principal de la Wikipedia

9.3. Uso de herramientas multimedia. Videotutoriales

Cuando se hace referencia al concepto de multimedia, se usa para referenciar sistemas que utilizan muchos medios de expresión físicos o digitales para poder expresar, transmitir o comunicar información. Dichos medios pueden ser texto, imágenes, animaciones, sonidos, vídeos, etc. Se habla de multimedia interactiva cuando el usuario tiene el poder de elegir el contenido que desea consultar. Las herramientas multimedia se pueden clasificar en dos tipos fundamentalmente:

- **Herramientas multimedia hardware:** dispositivos que permiten capturar contenido multimedia para luego trabajar con él en las herramientas multimedia *software.* Ejemplos son el teclado, las cámaras digitales, los escáneres, los *smartphones,* etc.
- **Herramientas multimedia y *software:*** programas que permiten hacer contenidos multimedia, tales como *PowerPoint, Movie Marker,* etc.

Un caso especial, muy usado sobre todo en los círculos informáticos, son los videotutoriales, que son vídeos de aprendizaje sobre una materia cualquiera. El videotutorial es un proceso de aprendizaje en el que se conduce al usuario a través de las características y funciones más importantes o relevantes de una determinada aplicación *software,* sobre dispositivos de *hardware,* procesos, lenguajes de programación, etc. Normalmente, suele constar de una parte introductoria (recuerda al tutorial) y a medida que se va avanzando en el aprendizaje se suele ir incrementando el nivel de dificultad y entendimiento. La mayor característica de un videotutorial es que va a permitir simular al maestro (la persona que ayuda en el aprendizaje) para la resolución de una determinada actividad o tarea.

 Actividades

9. Localice un videotutorial que indique cómo trabajar con un sistema de control de versiones.
10. Localice un videotutorial que diga cómo puede generar de forma simple documentación técnica automática al proyecto.

10. Resumen

Siempre que se empiezan a desarrollar aplicaciones, se parte de qué paradigma de la Ingeniería del *software* se va a usar, siendo:

- Ciclo de vida o modelo lineal secuencial.
- Construcción de prototipos.
- Modelo en espiral.
- Técnicas de cuarta generación.

A la hora de ir creando aplicaciones o proyectos web, se va a ir generando una serie de documentación en la que hay que apoyarse para construir dicha aplicación y en la que los usuarios o clientes finales se apoyarán para poder aprovechar al máximo dicha aplicación.

Esta documentación, que se genera tanto en la fase de diseño y codificación de la aplicación como en el ciclo de vida de la misma, no es estática, sino que a medida que se aplican modificaciones en la aplicación dichos documentos también variarán de acuerdo a esta.

Los documentos que se van a ir generando son:

- De requerimiento: lo que la aplicación necesita y cómo lo usa interiormente.
- De arquitectura y diseño: cómo está estructurada y organizada la aplicación, además del diseño que ofrece.
- Técnica: aspectos técnicos que pueden ser empleados por ejemplo por analistas de sistemas.
- De usuario: tutoriales, por temas y glosarios. Formas de aprender a usar la aplicación para usuarios a los que les cueste trabajo a través de tutoriales, vídeotutoriales, *wikis,* etc.
- Comercial: en este tipo de documentación, es donde se intentan destacar las características de la aplicación para hacerla atractiva a los consumidores de *software.*

Ejercicios de repaso y autoevaluación

1. **De las siguientes afirmaciones, diga cuál es verdadera o falsa.**

   a. Cuando se habla de ciclo de vida de una aplicación *software*, se hace referencia a la Ingeniería del *software*.

   ☐ Verdadero
   ☐ Falso

   b. No hace falta documentar los proyectos que se desarrollan, dado que por lo general es código muy pequeño.

   ☐ Verdadero
   ☐ Falso

   c. Cuando se documentan aplicaciones *software*, hay que centrarse únicamente en sus aspectos técnicos.

   ☐ Verdadero
   ☐ Falso

2. **Nombre los cuatro modelos o paradigmas sobre los que se basa la Ingeniería del *software*.**

   _____
   _____
   _____
   _____

3. **Los elementos que indican cómo construir técnicamente el *software* son:**

   a. Métodos.
   b. Herramientas.
   c. Repositorio.
   d. Procedimientos.

4. Complete el siguiente texto.

Cuando se integran _____ de forma que la información creada por una herramienta puede ser _____ por otra herramienta, se dice que se _____ un sistema para el soporte de _____ de *software,* llamado comúnmente Ingeniería del _____ asistida por _____ (CASE).

5. Los elementos resultantes de unir métodos y herramientas son:

    a. Métodos.
    b. Herramientas.
    c. Repositorio.
    d. Procedimientos.

6. El paradigma al que también se le conoce con el nombre de modelo en cascada es:

    a. Construcción de prototipos.
    b. Ciclo de vida o modelo lineal secuencial.
    c. Modelo en espiral.
    d. Técnicas de cuarta generación.

7. ¿Cuáles son las fases del ciclo de vida o modelo lineal secuencial?

_____
_____
_____
_____

8. La fase del ciclo de vida o modelo lineal secuencial en la cual se pasa a implementar la aplicación o proyecto mediante un lenguaje de programación o herramienta IDE se corresponde con...

    a. ... el diseño.
    b. ... las pruebas.
    c. ... la codificación.
    d. ... la revisión.

9. Complete el siguiente texto.

Un análisis _____ al 100 % es _____, un cliente nunca establecerá sus _____ al inicio de un proyecto, estos fluirán a medida que el proyecto vaya tomando cuerpo.

10. Este método es usado cuando un cliente, a través de sus especificaciones para desarrollarle un programa o aplicación, no detalla puntos fundamentales. Se habla de...

    a. ... técnicas de cuarta generación.
    b. ... modelo en espiral.
    c. ... ciclo de vida o modelo lineal secuencial.
    d. ... construcción de prototipos.

11. La fase del diseño del ciclo de vida o modelo lineal secuencial se basa en cuatro atributos básicos de un programa, ¿cuáles son?

_____

_____

_____

_____

12. La etapa en la que se evalúan los riesgos técnicos y de gestión en el modelo en espiral corresponde a...

    a. ... evaluación del cliente.
    b. ... ingeniería, construcción y adaptación.
    c. ... planificación.
    d. ... análisis del riesgo.

13. Indique los tipos de documentación que es posible aportar a la aplicación.

_____

_____

_____

_____

14. **El documento que se usa para poder comunicar de manera muy precisa los requerimientos y objetivos de la aplicación web es:**

    a. Comercial.
    b. De arquitectura y diseño.
    c. De requerimientos.
    d. Técnico.

15. **Liste los usuarios que pueden hacer uso de un documento de requerimientos.**

Bibliografía

Monografías

▌ALARCÓN Aguín, J. M.: *Programación Web Con Visual Studio y ASP.NET 2.0*. Editorial Krasis Press, 2009.

▌ANDREU Gómez, J.: *Servicios en Red*. Madrid: Editex, 2010.

▌BARCELÓ Ordinas, J. M.: *Protocolos y aplicaciones Internet*. Barcelona: UOC, 2008.

▌COBO, Á.: PHP y MySQL: *Tecnología para el desarrollo de aplicaciones web*. Madrid: Díaz de Santos, 2005.

▌CUEVAS Martínez, J. C.: *Programación de aplicaciones de red: protocolos de internet cliente-servidor*. Madrid: Alfaomega, 2017.

▌GONZÁLEZ Alvarán, L. F. y CARRILLO Mayo, L. E.: *Metodología para el desarrollo colaborativo de aplicaciones web*. Editorial Académica Española, 2012.

▌MIFSUD Talón, E.: *Servicios en red*. Madrid: Editorial McGraw Hill, 2013.

▌MOURE, B.: *Git y GitHub desde cero. Guía de estudio teórico-práctica paso a paso más curso en vídeo*. Estados Unidos: Editorial Amazon Digital Services LLC – Kdp, 2023.

▌SOLANO Alegría, A. F.; CARDONA, Quiroz, J. D.: *Evaluación colaborativa de la usabilidad en el desarrollo de sistemas software interactivos*. Sinaloa: Editorial Autónoma de Occidente, 2016.

PATTERSON, D. A. y HENNESSY, J. L.: *Estructura y diseño de computadores: la interfaz hardware/software.* Barcelona: Reverté, 2011.

Textos electrónicos, bases de datos y programas informáticos

Control de versiones Microsoft, de:
<https://learn.microsoft.com/en-us/azure/devops/repos/git/>.

Generación de documentación para las aplicaciones, de:
<https://learn.microsoft.com/es-es/previous-versions/aa289191(v=vs.71)>.

Documentación de ASP.NET, de:
<https://learn.microsoft.com/es-es/aspnet/core/>

Pro Git, el libro oficial de Git por Scott Chacon, de:
<https://uniwebsidad.com/libros/pro-git>.

Libros y recursos para aprender Git y GitHub, de:
<https://escuelawow.com/libros-recursos-aprender-git-github/>.